죽음과 부활,
그리고
천국과 지옥

늙어질수록
그리워지는 예수

| 최영일 지음 |

쿰란출판사

인간은 누구나 태어나는 날부터 죽는 날까지,
생각하는 것이나 마음에 두려워하는 것은
마지막 날 죽음 앞에서의 불안이다.
이것은 영광의 왕좌에 앉은 자로부터
땅바닥에 쭈그리고 앉은 거지에 이르기까지
모두가 같이 느끼는 심정이다.
인생의 연수가 칠십이요, 강건하면 팔십이라도
그 세월은 죽음을 기다리는 시간이다.

여기 글들을 《늙어질수록 그리워지는 예수》라는 책명으로 엮는다.
왜 젊어서보다 늙어서 예수를 더 찾게 되는가?
사람은 누구나 자기가 죽는다는 것을 알고 있지만,
젊어서는 그 죽음을 그렇게 심각하게 받아들이지 않는다.
그것은 자신의 죽음이 먼 훗날이라는 망상에 빠져서,
자신과는 거리가 멀다고 느끼기 때문이다.
그러나 늙었다고 다 죽는 것도 아니고,
젊었다고 다 사는 것도 아니다.
죽음은 어느 날 갑자기 찾아온다.

사람은 누구나 자기 죽음의 시기를 알지 못한다.
인간사 만사는 하나님의 예정 아래 놓여 있고,
모든 피조물은 각자의 수명이 있다.
그 수명의 기한과 때는 성부께서 정하신다.
사람의 운명도 그중에 포함된다.

인생 최대의 문제는 죽음이다. 그래서
늙어질수록 더 깊이 알게 되는 것이 죽음이고,
그 죽음의 구덩이에서 나를 끌어내어 줄 구원자는
오직 예수뿐이다. 그래서 그가 그리워진다.
그 내용은 그리스도교의 구원과 영생의 교리에서
분명하고 명백하게 나타나서, 그 내용이 일목요연하다.

이 책에서 주가 되는 내용의 요지는
'죽음과 부활, 그리고 천국과 지옥'이다.
그것은 그리스도인들은 죽음을 어떻게 맞이하고,
죽은 후에는 어떻게 되는가 하는 것을 알고,
바르게 믿고자 하는 것이다.
그 나머지 부분은 복음과 성령과 마귀에 대한 것인데,
이는 '죽음과 부활'에 관계되는 부수적인 내용이다.
그리고 앞쪽에 있는 목차는 [책 전체의 차례]이고, 책 중간중간
부가 시작할 때마다 그 단원에 해당하는 [부분 차례]를 넣었다.

2023년 가을
저자 최영일

그리스도인들이 이 세상에 살면서 하는 일을 '청지기 직분'이라 한다. 청지기는 고대 로마, 그리스 및 이스라엘 등에서 부호들의 가정에 있었던 직분이다. 그들은 주인의 재산이나 종들을 주관하고 자녀들의 교육까지 맡았다.

청지기는 '집 위에 있는 사람' 또는 '집을 다스리는 사람'이란 뜻이다. 그는 주인의 뜻을 받들어 전권으로 주인의 재산과 사람을 다스렸다. 그러나 그는 소유자는 아니다. 소유자는 아니지만 소유자 위치에서 전권을 위임받았다. 이것이 청지기 직분의 신비로움이다. 사람은 모두가 '하나님의 청지기'로 부름을 받았다. 천지만물은 창조주 하나님의 소유이고, 인간은 단지 그 관리자일 뿐이다.

지혜롭고 선한 청지기의 삶이란, 이 세상 만물의 주인이 하나님인 것을 항상 인식하고, 인간은 단지 그 관리자라는 것을 느끼면서 사는 것이다. 그러면서 언젠가는 주인 앞에서 맡은 일에 대한 결산을 하는 날이 있음을 알고 그때를 준비하는 자다.

나는 '예수가 그리스도'임을 믿는다. 아브라함이 여호와를 믿으니 하나님께서 아브라함의 믿음을 의로 여겼듯이, 나도 하나님을 믿으니 하나님이 나를 의롭다고 하신다. 의롭지 못한 나를 의로운 사람이라고 인정하신 것이다.

그것은 내가 세상을 살아가는 능력의 원천이요, 내 생명을 지탱하여 주는 버팀목이요, 또 내 인생의 등불이다. 그러한 까닭으로, 하나님께서 의롭다고 인정해 주는 사람들이 생명과 의의 길을 지켜야만 하나님께는 영광이요, 또한 선한 청지기가 될 수 있다.

사람이 한 번 죽는 것은 정해진 일이요, 그 뒤에는 심판이 있다. 실로 죽음과 심판은 사람에게는 실존이다. 그러나 인간은 죽음 이후에 오는 심판의 실존을 느끼지 못할 때가 많다. 이제 나도 죽어야 하고, 죽은 후에는 하나님의 심판대 앞에 서야 한다. 그때 나는 하나님을 만날 것이고, 하나님은 나를 심판하실 것이다.

나는 내가 잘 믿는 사람인지 잘 믿지 못하는 사람인지 모른다. 믿음이란 하나님과 나와의 관계이다. 나는 다만 '믿습니다' 하는 엄숙한 고백을 나의 신앙의 대상에게 바칠 뿐이다. 그다음 일은 하나님이 하신다.

나는 중년에 대구제일교회에서 이상근 목사를 만났다. 그는 지금 하늘나라에 계시지만, 나의 큰 스승이었다. 그는 신학자였고, 철학자였다. 또한 위대한 영혼의 인도자였다. 이 책의 내용에서 성경적인 부분은 그의 성경 주해에서 초록한 것이다.

2023년 가을
저자 최영일

III. 지금은 성령의 시대

Ⅳ. 마귀의 활동

I.

복음과 그 구도자

제1부

예수의 본바탕

» **예수의 본바탕 ①**
예수의 본바탕은 무엇인가?

1. 마태의 예수 탄생은 이러하다

마태와 누가는 그리스도의 탄생 이야기를 그의 족보로 시작한다. 그러나 서로 다른 면모를 보인다. 마태는 요셉 계통의 기사이고, 누가는 마리아 계통의 기사다.

> "예수 그리스도의 태어나심은 이러하다. 그의 어머니 마리아가 요셉과 약혼하고 동거하기 전에 성령으로 잉태한 것이 나타났다"(마 1:18).

"성령으로 잉태한 것"이란 하나님의 특별하신 역사로 이루어진 것을 나타낸다. 구약에서 이삭, 삼손, 사무엘 등의 탄생이 하나님의 역사로 된 것이었으나, 그것은 모두 자연적인 것에 의한 출생이었다. '동거하기 전'이란 성적 교제가 있기 전이라는 것이고, 누가복음에는 이 내용을 더 상세하게 기록하고 있다.

플러머(Plummer)는 이 사실을 이렇게 말했다.

"메시아는 육신에서 태어났지만 육신에서 태어난 것이 아니다. 그러므로 육신을 지배하던 죄와 사망을 소멸할 수 있었다. 그리고 그는 육신에서 태어난 것이 아니고 성령으로 태어나셨다. 그래서 그는 모든 인간이 저지르는 악을 행하는 성벽(性癖)을 받지 않으셨다."

2. 요한의 그리스도 탄생은 이러하다

사도 요한은 그의 근원을 태초에 벌써 존재하였던 '말씀'에서 출발한다. 그것은 시작에서부터 그 복음이 우주적이며 신적인 성격을 띠기 때문이다.

"¹태초에 ²말씀이 ³계시니라. ⁴이 말씀은 하나님과 함께 계셨으니,

⁵이 말씀은 곧 하나님이셨다"(요 1:1).

¹ 태초는 창세기의 태초가 아니고, 창세 이전의 태초이다. 창세기의 태초는 만유가 시작되는 어느 한순간으로, 그 이후의 창조과정을 의미한다. 그러나 요한복음의 태초는 창세기의 태초 그 순간 이전의 영원하신 선재(先在)의 말씀을 나타내는 단어이다.

성서에서 ² 말씀이란 '하나님의 말씀'(히 4:12), 또는 생명의 말씀(요일 1:1) 등도 있지만, 이곳의 말씀이란 헬라어 로고스(λόγος)를 의미한다. 이는 대개 이성(理性)이란 의미로 사용되는 단어이지만, 여기서는 제2위의 신의 인격을 가리킨다. 곧 '성자의 지칭'이다.

또 ³ '계셨다'(ήν)라는 단어는 존재를 나타내는 미완료과거형(was the word)이다. 그는 태초에 벌써 계셨고, 그 이후에도 계속적으로 계셨다는 뜻으로 '성자의 영원성'을 말한다.

⁴ 이 말씀은 하나님과 함께 계셨다. 이는 성부와 성자의 인격을 구별함으로 삼위일체 교리를 나타내고, 창세전 그 삼위일체 신의 영화로운 인격을 표시한다.

⁵ '이 말씀은 곧 하나님이셨다.' 이 어구는 성자의 신성에 대한 명백한 선언이며, 성부와 구별함으로 삼위의 터전이 마련된 것이다.

※ (ㄱ) 태초에 계셨다. (ㄴ) 하나님과 함께 계셨다. (ㄷ) 하나님이셨다. 이

구절에서 로고스의 영원성, 인격성, 신성 등이 분명하게 나타난다.

※ 이 항목의 요점이다.

마태는 예수의 탄생을 마리아에게 성령에 의한 것이라 하였다. 이는 하나님의 특별하신 역사(work)로 된 것을 뜻하고, 그의 인성을 나타낸다. 그러나 사도 요한은 예수의 탄생을 신성에 그 목적을 두었다. 그는 영원성에서 시작하여 신성에 그 초점을 맞추었다. 한쪽으로는 완전하신 사람이고, 다른 쪽으로는 완전하신 하나님이시다.

» 예수의 본바탕 ②
예수는 왜, 인간 세상에 오셨는가?

1. 말씀이 육신이 되어 우리 가운데 거하셨다
※ 이는 저 유명한 성육신의 교리가 되는 요소이다.

(요 1:14-1) 말씀이 육신이 되어 우리 가운데 거하셨다.

이 말은 성육신의 교리다. 이 구절의 이해에는 분명한 해석이 요구된다.

우선 "말씀이 육신이 되었다"고 하는 것은 '말씀이 사람이 되었다'고 하는 것이 아니고, '말씀이 사람으로 변했다'고 하는 것도 아니다. 영원하신 말씀으로 성부와 함께 계시면서 '육신을 덧입었다'고 하는 의미다.

"되었다"란 말은 부정과거형으로, 한번 되므로 영원히 되는 것이다. 그 것은 우리가 믿음으로 하나님의 자녀가 된 것같이, 하나님의 아들이 사람이 되신 것도 그와 같다.

또 육신은 인간성 전체를 말한다. 곧 영과 혼이 있는 완전한 사람이다. 말씀이 육신이 된 이유는, 그가 '우리 가운데 거하기 위함'이다. 여기 '거하다'의 원리는 '장막에 산다'라는 뜻으로, 장막 같은 인간의 몸에 머물러 계시는 것을 의미한다.

(요 1:14-²) 우리는 그의 영광을 보았다.

그의 영광이란, 변화산상에서 본 영광으로, '우리'를 베드로, 야고보, 요한으로 국한시키는 학자도 있지만 그렇지 않다. 사도들 모두 지상에 오신 그리스도의 전 생애에서 얻은 총 결론으로 보는 것이 타당하다.

(요 1:14-³) 그것은 아버지께서 주신 독생자의 영광이었다.

'독생자'는 신약에서 오직 요한의 기록에만 나타난다. 바울서신에 나오는 '맏아들'과 대응이 된다. 이 어구에도 그리스도의 중보적인 양면성을 엿볼 수 있다. 즉 그는 대신(對神) 관계에 대하여서는 하나님과 동질이시고, 대인(對人) 관계에 있어서는 하나님의 많은 자녀 중에서 특수한 아들이 되신다.

(요 1:14-⁴) 그는 은혜와 진리가 충만하였다.

이는 성육신하신 로고스(말씀)의 본성을 말한다. 성육신하신 그리스도 자신이 신구약을 통한 은혜요, 진리였다. 그리고 그 은혜와 진리가 그에게서 넘쳐서 성도들에게 오는 것이다.

2. 그는 사람과 하나님 사이에 중보자 역할을 하였다

성육신의 결과는 그리스도의 신인(神人) 교리다. 신인이란 오리겐(Origen)이 처음 사용한 신학 용어로, 그리스도교에서 반드시 필요한 어휘다. 성자는 성육신하심으로 완전한 하나님이시고, 동시에 완전한 사람이다.

그래서 그는 신인양성(神人兩性)을 가지셨다. 그의 공적 칭호가 '예수 그리스도'이다. 이것 자체가 양성이다. '예수'는 마리아로부터 태어난 인성(人

性)을 나타내고, '그리스도'는 그가 하나님이라는 신성(神性)을 나타낸다. 그 양성으로 하나님과 사람 사이의 일을 주선하신다. 이런즉 양성을 겸하신 그리스도로 말미암아 '하나님이 우리와 함께 계신다'는 사실이 실현된 것이다.

또 "나를 본 사람은 아버지를 보았다"라고도 말씀하셨다. 옛적이나 지금이나 하나님을 본 사람은 아무도 없다. 유일하신 아들, 그가 하나님이시라고 단호히 선언했기 때문이다. 그를 본 사람은 하나님을 본 것이다. 그를 볼 수 있는 눈은 육안이 아니라 믿음의 눈이다.

제2부

예수와 복음

» 예수와 복음
  그는 인간 세상에 복음을 가지고 오셨다

1. 예수께서 말씀하시는 복음이다

요한복음에는 예수와 유대인 사이에 대화가 11번이나 나온다. 그중 첫 번째가 니고데모와의 대화이다(요 3:1-21). 대화는 니고데모의 질문으로 시작되지만, 어느덧 질문자는 사라지고 그 진리만이 고조된다. 그 가운데 3장 16-21절은 하나님께서 그의 독생자를 세상에 보내주신 이유이고, 또한 16절은 그 이유의 중심이다.

※ 예수께서 말씀하시는 복음이다.
  하나님께서 세상을 이처럼 사랑하셔서 독생자를 주셨으니, 이는 그를 믿는 사람마다 멸망하지 않고 영생을 얻게 하려는 것이다
  (요 3:16).

이 구절은 신약 전체를 한마디로 요절(要節)한 내용이고, 또한 복음에 대한 요약이 나타나 있다.

(1) 천계이다. 천계(天啓)란 '하나님의 계시'를 말한다. 구원의 원천은 하

나님께 있고, 그가 독생자를 먼저 주신 선수적인 사랑에 있고, 인간 편의 노력이나 결심에 있지 않다. 우리가 그를 택하지 않았고 그가 우리를 택하였다. 그래서 하나님의 제일 행동에 복음의 바탕이 있다. 이것이 계시 종교이다.

(2) 신앙이다. 이런 하나님의 계시에 응답하는 인간의 태도는 오직 믿음이다. 그리고 그 믿음의 대상은 독생자 예수 그리스도이다. 인간이 구원을 얻는 방법은 믿음 외에 아무것도 없다.

(3) 구원이다. 이 계시와 신앙이 결합하는 결과는 멸망치 않고 영생을 얻는 데 있다. 신앙의 목적이란 단지 수양이나 현세의 더 좋은 행복에 있는 것이 아니다. 이런 조건은 다 신앙의 부산물에 지나지 않는다. 그 목적은 영원한 형벌을 극복하고 하나님 나라에서 영생을 얻는 데 있다.

(4) 복음의 범위이다. 그것은 누구든지, 즉 모든 자에게 미친다. 유대인은 표적을 구하고, 헬라인은 지혜를 구한다고 하지만, 예수 그리스도는 유대인이나 헬라인이나 남녀노소, 빈부귀천 등 인간의 모든 조건을 초월하여 신앙의 주가 된다. 그 결과, 믿음을 통하여 믿는 자는 영생을 받는다.

2. 사도 바울이 말하는 복음이다

로마서 1장 1-17절까지는 로마서의 서문이다. 이 구절에 로마서의 주제가 담겨 있고, 그중 16-17절은 대단히 유명한 말씀이다. 그것은 곧 '복음이 무엇인가' 하는 것이다. 앞쪽에서 언급한 요한복음 3장 16절은 예수께서 복음에 대하여 직접 증거한 자증의 말씀이고, 로마서는 사도의 입장에서 그리스도를 증거한 것이다. 그래서 예수께서 자증하신 [요 3:16]과 바울을 통해 타증한 [롬 1:16]을 서로 대조하여 보면 복음의 깊은 뜻을 이해할 수 있다.

※ 사도 바울이 말하는 복음이다(롬 1:16).

이 복음은 유대 사람을 비롯하여 그리스 사람에게 이르기까지, 모든 믿는 사람을 구원하는 하나님의 능력이다.

위 구절에 들어 있는 내용이다.

(1) 복음은 하나님의 능력이다. 능력은 원래 자연적인 힘을 표시하는 단어다. 그러나 신약에서는 하나님께로부터 오는 인격적 힘으로 초인간적인 능력이다. 그리고 하나님의 힘 자체이다. 복음에 나타난 능력은 영원에서 영원에 미치는 하나님의 능력으로, 인류의 구원을 위한 획기적인 능력이다. 그것은 눈으로 보지도 못한 것이고, 귀로 듣지 못한 것이고, 또한 사람들의 마음에도 없었던 것이다.

(2) 복음은 믿음을 요구한다. 믿음은 복음의 조건이고 요구이다. 믿음이란 지적으로는 하나님의 인격과 역사를 시인하며, 정적으로는 자아의 죄악성을 시인하며, 의지적으로는 하나님께 자아를 의탁하는 것을 가리킨다. 그것은 성화(聖化)된 자아와 하나님과의 인격적 교제를 의미한다.

(3) 복음의 결과는 구원이다. 구원의 기본적 사상은 육적 환난에서 구출받는 것이다. 신약에서는 이 구원의 시기를 혹은 과거로, 혹은 현재로, 혹은 미래로 나타낸다. 과거란 하나님의 예정을 가리키는 것으로, 신자의 구원이 이미 확정된 것을 말하고, 현재란 믿음으로 죄에서 해방된 것을 말한다. 그리고 미래란 메시아의 재림 때 이루어질 것으로 종말적인 심판에서의 구원이다.

제3부

복음의 구도자

» 복음의 구도자 ①
카이사르 집의 성도들

'카이사르 집의 성도들'이란 로마교회의 성도들에 대한 지칭이다. 이는 빌립보서의 끝부분에 나온다. 빌립보서는 바울의 옥중생활이 끝날 무렵에 기록하였고, 그것을 에바브로디도가 되돌아가면서 빌립보 교회에 전한 것이다. 그는 빌립보 교회의 교인으로, 바울이 로마 감옥에 갇혀 있을 때, 그 교회의 헌금을 가지고 바울에게 와서 그의 옥중생활의 뒷바라지를 했다. 얼마 후에 그는 병이 들어 바울에게 근심이 되었다. 빌립보 교인들은 이 소식을 듣고 걱정을 하게 되었고, 바울도 애가 타는 마음이었다. 그러나 시간이 지나자 그는 병에서 회복되어 빌립보 교회로 돌아가게 되었다. 바울은 그 편지의 마지막 부분에 빌립보 교회의 교인들에게 문안 인사를 한다.

> *¹그리스도 예수 안에 있는 성도에게 각각 문안하라. ²나와 함께 있는 형제들이 너희에게 문안하고, *³모든 성도들이 너희에게 문안하되 특히 가이사(카이사르)의 집 사람들 중 몇이니라. *주 예수 그리스도의 은혜가 너희 심령에 있을지어다(빌 4:21-23).

¹ "성도에게 각각 문안하라"고 한다. 이 부탁은 빌립보 교회 감독에게 한 것이다. 감독이 먼저 바울의 편지를 읽어보고, 교인들에게 문안인사를 전하라는 것이다. 그리고 ² "나와 함께 있는 형제들"이란 바울과 함께 있는 디모데, 누가와 같은 측근들이고, 또 ³ "모든 성도"란 그곳에 모이는 성도들 모두를 말한다. 그중에 카이사르 집 사람 몇 명이 있다. 그들은 카이사르 궁중의 노예 또는 자유인들이다. 당시 궁중에 있는 사람들은 대부분 동방에서 온 사람들이다. 그들 중에는 빌립보에 아는 사람도 있었을 것이다. 그 당시 궁중에 벌써 몇몇 사람들의 신자가 있었다는 것을 알 수 있다. 시인 루가누스, 철인 에피쿠테로, 궁녀 악테 및 폼페아 등의 신자가 있었다.

이런 사실에 비춰 볼 때, 바울의 옥중생활은 도리어 복음을 전파하는 데 도움이 된 것이다. 당시 황제는 악명 높은 네로였으나, 일개 죄수가 된 사도를 통하여 복음이 궁중 깊숙한 곳에서부터 전파되기 시작하여 장차 로마제국의 국교가 되도록 한 것은 하나님의 신비 중의 신비이다. 그때는 믿음을 지키고 산다는 것은 어려운 상태였다.

당시의 카이사르는 폭군 네로였다. 그는 그의 어머니 아그리피나의 간교한 술책으로 서기 54년 제위에 오르고, 처음 5년간은 그의 스승이며 스토익파의 철인 세네카 등의 보필로 선정을 베풀었다. 그러나 그 후 그의 잔인한 본성이 드러나서, 태후를 위시하여 스승 세네카, 시위 대장 블루스, 왕후 옥타비아 등 많은 사람을 죽였다.

그리고 64년 7월 18일 밤에 로마에 큰불이 일어났다. 대형경기장 관중석 밑에 있는 가게에서 일어난 불은 강풍을 타고 삽시간에 황제의 저택이 있는 팔라티노 언덕과 명문 귀족들이 사는 첼리오로 번졌다. 이 불은 여름철 시로코라는 남서풍과 겹쳐서 더 큰 피해를 발생시켰다.

네로는 소년 시절부터 시를 좋아했다. 그는 악기를 연주하면서 자작시를 노래하기를 좋아했다. 그런데 이상한 소문이 돌았다. 네로가 불을 질렀는데, 불타는 로마를 바라보면서 악기를 연주하며 호메로스가 지은 〈일리아드〉의 트로이 함락 장면을 읊었다는 것이다. 그는 자기에게 들리는 나쁜 소문에 큰 충격을 받고 당황한 기색이 역력했다. 이런 상태에 놓인 네로에게 잘못된 생각을 넣어준 사건이 있었다. 그것은 당시 로마인들의 미움의 대상이 된 그리스도인들이었다.

로마에 사는 유대인들은 두 세력으로 양분되어 있었다. 유대교인과 그리스도인이었다. 유대교를 믿는 사람들은 자기 종교를 전도하지 않는다. 그러나 그리스도교를 믿는 사람들은 예수 그리스도가 유일한 신이라고 전했다. 이것은 다신교 사회인 로마인들에게 나쁜 인상을 주었다. 이런 분위기 속에 그리스도인들이 방화범으로 오인을 받았다. 그렇게 그리스도인들은 교회사상 최악의 박해를 받았다. 이때 목숨을 잃은 그리스도인들 숫자의 기록은 없지만, 역사가들은 200~300명 정도로 추산한다.

초대 교회 역사를 보면 로마 정부가 그리스도교를 탄압한 사건이 적어도 열 번은 넘었다고 한다. 그중 하나가 네로의 박해였다. 그의 박해는 포악했고 감정적이고 무질서했다. 이때 베드로와 바울이 로마에서 순교한 것으로 전해진다. 이런 폭군의 궁중에 아름다운 성도들이 있었고, 그들이 바울을 통해 멀리 빌립보에 있는 성도들에게 문안을 보낸 것은 참으로 놀라운 사실이다. 괴테는 "빛이 강하면 그늘도 두텁다"라고 했다. 당시의 카이사르 네로와 그 집의 성도들은 극과 극의 대조를 이뤘다.

» **복음의 구도자 ②**
   카이사르 집 성도들의 후예들

카이사르 집 성도들은 네로의 박해로 로마의 지하 공동묘지인 카타콤바에 몸을 숨겨가면서 신앙을 지켰다. 로마제국 역사에서 그 초기의 종교정책은 아주 관대하였으나, 네로의 실정 이후부터는 국기가 어지러워지자 '황제예배'라는 명목으로 종교를 탄압했다. 박해의 시작은 복음서와 사도행전에 기록된 것처럼 유대인에게서 왔으나, 복음이 소아시아와 유럽으로 전파됨에 따라 기존의 이방 종교와 충돌하게 되었고, 드디어 로마의 전면적 탄압의 대상이 된 것이다.

초대 교회는 시작에서부터 313년 콘스탄티누스 대왕의 밀라노칙령이 내리기까지 수난의 과정을 수없이 겪어야 했다. 그리하여 그리스도교는 로마제국으로부터 250여 년간 탄압을 받았다. 하지만 밀라노칙령으로 마침내 신앙의 자유를 얻게 되었다. 이 '밀라노칙령'의 내용에서 분명한 것은, 두 황제가 그리스도교로 개종한다는 뜻을 밝힌 것은 아니다. 또한 이 칙령으로 그리스도교가 다른 종교에 비해 우대받게 된 것도 아니다. 로마제국에 사는 모든 사람에게 완전한 종교의 자유를 인정하고 그것을 공표한 칙령이었다. 그럼에도 '밀라노칙령'이 역사의 한 획을 긋는 중대한 사건으로 여겨질 이유는 충분하다. 왜냐하면 로마인이 일천 년 이상 간직해온 전통적인 종교관을 서기 313년에 공표된 이 칙령이 끊어냈기 때문이다.

그 후, 서기 383년 서방 황제 그라티아누스가 살해당하고, 동방 정제 테오도시우스가 단독 황제가 되었다. 서기 388년 41세의 테오도시우스 황제는 로마의 원로원에 가서 회의장에 모인 의원들 앞에서 이렇게 말했다. "로마인의 종교로서 그대들은 유피테르가 좋다고 보는가, 아니면 그리스도교가 좋다고 보는가?"

토의를 어떻게 진행하였는가 하는 기록은 없다. 어쨌든 황제가 원하는 쪽으로 의원들의 의견이 쏠렸다고 한다. 의원들은 다수결에 의해 압도적으로 '그리스도교'를 선택했다. 일천 년이 넘도록 로마인들이 최고신으로 경배해온 유피테르(제우스)에게는 마치 살아 있는 인간처럼 유죄가 선고되었다. 그리고 그들이 믿는 유피테르 대신 그리스도가 그 자리를 차지하였다. 이는 그리스도교가 앞으로 로마제국의 국교가 된다는 선언이었다.

건국 초기부터 로마인과 함께 걸어온 그리스·로마 종교는 1,141년 만에 그리스도교 앞에서 항복을 하고 사라졌다. 그리고 서기 393년에는 로마 원로원이 올림피아경기 대회를 완전히 폐지하기로 했다. 이 경기는 제우스신에게 바쳐진 것이었기 때문이다.

그리스도교가 국교가 된 지 7년이 지나서, 테오도시우스 황제(A.D. 379~395년)는 두 아들에게 제국을 양분하여 나누어 준 뒤, 서기 395년에 세상을 떠났다. 장남에게는 동로마제국을, 차남에게는 서로마제국을 주었다. 그로부터 81여 년 후에 서로마제국은 서기 476년 게르만족의 침입을 받아 멸망하였다. 바울이 로마 옥중에서 뿌린 복음의 씨앗은 마침내 그리스도교가 로마제국의 국교가 되는 열매를 맺었다.

» 복음의 구도자 ③
빌립이 에티오피아 내시에게 복음을 전하다

사마리아 전도를 성공적으로 마친 빌립은 주의 천사의 인도를 받아 가사로 가는 광야에서 에티오피아의 내시를 만나 전도를 한다. 그로 말미암아 복음은 멀리 에티오피아까지 전해졌다. 이는 최초의 이방인 구도자이다.

1.

⇨ [행 8:26-39]이다.

* 주님의 천사가 빌립에게 말하였다. "일어나서 남쪽으로 걸어가서 예루살렘에서 가사로 내려가는 길로 가거라. 그 길은 광야길이다." * 빌립은 일어나서 가다가, 마침 에티오피아 사람 하나를 만났다. 그는 에티오피아 여왕 간다게의 고관으로, 재정을 관리하는 내시였다. 그는 예배하려 예루살렘에 왔다가, * 돌아가는 길에 마차에 앉아서 예언자 이사야의 글을 읽

고 있었다.

에티오피아는 나일 강 상류 지방에 위치해 있었고, 구스 족속의 후손들이다. 구약에서는 '스바'라 하였고, 그 나라 여왕이 솔로몬을 방문한 후부터 유대인들과 밀접한 관계를 가졌다. 신약에서 내시가 회개한 이후 아프리카의 가장 오래된 그리스도 왕국이었다.

2.

* 성령이 빌립에게 말씀하셨다. "가서, 마차에 바짝 다가서거라." * 빌립이 달려가서, 그 사람이 예언자 이사야의 글을 읽는 것을 듣고 "지금 읽는 것을 이해합니까?" 하고 물었다.

* '그가 대답하기를 "나를 지도하여 주는 사람이 없으니, 내가 어떻게 깨달을 수 있겠습니까?" 하고, 올라와서 자기 곁에 앉기를 빌립에게 청하였다.

성령은 한편 내시에게 이사야의 글을 읽게 하고, 다른 한편 빌립을 시켜 그에게 접근하게 하였다. 이처럼 하나님은 사람을 통해 구원하신다. 그가 지금 읽는 것은 [사 53:7-8]이다. 그 구절은 유명한 메시아 예언이다. 메시아가 오시기까지는 그 참뜻은 아무도 이해 못 한다는 것이다. 아마 그는 예루살렘에서 랍비들의 설명을 들었을 것이다. 그러나 그 뜻은 이해하지 못했다.

* '이 구절에서 내시의 겸손성과 열심을 볼 수 있다. 그것은 구도자의 두 가지 조건이다. 곧 겸손과 열심이다. 이같이 겸손하면서 열성으로 구하는 자에게는 성령께서 응답하시는 것이다.

3.

* 그가 읽던 성경 구절은 이것이었다. "양이 도살장으로 끌려가는 것과 같이, 새끼 양이 털 깎는 사람 앞에서 잠잠한 것같이 그는 입을 열지 않

앉다. * 그는 굴욕을 당하면서 공평한 재판을 박탈당하셨다. 그의 생명이 땅에서 빼앗겼으니 누가 그의 세대를 말하리오."

당시 그 책은 70인역(LXX)으로 번역이 되었고, 읽는 사람도 많았다고 한다. 그가 의문을 제기한 구절은 이사야 53장 7-8절의 자유로운 인용이다. 이사야 53장은 구약의 메시아 예언 구절 중에서도 가장 명백한 것으로 '십자가 아래서 그린 그림'이라고도 한다.

여기 예언된 고난의 종이 선지자 자신인지 이스라엘 민족인지 논의가 있으나, 초대 교회에서는 그리스도의 수난을 가리킨다고 이해하였다. 신약 여러 곳에 그 내용이 인용되었다. '누가 그의 세대를 말하리오'는 그가 너무나 큰 고난 중에서 생명을 빼앗기셨으니, 그 참혹한 시대상을 누가 표현할 수 있겠는가!' 하는 뜻이다.

4.

* 내시가 빌립에게 말하였다. "예언자가 여기서 말한 것은 누구를 두고 한 말입니까? 자기를 두고 한 말입니까? 아니면 다른 사람을 두고 한 말입니까? * 빌립은 입을 열어서, 이 성경 말씀에서부터 시작하여 예수에 관한 복음을 전하였다.

자기를 두고 한 말이냐, 다른 사람을 두고 한 말이냐. 이는 이사야가 므낫세 왕에게 톱으로 잘려 죽었다는 전설 때문에 이 예언이 선지자 자신을 가리킨다고도 볼 수 있다. 또한 근대 신학자들 사이에도 여기 고난의 종이 이스라엘 민족을 가리킨다는 설도 있다. 그러나 그리스도가 오시지 않았던들 이 예언의 진의는 수수께끼로 남았을 것이다.

그것은 선지자 자신을 두고 한 말도 아니고, 다른 사람을 두고 한 말도 아니다. 바로 그리스도를 두고 한 말이다. 이사야 53장만이 아니라, 모세와 모든 예언자에서부터 시작하여 모든 성경이 그리스도에 관한 기사이다.

5.

* 그들이 길을 가다가, 물이 있는 곳에 이르니, 내시가 말하였다. "여기에 물이 있습니다. 내가 세례를 받는 데에 무슨 거리낌이 되는 것이라도 있습니까?" * 빌립은 마차를 세우게 하고, 내시와 함께 물로 내려가서 그에게 세례를 주었다. * 그들이 물에서 올라오니, 주님의 영이 빌립을 데리고 갔다. 그래서 내시는 그를 이제는 볼 수 없었지만, 기쁨에 차서 가던 길을 갔다.

» 복음의 구도자 ④
보디올, 압비오 광장, 삼관에서 바울이 만난 성도들

⇨ [행 28:11-16]이다.

☞ 바울이 로마로 들어가는 경로이다.

→ 라새아 → (광풍을 만나고) → 멜리데(몰타) → 수라구사 → 레기온 → (폼페이) ↔ 보디올 → 아피온 광장 → 트레스 → 로마

바울은 로마로 호송되는 도중에 거센 풍랑을 만나 배가 부서지고, 조각난 배는 물살에 밀려 나가다가 모래톱에 걸렸다. 그 배에 탄 사람들은 모두 물로 뛰어내려 뭍으로 올라갔다. 바울 일행은 안전하게 목숨을 구한 뒤에야, 비로소 그곳이 멜리데(몰타) 섬이라는 것을 알았다. 그들은 그 섬에서 겨울을 지났다.

▶계절이 바뀌자 파손된 배로 그곳에 온 사람들은, 알렉산드리아 소속의 배를 타고 멜리데를 떠나서 수라구사에 입항하여 사흘 동안 머물고, 그곳을 떠나, 빙 돌아서 레기온에 다다랐다. 레기온은 이탈리아 반도의 최남단에 있다. 그런데 하루가 지나자 남풍이 불어 왔으므로, 배를 타고 이틀 만에 보디올에 이르렀다(양 구간의 거리는 340km이다).

▶보디올은 나폴리 만에 있는 로마의 외항이다. 이곳에서 나폴리는 10km 거리고, 로마까지는 220km이다. 이 항구는 알렉산드리아에서 수입해 들어오는 곡물을, 여기서 마차를 이용하여 로마까지 운송한다.

▶바울은 긴 항해 끝에 이제 육로를 따라 로마로 가게 된다. 그런데 바울은 보디올에서 그 지역에 살고 있는 성도들을 만나서 그들의 초청을 받고 이레 동안 함께 지냈다. 아마 백부장이 호의를 베풀어 주었을 것이다. 이곳의 형제들, 즉 신도들에 관심이 쏠린다. 보디올에는 기원전 4년부터 유대인이 거주했다(요세푸스). 바울이 갔을 때는 이미 그 지역에 그리스도인들이 있었고 교회도 존재하였다. 보디올의 남동쪽 부근에 폼페이가 있는데, 그곳에서도 유대인들이 살았다.

▶이렛날 후에, 드디어 바울은 보디올을 떠나서 로마로 향했다. 그는 지금 로마를 향하여 발걸음을 옮기고 있다. 그 한 걸음 한 걸음은 그가 품은 소망이 이루어지는 순간이다. 로마까지는 앞서 말한 바와 같이 5백리가 넘는 먼 길이다. 그가 지금 걸어가는 길은 '압비아 가도(街道)'이다. 그 길은 기원전 312년, 재무관 아피우스의 명령에 따라서 건설된 도로이다. 이 가도는 동방 제국을 정복한 로마의 장군들이 개선하여 입성하는 길이다. 지금 바울은 죄수로 끌려서 가지만, 그의 마음속에는 신령한 복음으로 로마를 정복하기 위해 입성하는 것이다.

여기서 우리는 바울의 심정을 헤아릴 수 있다. 사도행전 28장 14절 끝부분에 보면 "드디어 우리는 로마로 갔다"라고 한다. 이곳 본문의 로마에는 관사가(the city of Rome) 있다. 그러나 28장 16절에 '우리가 로마에 들어갔다'(we entered Rome)에는 관사가 없다. 이 차이점은 무엇일까? 그것은 바울의 로마행이 그가 얼마나 오랫동안 품은 숙망인지를 나타내는 의미다. 그렇게 로마에 가서 복음의 씨앗을 뿌리기를 원했는데, 그 소망이 이루어진 것이다.

바울 일행은 며칠을 걸어서 압비오 광장(the plaza of Appius)에 이르렀다.

보디올에서 147km나 걸어온 지점이다. 우리 성경은 '압비오 광장'이고, 영어 성경에는 '압비오 저자'(the Market of Appius)라고 나온다. 즉 유명한 압비오 가도(Via Appio)에 있는 저자라는 것이다. 그들이 그곳에 도착했을 때, 그 지역에 있는 성도들이 그 광장에 나와서 바울을 기다리고 있었다. 또 그곳에서 17km 더 가서 삼관(三館, Three Inn)이란 곳에도 그 지역의 신도들이 나와서 바울을 맞이했다. 바울은 보디올, 압비아 가도, 삼관 등에서 신도들로부터 열렬한 환영을 받았다. 그들의 얼굴에서도, 그들의 말에서도, 그들의 마음속에서도 바울은 깊은 감동을 받았다. 바울이 그때 받은 감동에 대한 감정이 본문에는 나타나 있지 않지만, 필자의 생각에는 감개함을 넘어 감개무량했을 것이다.

바울은 이제 그들을 떠나서 로마로 향하면서, 하나님께 감사를 드리고, 담대한 마음을(was encouraged) 얻었다고 했다(행 28:15). 그가 로마에 가야 하는 것은 주께서 약속하신 일이요, 또한 주께서 그의 소망을 들어주셨다는 것이다. 그래서 드디어 그것이 실현되어 감사하고, 배짱이 두둑한 사람이 된 것이다.

바울은 드디어 루비콘강을 건너 로마에 입성했다. 그리고 아마 그는 이렇게 외쳤을 것이다. "왔노라, 보았노라, 이겼노라."

※ 나는 로마에 가야 한다.

바울의 3차 전도여행 때였다. 그가 에베소에 있을 때 한 말이다. "나는 마게도냐와 아가야를 거쳐 예루살렘으로 가기로 마음에 작정하였다. 또 나는 거기에 갔다가 로마에도 꼭 갈 것이다"(행 19:21)라고 말하였다. 바울이 로마에 가려고 한 것은 그의 숙원이었다(롬 1:10-15). 이 계획은 이때 발표가 되었으나, 이 소원은 벌써 오래전부터 그의 심중에 담겨 있었다. 그 당시 세계의 대수도인 로마는 모든 사람들이 가기를 원했다. 정치가는 권력을 잡기 위해, 군인은 천하를 호령하기 위해, 상인은 축재를 하기 위해, 노예는 피신하기 위해…. 그러나 바울은 복음을 전하기 위해 로마에 가기를 원했다. 바울에게 있어 로마는 예루살렘 → 유대 → 사마리아 → 땅끝까지 이르러 주님의 증인이 되기 위해서다(행 1:8). 바울은 그야말로 주님의 충실한 제자였다.

» **복음의 구도자 ⑤**
  폼페이의 성도들

폼페이는 베수비오 산의 산기슭에 있는 도시다. 이탈리아 나폴리의 동쪽으로 12km 지점에 있다. 지금은 산 높이가 1,281m이나 '폼페이 최후의 날' 무렵에는 이보다 훨씬 낮았다. 이 산은 유럽 대륙 유일의 활화산으로 산꼭대기에는 지름 500m, 깊이 250m의 화구가 있다. 폼페이는 그 당시 로마제국의 향락도시였다. 서기 79년 8월 24일, 사르누스강 하구에 있는 베수비오 산의 경사면에 있던 폼페이는 베수비오 화산의 대분화로 삽시간에 죽음의 도시로 변하고 지하에 매몰되는 끔찍한 대참사가 발생했다.

1748년, 한 농부가 베수비오 산기슭에 있는 밭에서 일하다가 청동조각과 대리석 기둥을 발견하였다. 그래서 사람들이 이곳에 관심을 가지게 되었다. 그리고 1860년, 고고학자 피오넬리 교수가 1세기경에 활동하던 로마 역사가 폴리니우스가 기록한 고문서를 발견하였다. 폴리니우스는 그 당시 나폴리만의 해군 제독이었다. 그의 집은 창문을 열면 베수비오 산이 보이는 지척에 있었다. 그는 그 당시 화산폭발에 대하여 적어 놓았다. 그다음 날 구조함대를 이끌던 폴리니우스 제독은 바다에서 증기를 품은 열풍에 질식하여 사망했지만 그가 죽은 후에 그 조카가 그 기록을 보존하여 남겼다.

다음은 폼페이 시민의 삶의 모습이다.

[실화 ①] 살루스트와 그의 친구 클로디우스의 대화 내용이다.

(살루스트는 폼페이市 행정관이며 판사였다.)

살루스트: 폼페이에도 신도들이 몇몇 생겼다고 하는데, 자네는 새 종파에
　　　　　대해 어떻게 생각하나? 헤브라이신 그리스도를 믿는 자들 말일세.

클로디우스: 그들은 명상을 좋아하는 몽상가일 뿐일세. 그들 가운데는
　　　　　지체 높은 사람은 한 명도 없네. 그 개종자들은 가난하고 하찮은
　　　　　무지한 자들이네.

살루스트: 하지만 저들을 신성 모독죄로 잡아서 십자가 처형을 시켜야
　　　　　하네. 저들은 베누스 여신과 유피테르 신을 거부한다네. 나사렛 사
　　　　　람들이란 무신론자의 또 다른 이름일 뿐이네. 내가 잡아들여야지.

[실화 ②] 그리스도인들의 생활상을 엿보다.

　일단의 남녀들이 횃불을 들고 길거리를 지나갔다. 그들은 나사렛 사
람들이었다. 숭엄하고 초월적인 자연 현상을 본 그들은 경외심이 가라앉
지는 않았지만, 두려움은 잊었다. 그들은 초대 그리스도인들이 말한 종
말의 날이 곧 올 것이라는 말을 믿어왔다. 그들은 이제 그날이 왔다고
생각했다.

　"화 있어라!", "화 있어라!" 앞장선 사람이 날카로운 소리로 외쳤다. "보
라! 예수께서 심판하려고 오신다. 예수께서 사람들이 보도록 하늘에서
불을 내리신다. 화 있어라! 화 있어라! 너희 강하고 힘센 자들아! 우상을
믿는 자들과 맹수를 섬기는 자들에게 화 있어라."

» 복음의 구도자 ⑥
철학에서 그리스도교로 개종한 유스티누스

다음은 황제 마르쿠스 아우렐리우스 치하 때(A.D. 161~180), 로마 수도 장관 루스티쿠스가 그리스도를 믿는 유스티누스를 심문한 내용이다. 로마 법에는 고발하는 자가 자신의 이름을 밝히고 고발장을 제출하면, 수도 장관은 반드시 그것을 수사하고 재판할 의무가 있었다. 수도 장관은 경찰 청장의 직무도 가지고 있었기 때문이다.

유스티누스를 고발한 사람은 견유학파인 크레스켄스였다. 유스티누스는 그리스 사람이었는데, 원래는 그리스 철학에 입문하였다. 처음에는 스토아 학파, 그다음에는 아리스토텔레스 학파, 그래도 만족하지 못하고 피타고라스 학파를 거쳐 플라톤 학파로 진리를 찾아 돌아다닌 끝에 그리스도교에 이른 인물이다. 그는 그리스에서 그리스도의 복음을 듣고 로마로 전도하려고 왔다가 체포된 것이다.

루스티쿠스: 너는 평소에 어떤 생활을 하고 있느냐?
유스티누스: 더럽지 않은 생활, 누구나 찬성할 게 분명한 생활을 하고
　　　　　있습니다.
루스티쿠스: 어떤 진리를 실천하고 있느냐?
유스티누스: 모든 교리를 배운 끝에 도달한 것이 그리스도인들이 말하
　　　　　는 진리입니다. 그것도 교회가 가짜나 이단으로 단정한 교리까지
　　　　　배운 끝에 도달한 신념입니다.
루스티쿠스: 그 신념에는 어떻게 도달했느냐?
유스티누스: 스스로 납득함으로써 도달했습니다.
루스티쿠스: 그 납득이란 어떤 것이냐?
유스티누스: 그리스도교의 신에 대한 우리 신도들의 믿음은 오직 하

나의 신이 세계를 창조하였고, 그 신이 인류를 구원하고 인류에게 참된 지식을 주기 위해 독생자 예수 그리스도를 지상의 인간들 사이에 보내셨다는 것에서 출발하고 있습니다. 하지만 이런 설명은 예수의 신성 앞에서는 아무런 의미도 갖지 않습니다. 우리에게 가장 중요한 것은 이해가 아니라 믿음이니까요. 신의 아들이 강림할 거라고 예언한 예언자들의 말을 믿는 것입니다. 당신도 알다시피 예언자들은 역사상 몇 번이나 구세주의 도래를 예고했습니다.

(루스티쿠스는 화제를 바꾸었다. 하지만 유스티누스는 그의 칼끝을 부드럽게 피한다.)
루스티쿠스: 너희는 언제 어디에서 집회하느냐?
유스티누스: 모두 만나고 싶어할 때 만나고, 모일 수 있는 곳에서 모입니다. 일정하게 모이는 장소가 없습니다.
루스티쿠스: 내가 알고 싶은 것은 너와 네 동지가 로마의 어디에서 모이는가 하는 것이다.
유스티누스: 제가 로마에 온 것은 이번이 두 번째인데, 로마에 머무는 동안은 언제나 미르티누스 목욕탕의 위층에서 묵습니다. 그곳에 오면 누구든지 저를 만날 수 있습니다. 그리고 그 사람과 그리스도교에 대해 이야기를 합니다.
루스티쿠스: 너는 스스로 그리스도 교도임을 인정하느냐?
유스티누스: 예, 저는 그리스도인입니다.

(유스티누스와 함께 체포된 그리스도인은 남자 네 명과 여자 한 명이었다. 남자들 가운데 한 사람은 팔라티노 언덕의 황궁에서 일하는 카파도키아 태생의 노예였다. 나머지 네 명의 직업은 알려지지 않았다. 하지만 이름으로 미루어보아, 이들은 제국 동방에서 로마로 일하러 온 그리스인들로 여겨진다. 이때만 해도 그리스도교는 수도 로마에 사는 이방인들이 믿는 종교였고, 로마인들 사이에는 아직 퍼져 있지 않았다.)

루스티쿠스: 로마의 신들을 믿고 그 믿음으로 통합된 로마제국 안에서
그 믿음을 거부하는 그리스도인들은, 로마법에 따르면 반국가 행
위를 저지른 죄인이다. 하지만 그리스도교를 믿는 사람도 종교를
버리면 무죄로 방면을 한다. 반대로 배교를 거부한 자는 채찍질을
한 뒤 참수형에 처하도록 규정되어 있다. 너는 채찍을 당하고 목
이 잘려도 죽은 뒤에 하늘로 올라갈 수 있다고 믿느냐?

유스티누스: 제 믿음이 끝까지 강하고 확고하다면 하늘로 올라갈 수
있을 것입니다. 그러나 그 은총은 그리스도의 믿음에 따른 생활을
한 사람에게만 주어집니다.

루스티쿠스: 그렇다면 너도 하늘로 올라갈 수 있다고 확신하느냐?

유스티누스: 아닙니다. 그것을 바라기는 하지만, 반드시 그렇게 된다는
확신까지는 가질 수 없습니다.

루스티쿠스: 나는 너에게 종교를 버리라고 권하겠다. 이를 거부하면 너
를 기다리는 것은 사형뿐이라는 사실을 알고 있겠지?

유스티누스: 알고 있습니다. 하지만 종교를 버리지 않고 죽으면 반드시
구원이 기다리고 있다는 것도 알고 있습니다.

(수도 장관 루스티쿠스는 판결을 내렸다.)

루스티쿠스: 우리 로마인의 신들에게 제물 바치기를 거부한 자를 로마
법에 따라 채찍질을 한 뒤 참수형에 처한다.

다섯 사람은 처형되었다. 다만 후세가 믿고 있듯이 콜로세움에서 야수
의 먹이가 된 것은 아니고, 감옥 안에서 다른 죄수들과 같은 방법으로 목
이 잘렸다. 그리스도인들이 '아레나'라고 불리는 원형경기장에 끌려나가
공개 처형당하는 것은 그로부터 10년 뒤 루그두눔에서였고, 이것은 네로
가 그리스도인들을 공개 처형한 지 100년 만에 재개된 최초의 그리스도

인 처형이었다(《로마인 이야기》에서).

» 복음의 구도자 ⑦
해방 노예 오네시모

빌레몬서의 수신자는 빌레몬 가정에 모이는 교회이다. 그 교회의 교인은 빌레몬과 그의 아내 압비아와 아들 아킵보이다. 그 교회는 소아시아 에베소의 동쪽 약 100마일 지점에 있는 골로새에 있다. 빌레몬서는 도주한 노예 오네시모를 그 주인 빌레몬에게 돌려보내면서, 그의 용서를 구하는 사신(私信)이다(몬 1:1-25).

이 사신은 웅대한 바울의 신학을 뒷받침하고, 그의 완전한 인격을 보여주는 데 의의가 있다. 실로 이 짧은 서신(書信)의 구절에는 그가 보잘것없는 한낱 노예를 구하기 위해 정성을 다하고, 순서를 다하고, 예의를 다하는 깊은 사랑이 담겨 있다. 빌레몬과 오네시모 사이에서 화해를 위해 노력하는 바울의 모습 속에서 우리는 하나님 앞에 우리 죄의 용서를 비는 그리스도의 그림자를 엿볼 수 있다.

빌레몬서의 주연 인물은 오네시모이다. 그의 이름은 일반적으로 불리던 노예의 이름으로 '유익' 또는 '가치'의 뜻을 지니고 있다. 당시에는 노예들이 주인의 재물을 도둑질하여 도망치는 일이 허다했다. 오네시모도 주인의 물건을 훔쳐서 도망갔다는 것이 본문에 나온다(18절). 그가 로마에 가서 바울을 만나게 된 경로는 알 수 없으나, 그때 바울은 구속은 되었으나 상당히 자유로웠으므로, 그를 만날 가능성은 컸을 것이다. 그는 바울을 통해 복음을 받고 진실한 교인이 되었고, 동시에 바울의 심복이 되어 옥중의 바울에게 많은 위로와 도움을 주었을 것이다.

그리고 사도행전의 끝부분에는 바울이 로마에 도착하여 '자기가 얻은 셋집에서 두 해 동안을 지내면서' 전도했다는 사실을 밝힌다. 죄수가 된 바울은 카이사르의 궁 안에서나 자기를 파수하는 군인들에게나, 또는 찾아온 사람들에게 모세의 율법과 예언자의 말로 복음을 전하였다.

그들은 주로 가이사의 궁중의 노예나 자유인들이었다. 당시의 궁중에 소속된 사람들은 대부분 ' 아시아나 그리스에서 온 사람들이었다. 로마서 16장에 나타나는 이름들 대부분이 카이사르 궁중의 사람들이라고 한다.

📖¹ 딤후 1:15에 "아시아에 있는 모든 사람이 나를 버렸다"라는 구절이 있다. 여기 '아시아'란 에베소를 수도로 하는 로마의 한 주(州)를 말한다. 원래 버가모 왕국이었으나, 주전 130년 아탈루스 3세 때 로마에 속한 지역으로 미시아, 라디아, 카리아 및 버가모 등 에게 해안의 서남방 지역이다. '아시아'란 어원(語原)은 그리스어로 '동쪽'이란 뜻이다. 그리스의 동쪽에 있다고 하여 부른 이름이다. 주후 4세기에 와서는 태평양까지 광활한 지역이 아시아로 불리어 대(大)아시아와 소(小)아시아의 구분이 생기게 되었다.

» **복음의 구도자 ⑧**
   해방 노예 에픽테토스

마르쿠스 아우렐리우스(재위 A.D. 161~180)는 로마제국의 16대 황제로서 5현제(五賢帝)의 마지막 황제이고, 철인(哲人) 황제라고도 한다. 그는 동시대 사람들에게 존경과 사랑을 받았을 뿐 아니라, 오늘날까지 긴 세월 동안에도 줄곧 높은 평가를 받고 있다. 그는 후세 사람들이 《명상록》(瞑想錄)이라고 부르는 책을 한 권 남겼다.

그 책의 첫머리에 자신에게 감명을 준 사람들을 나열해 놓았는데, 그중 마르쿠스 황제 때 수도장관을 지낸 루스티쿠스에 대한 말이 있다.

루스티쿠스한테서 나 자신의 성격을 다듬고 수양하는 것을 배웠다. 궤변의 말씨름을 하거나, 실천이 따르지 않는 헛된 이론으로 글을 쓰거나, 대중적 인기만을 목적으로 변설(辯舌)을 늘어놓거나, 남의 칭찬을 받으려고 일부러 검소한 체하거나, 단지 과시하기 위해서 자선을 하지 말 것을 배웠다. 그리고 편지는 간결하고 솔직하게 쓸 것, 원한은 모두 잊어버리고 이웃과 화평하게 지낼 것, 책을 읽을 때는 정독하고 피상적(皮相的)인 사고로 만족하지 말 것, 요설(饒舌)과 농담을 늘어놓은 책은 그 이유만으로도 경계할 것을 배웠다.

또한 루스티쿠스가 자신의 장서 중에서 에픽테토스의 《편람》을 내게 주어 깊은 깨달음을 얻게 해준 데 대해 무한한 감사를 표하는 바이다.

마르쿠스 아우렐리우스의 《명상록》에 에픽테토스(A.D. 40년경~110년경)의 이름이 나온다. 그는 소아시아 출신의 그리스 사람이었는데, 노예로 로마에 끌려가서 네로 황제의 시종인 에바프로디투스의 노예가 되었다. 하지만 에바프로디투스는 자기의 노예인 에픽테토스가 성찰(省察)과 사색(思索)을 지닌 깊이에 감동하고, 그 신분에서 풀어주었다. 노예에서 해방된 에픽테토스는 로마에서 스토아 철학을 강의하면서 제자들을 교육했다. 그가 죽은 후에, 제자들 가운데 아리아누스는 그의 철학을 요약하여 《편람》(便覽)이란 제목으로 책을 만들어 세상에 펴내었다. 이 책이 반세기 후에 마르쿠스 아우렐리우스에게 큰 영향을 준 것이다. 후세는 로마제정 전성기를 대표하는 스토아 철학자로서 노예였던 에픽테토스와 황제 마르쿠스 아우렐리우스를 꼽는다.

후세의 그리스도교 저술가 성 아우구스티누스는 에픽테토스를 반쪽짜리 그리스도인이라고 한다. 또 그의 주인인 에바프로디투스는 사도 바울이 쓴 골로새서 1장 7절의 '에바브라'나 빌립보서 2장 25절의 '에바브로디도'와 동일 인물이 아닐까 하는 자신의 견해를 밝혔다. 그가 그리스도의 복음을 받아들였기 때문에 그를 노예 신분에서 풀어주었을 것으로 추측한다. 그리고 해방된 후에 그의 주인으로부터 복음을 전해 받은 것은 아닐까 생각한다. 에픽토테스의 《편람》에 기록된 내용은 그리스도교의 윤리적 교의(敎義)에 가장 가깝다.

#에픽테토스의 《편람》에 있는 내용 중 몇 구절이다.

* 어떤 일에 대해서 '나는 잃어버렸다'라고 말해서는 안 된다. '나는 돌려주었다'라고 말해야 한다. 그대의 아들이 죽었다면 그것은 돌려준 것이다. 그대의 재산을 빼앗겼다면 그것 역시 돌려준 것이다. 그것을 빼앗는 자는 분명 악인이다. 그러나 애당초 준 사람이 누구의 손을 거쳐서 그것을 되찾는다 한들 그대에게 무슨 상관이 있으랴. 그가 그것을 그대에게 허락한 동안은 남의 것으로서 소유해야 한다. 나그네가 하룻밤 머무는 여관처럼 그렇게 여겨야 한다.

* '나는 죽는다' 하는 생각을 날마다 눈앞에 떠올려야 한다. 그렇게 하면 비천한 생각도 나지 않고, 격렬한 욕망도 일어나지 않는다.

* 세상 모든 일이 그대가 원하는 대로 되기를 바라서는 안 된다. 오히려 세상일이 일어날 테면 일어나라고 바라는 것이 낫다. 그렇게 하면 그대는 행복하리라.

* 과녁이 맞혀 떨어지기 위해 있는 것이 아닌 것처럼, 불행도 사람이 그것을 피하려고 세상에 존재하는 것이 아니다.

» **복음의 구도자 ⑨**
  톨스토이

19세기 러시아문학을 대표하는 세계적인 문호이자 사상가인 톨스토이는 1828년 남러시아 야스나야 폴랴나에서 태어났다. 그는 카잔 대학에 입학했으나 대학교육에 회의를 느껴 대학을 중퇴하였다. 그 후 그는 형의 권유로 입대하여 카프카즈의 사관후보생을 거쳐 장교보좌로 군생활을 한다. 그 후 1856년 제대를 하고 글쓰기를 시작한다.

이후 1862년 톨스토이는 소피아와 결혼한다. 결혼 후 그는 문학에 전념하게 되는데, 이때 나폴레옹의 모스크바 침입을 중심으로 한 러시아 사회를 그린 불후의 명작 《전쟁과 평화》를 발표한다. 이 작품은 예술성과 내용의 깊이와 웅대한 구상 등에 있어서 세계문학 가운데 높은 평가를 받는다.

그 후, 톨스토이는 또 다른 걸작으로 평가받는, 부유한 귀족의 생활을 그려 러시아의 국가조직 및 특권계층의 생태와 도덕성을 비판한 《안나 카레니나》를 완성한다. 톨스토이는 이 작품을 완성하게 되면서 전부터 싹트고 있었던 죽음에 대한 공포와 삶의 무상에 대해 심하게 동요를 일으켰다. 그는 이에 대한 해답을 과학이나 철학이나 예술 등에서 구하려 시도했으나 실패하고, 결국 종교에 의탁하게 된다. 그래서 그는 까루가 지방의 수도원을 1877년부터 79년까지 다녔다. 그러나 그의 갈등은 사라지지 않았다. 톨스토이는 이 기간에 착실한 그리스도인으로서 3년간 정교회수도원을 다니면서 교리를 들었지만, 그 가르침에서 많은 모순점을 발견하게 되었다.

이 무렵, 어느 날 톨스토이는 한적한 들판 길을 걷고 있었다. 들판에는 여기저기서 농부들이 일하고 있었다. 그중에 한 농부를 바라보니 그는 얼굴에 땀과 먼지로 범벅이 되어 있으면서도 즐거운 마음으로 일하고 있었다. 톨스토이는 그 농부에게 "당신은 이 흙먼지 속에서 일하면서도 그렇게 기분이 좋으시오" 하면서 말을 걸어보았다. 그러자 그 농부는 "예수 그리스도를 믿기 때문이오"라고 말하였다. 톨스토이는 그 말을 듣고, 복음서에 나오는 예수 그리스도가 갑자기 떠올랐다. 그로부터 그는 사복음서 속의 예수를 믿으면서 죽음과 부활도 믿게 되었다고 한다. 그는 순수한 복음서에서 하나님의 역사를 느낀 것이다. 그리고 그는 1881년에는 '사복음서 통합번역'을 저술했다. 그러나 러시아 정부가 출판을 허락하지 않아 1908년에 가서야 출판되었다.

톨스토이의 3대 걸작은 누구나 아는 바와 같이 《부활》, 《전쟁과 평화》, 그리고 《안나 카레니나》이다. 이 중 후자 두 작품은 톨스토이가 믿음을 가지기 전의 작품이고, 《부활》은 그가 믿음을 가지고(그의 나이 50대 초반) 살면서 노년에 발표한 것이다. 믿음 전의 것은 도덕적이고, 윤리적이면서 교훈적 사고를 강조한 내용이고, 《부활》은 성서의 영향을 받아 기록하였다.

젊은 공작 네플류도프는 하녀 카추샤를 유혹하여 임신시킨다. 죄책감에 빠진 네플류도프는 어느 날 밤 여관방에서 성경을 펴 놓고 그 복음서 속에서 자기 갱생의 길잡이를 발견하게 되어 카추샤도 갱생시키고, 그 자신도 종교적 사랑에 의하여 부활한다는 내용이다. 이는 그 당시 러시아 사회의 부정과 허위를 철저하게 파헤친 걸작으로 '예술상의 성서'로 일컬음을 받았다.

산속 사람과 길거리 사람

불자들을 '산속의 사람들'이라고 한다면 그리스도인들은 '길거리의 사람들'이다. 불교는 심산을 찾아가 그 사찰을 세우지만, 그리스도 교는 길거리에 교회당을 세운다. 불자들은 사람들이 없는 조용한 곳을 찾아가지만, 그리스도인들은 사람들이 들끓고 시끌시끌한 곳을 찾아간다. 그래서 전자를 산속 종교라고 하면, 후자는 길거리 종교다. 불교에서는 만 가지의 인생고가 도에 대한 무명에서 온다고 하지만, 그리스도교에서는 만 가지의 고가 하나님과의 불화에서 온다고 말한다.

불교는 부처의 가르침이고, 동시에 부처가 될 수 있다는 가르침이다. 부처가 되는 것을 성불이라 하고, 누구나 수도를 열심히 하면 깨달음을 얻어 부처가 된다고 한다. 부처란 말은 '진리를 깨달은 자'란 의미이다. 부처를 의미하는 산스크리트어 '붓다'(佛陀, Buddha)는 각자(覺者)이고, 영어로 'the awakened'라는 뜻이다.

그러나 그리스도교는 그와 정반대다. 요한복음을 보면 "태초에 말씀이 계시니라. 그 말씀은 하나님과 함께 계셨으니, 그 말씀이 곧 하나님이시다"라고 하였다. 그리고 "이 말씀은 육신이 되어 우리 가운데 사셨다"라고 하셨다. 그리스도교는 사람이 하나님이 되는 종교가 아니라, 하나님이 사람이 되신 종교다. 하나님이 내려오셔서 사람이 되시고, 또 하나님께서 사람을 부르시는 것이 그리스도 교다. 내가 예수를 믿는 것이 아니고 예수께서 나를 부르셔서 믿게 한다. 그리스도교의 사랑은 아가페(agape)이고, 믿음의 종교이다.

II.

죽음과 부활,
그리고 천국과 지옥

단원 II
부분 차례

II. 죽음과 부활, 그리고 천국과 지옥

⇩제1부 피조물의 단명

- 피조물의 단명 ①
  감의 운명은 감꼭지가 좌우한다
- 피조물의 단명 ②
  사람의 운명은 하나님의 장중에 있다
- 피조물의 단명 ③
  하나님 아들들의 운명도 하나님의 장중에 있다
- 피조물의 단명 ④
  인생은 제7막의 연극이다
- 피조물의 단명 ⑤
  인생은 헛되고 헛된 것이다(해 아래의 허무감)
- 피조물의 단명 ⑥
  인생은 헛되고 헛된 것이다(해 위의 지혜의 말씀)
- 피조물의 단명 ⑦
  인간사 만사는 하나님의 예정 아래 있다
- 피조물의 단명 ⑧
  기한과 때는 성부께서 정하신다
- 피조물의 단명 ⑨
  내가 죽을 날은 이미 정해져 있다

⇩제2부 죽음론

☞ 죽음론(가): 서론 부분

- 부활론 ⑤
  고린도전서의 부활론 갈래

☞ **부활론(나): 본론 부분**
- 부활론 ①
  죽은 자의 부활은 없다
- 부활론 ②
  그리스도의 부활을 목격한 사람들이다
- 부활론 ③
  부활의 첫 목격자는 막달라 마리아다
- 부활론 ④
  마리아와 부활하신 그리스도의 대화 내용이다
- 부활론 ⑤
  부활은 신앙의 밑바탕이다
- 부활론 ⑥
  그리스도의 부활이 신자 부활의 근거가 된다
- 부활론 ⑦
  하나님에 대한 순종과 불순종이다
- 부활론 ⑧
  아담과 그리스도의 비교이다
- 부활론 ⑨
  아담은 죽음을, 그리스도는 부활을 가져왔다

☞ **부활론(다): 결론 부분**
- 부활론 ①

제1부

피조물의 단명

» **피조물의 단명 ①**
감의 운명은 감꼭지가 좌우한다

식물은 열매를 맺기 위해 꽃을 피운다. 꽃은 아름다운 색깔을 띠고 향기를 풍긴다. 그것은 곤충을 유인해서 가루받이하는 수단이다. 감꽃은 감나무 가지 햇순의 낱낱의 마디에 맺는다. 그리고 감꽃은 감꼭지에 붙어있다. 감꽃이 수정하면 씨방의 위쪽에 있는 감꽃은 할 일을 다 했기 때문에 감나무에서 떨어진다. 수정이 된 씨방은 자라는데, 씨방을 싸고 있는 부분이 자라서 '감의 과육'이 된다. 우리가 먹는 감은 씨방과 껍질 사이의 조직에 양분이 저장되어 생긴 열매이고, 이 열매와 껍질은 그 속에 있는 씨를 보호하는 역할을 한다.

한 그루의 감나무에는 수백 개의 수정된 씨방이 붙어 있다. 그 씨방은 감꼭지에 붙어서 성장한다. 마치 갓난아기가 어머니 젖을 먹고 포동포동 살이 찌듯, 수정된 씨방도 가지에서 보내주는 수액으로 인해 그 과육이 자란다. 그 수액은 감나무의 녹색 잎에서 햇빛에 의한 광합성으로 만들어진다. 감꼭지를 통해서 들어오는 수액이 씨방을 싸고 있는 조직으로 들어가서, 그 조직이 부피 자람을 하면 감이 된다. 이 현상을 감의 편에서 말하면 감 씨를 자라게 하고 보호하는 것이고, 사람 편에서는 감을 먹기 위한 수단이 된다.

그러나 감꽃이 수정된 봄부터 가을까지는 자연재해도 있고, 또한 병충해도 발생한다. 이런 재난에 감을 지켜주는 것은 그 감에 붙은 감꼭지다. 감꼭지의 아래쪽은 가지에, 위쪽은 감에 붙어 있다. 그래서 감의 운명은 감꼭지에 달려 있다. 만약 감꼭지가 감을 지켜주지 않는다면 감은 성장을 멈추고 감꼭지에서 떨어진다.

감나무에 달린 감의 운명을 보자. 가지에 붙어 있는 감꼭지는 사람이 주의 깊게 살펴보아도 어느 것이 좋고 어느 것이 나쁜지 전혀 알 수가 없다. 모두가 똑같아 보인다. 모든 감꼭지는 그에게 붙어 있는 감을 가을까지 지켜주어야 한다.

그런데 그렇지 못하다. 감꽃이 떨어지고 나서, 감나무 밑을 내려다보면, 수정된 씨방이 감꼭지에서 떨어지기 시작한다. 첫날에도 떨어지고, 그다음 날에도 떨어지고, 또 그다음 날에도 떨어진다. 일주일 후에도, 또 일주일 후에도 떨어진다. 한 달 후에도 떨어진다. 또 한 달 후에도 떨어진다.

독자들은 이 말의 요지를 파악해야 한다. 감나무에 달린 감을 아무리 살펴보아도 내일 떨어질 것이 어느 것인지 알 수가 없다. 아무리 주의 깊게 살펴보아도 요것인지 저것인지 도무지 알 수가 없다. 모두가 똑같아 보이고 같은 조건으로 붙어 있는데, 왜 어떤 것은 붙어 있고 어떤 것은 떨어질까? 그것을 알 수가 없다.

감의 운명은 감꼭지에 달려 있다. 감꼭지가 감을 가을까지 잡아주느냐, 잡아주지 않느냐, 이것이 감의 운명이다. 씨방이 수정된 다음날부터 떨어지는 것이 있는가 하면, 익을 때까지 감꼭지에 간신히 붙어 있는 것도 있고, 또 어떤 것은 찬바람이 불고 무서리가 내리는 늦가을까지 감꼭지에 붙어 있는 것도 있다. 심지어 어떤 것은 세찬 바람이 부는 한겨울에도 그 감을 달고 있다. 참으로 신기한 일이다. 감의 수명은 누가 정하는가? 감과 감꼭지의 관계를 정하여 주는 것은 누가 하는가? 이것이 참으로 신비스럽다.

» 피조물의 단명 ②
사람의 운명은 하나님의 장중에 있다

사람도 감의 운명과 똑같다. 감꼭지에 붙어 있는 감이 떨어지듯, 사람도 어느 날 갑자기 죽는다. 그 죽음은 피할 수 없는 운명이고, 그 시기는 누구도 알 수가 없다. 하나님에 의하여 창조된 모든 피조물은, 하나님이 정해 놓은 예정대로 존재하다가 소멸된다. 세상만사가 하나님의 예정 아래 놓여 있다.

1.

여기에 우리보다 먼저 살았던 사람들이 감나무에서 감이 떨어지듯이, 그 죽음의 시기가 제각기 다른 것을 볼 수 있다. 사람은 자기에게 닥칠 죽음의 때를 알지 못한다. 그것은 물고기가 물속에서 자유롭게 다니다가 그물에 걸리고, 새가 공중에 날아가다가 덫에 걸리는 것처럼, 사람도 갑자기 그 죽음의 시기가 덮치면 피하지 못하는 것이다.

▶천재 시인 허난설헌은 26년을 살았다. ▶소파 방정환은 32년을 살았다. ▶화가 레오나르도 다빈치는 67년을 살았다. ▶소크라테스는 70년을 살았다. ▶공자는 73년을 살았다. ▶석가모니는 80년을 살았다. ▶프랑스인 잔 칼망은 122년을 살고, 1997년에 죽었다. ▶소설 《노인과 바다》를 엮은 헤밍웨이는 62년을 살았다. ▶클레오파트라는 39살에 죽었다.

2.

▸〈오빠 생각〉이란 동시를 모르는 사람은 없을 것이다. "뜸북뜸북 뜸북새 논에서 울고, 뻐꾹뻐국 뻐국새 숲에서 울 때, 우리 오빠 말 타고 서울 가시며~." 이는 12살의 최순애가 지은 동시다. 그는 84년을 살고 죽었다.

▸《순수이성비판》이라는 책을 쓴 칸트는 매일 정해진 시간에 산책하는 것으로 유명하다. 그는 딱 한 번 그 시간을 어겼는데, 그것은 루소의 《에밀》을 읽다가 그 시간을 잊어버렸기 때문이다. 그는 80년을 살고 죽었는데, 그가 숨을 거두기 직전에 남긴 말이 있다. "이제 되었다."

▸스티븐 호킹은 영국의 유명한 물리학자이다. 그는 21세에 루게릭병에 걸려 이후 죽을 때까지 병고에 시달리면서도 시간의 역사, 우주론, 양자중력에 관해 연구하였다. 그는 76년을 살았지만 55년을 병고로 살았다.

▸세네카는 스토아 철학자이고, 네로 황제의 스승이었다. 네로 황제는 그에게 자결하라고 했다. 자기를 간섭한다는 이유 때문이었다. 그는 자기 집으로 돌아가서 혈관을 끊어 피를 흘리다가 죽었다. 그는 죽기 전에 옆에 있는 사람들에게 이렇게 말했다. "운명이라는 것은, 순종하는 자는 수레에 태워서 가고, 거역하는 자는 끌고 간다." 그는 65년(?)을 살았다.

3.

▸진시황제가 함양 땅에 머물 때였다. 그는 근래에 육중한 몸집으로 용상에 앉은 채 고개를 숙이고 조는 때가 많았다. 그런가 하면 잠을 자도 깊은 잠을 자지 못하고, 꿈을 꾸어도 사납고 불길했다. 그래서 시황제는 점성사 송무기를 불러 말했다.

"짐이 근간에 몸이 무겁고 꿈자리가 뒤숭숭하니, 거기에 대한 무슨 예방책이 없겠는가?"

송무기가 말했다.

"폐하께서 오랜 여행으로 심신이 피로해진 탓일 것입니다. 그것을 치유

하시려면 장생불로초를 구해다가 복용하셔야 합니다."

이 말을 들은 진시황제는 방사 서시에게 동남동녀 5백 쌍과 많은 은금 보화를 10척의 배에 싣고 조선 땅으로 보냈다. 그러나 조선 땅으로 떠나간 서시는 1년이 지나고, 2년이 지나도 돌아오지 않았다. 진시황제는 서시가 조선으로 떠나가고 일 년 후에 죽었다. 천하를 통일하고 억조창생에게 군림하며 인생 최고의 영화를 누려오던 시황제가 광대무변한 땅 위에서 50세를 일기로 어이없게 객사(客死)했으니, 죽음에 있어서만은 만고의 제왕도 필부야로(匹夫野老)들과 추호도 다를 바 없었다.

4.

▶ 미국 사람들이 가장 존경하는 대통령은 링컨이다. 그를 존경하는 이유는 게티즈버그 연설문에서 나타난다. 링컨이 미합중국 대통령으로 취임했을 때 그는 노예제도 폐지를 주장했다. 그러자 남부지역에 있는 7개 주는 이에 반발하여 분리 독립을 선언하고, 이들은 '아메리카 연합'을 조직하여 노예제도를 인정하는 헌법을 제정하고, 제퍼슨 데이비스를 대통령으로 선출한다. 이어서 1861년 4월 남부군이 북부의 섬터 요새를 공격함으로써 남북전쟁이 시작되었다.

1863년 봄, 전쟁의 양상은 점점 더 치열해져, 남과 북은 게티즈버그라는 작은 펜실베이니아의 한 마을에서 미국 역사상 가장 치열한 전투가 벌어졌다. 이 싸움은 7월 첫 주까지 계속되었다. 그때 갑자기 불리한 통박(痛迫)을 알아차린 남부군은 군대를 철수했다. 이로써 게티즈버그 전투는 큰 사상자를 내고 끝이 났다. 양쪽 모두가 피해가 컸다. 6천 명이 전사했고, 2만 7천 명이 다쳤다. 가을이 되자 공동묘지위원회는 날짜를 정하여 국립묘지 봉헌식을 하기로 했다. 이 봉헌식에서 링컨 대통령이 한 연설문이 있다. 그것이 바로 그 유명한 '게티즈버그 연설문'이다.

링컨의 연설문에는 강력한 두 가지 메시지가 담겨 있다. 하나는 미국의 국기이며, 세계 민주주의 강령이다. 그것은 "백성의 정부요, 백성에 의한 정부요, 백성을 위한 정부라"(골 1:16)는 것이다. 이는 그의 위대한 생각이 담긴 사상이었다. 지금 이 글귀는 워싱턴 링컨기념관, 그의 좌상 받침대에 새겨져 있다. 다른 하나는 모든 인간은 태어날 때부터 자유로우며, 누구에게나 동등한 존엄성과 권리가 있고, 그 누구도 다른 사람의 자유를 제한하지 못한다는 것이다.

링컨의 이러한 결심은 결국 1865년 4월 노예제도 폐지 법률안을 선포하게 된다. 결국 노예들은 자유를 얻게 되었다. 그의 생활 철학인 자유, 평등, 박애가 바로 노예를 해방시킨 것이다. 이것은 바로 그리스도교의 사상이다. 《링컨의 생애》 전기에 의하면 링컨의 이런 생각은 그의 새어머니로부터 영향을 받았다고 한다. 그의 새어머니는 독실한 그리스도교 신자였다.

링컨은 1809년 2월 12일 켄터키 주의 외딴 오두막집에서 태어났다. 그는 56년을 살다 죽었다.

» 피조물의 단명 ③
하나님 아들들의 운명도 하나님의 장중에 있다

1. 구약 부분

1.

▶아담은 930년을 살았다. 그의 아들 셋은 912년을 살았다. 아담의 6대 손 에녹은 365세에 승천하였다. ▶노아는 950년을 살고 죽었다. ▶노아의 아들 셈은 600년을 살았다. ▶셈의 아들 아르박삿은 438년을 살고 죽었다. ▶그의 증손자 벨렉은 239년을 살았다. ▶그의 아들 르우는 239년을 살았다. 그의 손자 나홀은 148년을 살았고, 그의 아들은 데라는 205년을

살았고, 그의 손자는 아브라함과 나홀과 하란이다.

2.

▶ 아브라함의 죽음이다. 아브라함은 기원전 2165년쯤에 갈대아 우르에서 데라의 아들로 태어났다. 그는 이스라엘 민족의 조상이요, 또 모든 그리스도인의 신앙의 조상이다. 아브라함이 누린 햇수는 175년이다. 그 기간은 하나님이 그에게 부여한 생명이다.

▶ 이삭의 죽음이다. 야곱은 하란에 있는 그의 외가에 붙어살다가, 아버지 이삭이 살고 있는 헤브론으로 돌아와 10년을 살았다. 그때 이삭의 나이는 180살이었고, 늙어서 기운이 쇠하여 죽어 조상들 곁으로 갔다. 그 180년은 하나님이 그에게 부여한 생명이다.

▶ 야곱의 죽음이다. 이스라엘인이 이집트의 고센 지역에 정착하고, 많은 세월이 흐른 후에 야곱은 그곳에서 죽었다. 그때 그의 나이는 147세였다. 이는 하나님께서 그에게 부여한 연수이다.

▶ 여호수아의 죽음이다. 여호수아는 모세의 시종이다. 출애굽 때에는 40세였으나, 모세의 후계자가 될 때는 그의 선임자처럼 80세에 대임을 맡아서 110세까지 일했다. 그는 죽기 전에 사람들에게 "나는 이제 온 세상 사람이 가는 길로 가야 한다"라는 말을 남기고 죽었다. 이는 하나님께서 그에게 부여한 연수이다.

3.

▶ 모세의 죽음이다. 모세는 이스라엘 백성을 축복한 다음, 여호와의 말씀에 따라 모압 땅에 있는 아바림 산맥의 최고봉인 느보 산에 올라가서, 그 산의 최고봉인 비스가 산 정상으로 올라갔다. 그곳에서 여호와의 종 모세가 여호와의 말씀대로 죽어서, 모압 땅 벤브올 맞은편 쪽에 있는 골짜기에 묻혔는데, 오늘날까지 그 무덤이 어디에 있는지 아는 사람이 아

무도 없다. 모세가 죽을 때에 나이가 120살이었으나 그의 눈이 빛을 잃지 않았고, 기력이 정정하였다. 이는 하나님께서 그에게 부여한 연수이다.

▸엘리야는 승천하였다. 여호와께서 엘리야를 회오리바람에 실어 하늘로 데리고 올라가실 때가 되자 엘리야가 엘리사를 데리고 길갈을 떠나 여리고를 거쳐서 요단에 이르렀다. 그 순간에 불 수레와 불 말들이 두 사람을 갈라놓고, 엘리야가 회오리바람에 실려 하늘로 올라갔다. 엘리야의 사역 기간은 주전 874-853이다. 20세부터 사역했다고 하면 그는 약 50세쯤 승천하였다.

2. 신약 부분

1.

▸야고보의 죽음이다. 사도 요한과 형제간인 야고보는 헤롯 왕의 박해를 받아 세례 요한과 같이 칼로 목베임을 당했다. 그때 그의 나이는 50세쯤(?)이었다. 이는 하나님께서 그에게 부여한 연수이다.

▸스데반의 죽음이다. 스데반은 은혜와 능력이 충만했다. 그가 백성들 앞에서 설교를 하였는데, 사람들은 일제히 스데반에게 달려들어 그를 성 밖으로 끌어내서 돌로 쳐서 죽였다. 이때 스데반은 30세 전후였다. 이 30년은 하나님께서 그에게 부여한 연수이다.

▸세례 요한의 죽음이다. 세례 요한은 헤롯에게 "당신이 그 여자를 차지하는 것은 옳지 않다"라고 했다. 불의를 보고 직언하는 것은 요한의 사명이었다. 그는 헤롯에게 목베임으로 죽었다. 그때 그의 나이는 31세쯤이었다. 이는 하나님께서 그에게 부여한 연수이다.

2.

▸나사로의 죽음이다. 나사로는 죽은 지 나흘이나 지났지만, 예수께서 "나사로야, 나오너라" 하는 소리에 살아났다. 나사로가 부활했을 때는 30

살이었고, 그 후에 그는 프랑스 지방에서 30년간 복음을 전하고 그곳에서 또 죽었다고 한다. 나사로가 부활하여 30년을 더 살고 죽은 것도 하나님께서 그에게 부여한 연수이다.

▶마가의 죽음이다. 마가는 마가복음의 저자이고, 그의 집을 사람들은 '마가의 다락방'으로 불렀다. 또 그 집은 주께서 최후의 만찬을 드셨고, 오순절 때에는 초대교회가 탄생한 곳이다. 마가는 마가복음을 기록하였고, 그 후 애굽에 알렉산드리아 교회를 세우고 감독으로 있다가 순교했다고 한다. 그는 50세쯤(?)에 죽었다. 이는 하나님께서 그에게 부여한 연수이다.

▶누가의 죽음이다. 누가는 누가복음과 사도행전의 저자다. 두 책은 서로 연결되는 전·후편으로 그리스도교의 기원과 전파되는 자취를 기록한 교회사이다. 누가는 안디옥 사람이고, 직업은 의사였다. 양서는 모두 예루살렘 함락 이전에 저작한 것이다. 그 시기는 A.D. 61~63년쯤이고, 장소는 로마라는 데 큰 무게가 실린다. 앞서 말한 바와 같이, A.D. 64년 로마의 대화재 사건으로 네로가 그리스도인들에게 누명을 씌워 처형할 때 누가도 죽임당한 것이 아닐까 하는 짐작을 한다. 그때 그의 나이는 70세를 넘기지 않았을 것이다. 이 70년이 하나님이 그에게 부여한 연수이다.

3.

▶사도 요한의 죽음이다. 요한의 아버지 세베대는 부유한 사람이고, 그의 어머니는 살로메이다. 그녀는 예수의 어머니 마리아와 자매간이고, 야고보는 그의 형이다. 그들 형제는 주님의 부름을 받기 전까지는 어부였다. 예수의 부르심을 받은 후 요한은 가장 유명한 제자 중 한 사람이 되었다. 요한은 베드로와 더불어 3제자라고 불렸고, 그들은 주님의 행적에 대한 비밀을 친히 체험하였다.

사도 요한에 관한 전설로는, 그가 만년을 에베소에서 보냈다고 한다. 그가 에베소로 이주한 것은, 아마 바울이 마지막으로 에베소를 방문하여 그곳에서 2년 3개월(서기 65~66) 있다가 그곳을 떠났는데, 바울이 떠난 후에 사도 요한이 그곳에 갔다는 것이다.

사도 요한은 에베소에 와서 27년이나 죽 살다가 도미시안 황제 때(서기 95년) 밧모 섬에 정배(定配)되었다가(계 1:9) 넬바 황제 때에(서기 96년) 에베소로 돌아왔다. 그는 밧모 섬의 한 동굴에서 요한계시록의 계시를 받았다. 이 계시를 받고 곧바로 그곳에서 집필하였는지, 에베소에 돌아와서 이를 완성하였는지는 알 수가 없다. 후자일 가능성이 높다. 터툴리안은 그가 백 세를 누린 다음 날에(서기 106년) 죽었다는 기록을 전했다. 이는 하나님께서 그에게 부여한 연수이다.

» 피조물의 단명 ④
인생은 제7막의 연극이다

1. 인생길을 산행에 비유하다

강원도 홍천에 팔봉산이 있다. 팔봉산은 암산이고, 그 능선에 여덟 개의 바위봉우리가 우뚝 솟아 있어 팔봉산이라 한다. 산 아래로 홍천강물이 흘러 내려가서, 산 위에서 내려다보면 그 경치가 아름답다.

1봉으로 올라간다. 사람들이 줄지어 걷는다. 완만한 산비탈 길이 끝나면 길이 가팔라지면서 통나무계단을 오르게 된다. 그 길이 끝나고 바위너설을 지나면 바로 1봉 정상이다. 조망이 좋다.

2봉으로 올라간다. 1봉 정상에서 산비탈 내리막길을 좀 길게 내려갔다가 가파른 암벽을 오르면 2봉이다. 2봉에는 삼선당(三仙堂)이라는 팻말이 있다. 무속인이 당굿을 하는 곳이다.

3봉으로 올라간다. 2봉에서 능선의 안부로 내려갔다가 올라가면 3봉이다. 이곳이 팔봉산의 주봉(主峰)이다. 조망이 더욱 좋다. 북쪽으로 홍천강이 팔봉산의 아랫도리 부분을 부드럽게 휘감아 돌면서 흐른다. 그 흐름이 아름답다.

4봉에 오른다. 3봉에서 4봉 가는 능선의 안부는 움푹 파였다. 많이 내려갔다가 올라가야 한다. 올라가는 길에는 이상한 굴을 통과해야 한다. 길이가 한 5m 되는 바위굴이다. 아래쪽은 폭이 넓고 위쪽으로 올라갈수록 폭이 좁다. 위쪽 끝부분을 빠져나가기가 매우 어렵다. 바로 누워서 두 발로 벽을 밀고, 두 손으로 위쪽 바위를 잡아당겨서 몸의 중심이 위쪽 구멍으로 쏠리게 한 후에 나가야 한다. 이 굴에서 빠져나오면 4봉 산정이다. 함께 올라온 사람들 중에 더러는 능선 안부에서 산을 내려간다.

5봉에 오른다. 4봉과 5봉의 높이는 거의 비슷하고, 4봉에서 손에 잡힐 듯 가깝다. 능선을 타고 쉽게 갈 수가 있다. 5봉 정상에서도 조망이 좋다.

6봉에 오른다. 5봉에서는 좀 길게 내려갔다가 암벽너설 지대를 건너서 산비탈을 올라서면 6봉이다. 그곳에서는 사람들이 돗자리를 깔아놓고 앉아있다.

7봉에 오른다. 6봉에서 가볍게 내려갔다가 조금 오르면 7봉이다. 1봉에서 함께 올라온 사람들의 숫자가 7봉에서 많이 줄어든다. 이제 8봉만 남았다. 7봉 정상에서 바라보는 8봉은 공포감을 준다. 수직 바위봉이 위압적이다. 7봉과 8봉 사이는 바위너설 길이고, 대개 사람들은 7봉과 8봉의 능선 안부에서 산을 내려간다.

8봉을 오른다. 8봉 가는 길은 8봉 산허리에서 북쪽으로 돌아가면 바위 사이로 갈지자(갈之字) 형태의 길이 있다. 네다섯 곳은 암벽에 놓인 줄을 잡고 올라가야 한다. 마지막 구간이 힘들다. 정수리는 넓은 암반이라 쉬기가 좋다. 그다음은 하산이다. 8봉 정상에서 가파른 내리막길을 한참 내려가면 산 아래쪽에 강변길이 나오고, 그 길은 주차장으로 이어진다.

그날 함께한 산행객은 30명이 넘었다. 모두가 주차장을 떠나서 산으로 가는 길목으로 접어들었지만, 8봉까지 오른 사람은 적었다. 처음 산길 길목에는 사람들이 무리를 지어 1봉을 오르고, 그다음 2봉을 오르고, 또 3봉으로 갔었다…그리고 7봉으로, 8봉으로 걸어갔다. 그러나 모두가 8봉을 지나서 주차장에 모인 것은 아니다. 어떤 사람은 3봉에서 내려갔고, 어떤 사람은 5봉에서 내려갔고, 7봉에서 내려간 사람도 있다. 이같이 모두가 8봉을 지나오지는 않았다. 인생길도 이와 흡사하다. 모두 내려오는 길이 각각 다르다.

2. 인생길을 연극에 비유하다

다음은, 셰익스피어의 희극 《당신이 좋으실 대로》란 극의 제2막 끝부분에 나오는 대사다. 이 세상은 하나의 무대. 남자나 여자나 인간은 모두가 연기자이다. 그들은 무대에 등장하고 퇴장한다. 사람들은 일평생 동안 여러 가지 역할을 맡는다. 나이에 따라 막은 일곱 개 정도다.

제1막은 유년기: 유모 품에 안긴 아기는 울면서 보채기도 한다.

제2막은 개구쟁이 아동기: 아침 햇살이 찬란히 비칠 때, 가방을 메고 달팽이처럼 걸어 억지로 학교에 간다.

제3막은 연인들 시기: 용광로처럼 한숨지으며 슬픈 노래로 애인을 찬양한다.

제4막은 병사의 시기: 이상한 맹세만을 늘어놓으며 표범 같은 수염을 기른다. 야심에 불타고 걸핏하면 성급한 싸움을 걸고, 물거품 같은 명예 때문에 대포 아가리 속으로 뛰어든다.

제5막은 재판관 시기: 푸짐한 뇌물 때문에 배는 기름지고, 매서운 눈초리에 격식을 갖춘 수염을 달고, 그럴싸한 격언과 진부(眞否)한 판례로 제구실을 한다.

제6막은 황혼의 시기: 슬리퍼를 신고, 여위고 얼빠진 늙은이 콧등에는 코안경, 허리에는 돈주머니, 젊을 때 아껴둔 옷은 바짓가랑이가 시든 정강이에 통이 커 보이고, 사내다운 우렁찬 목소리는 애들 목소리로 돌아가 삐삐 피리 소리를 낸다.

제7막은 종결의 시기: 파란만장한 인생살이를 끝맺는 장면으로 제2의 유년기요, 망각(忘却)의 시간이다. 이가 빠지고, 눈은 멀고, 입맛도 떨어지고, 세상은 허무할 뿐이다.

사람이 태어나 살다가 죽는 것은, 일정한 나이를 채우고 죽는 것이 아니고 죽는 시기가 각기 다르다. 제1막에서 퇴장하는 사람도 있고, 제2막에서 퇴장하는 사람도 있고, 제3막에서, 제4막에서, 제5막에서, 제6막에서, 제7막에서 인생의 종결을 맺고 내려오는 사람도 있다. 나는 오늘 팔봉산의 산길을 걸어가면서 '인생은 제7막의 연극'이라는 셰익스피어의 말을 되새겨보았다. 그 말이 오늘 팔봉산에서 나를 감동시켰다. 그러면 그 인생길을 과연 누가 정해 준 것인가?

» **피조물의 단명 ⑤**
  인생은 헛되고 헛된 것이다

■ **해 아래의 허무감**

전도서는 1장 2절에서 시작하여 12장 14절로 끝이 난다. 그 시작에는 "전도자가 말한다. 헛되고 헛되다. 헛되고 헛되다. 모든 것이 헛되다"라고 하였고, 그 끝에도 "전도자가 말한다. 헛되고 헛되다. 모든 것이 헛되다"라고 하였다. 전도서를 한마디로 말하면 '이 세상 모든 것이 헛된 것'으로 집약이 된다.

1. 서론이다(전 1:1-11)

다윗의 아들 예루살렘 왕 전도자의 말이다.

전도자가 말한다. 헛되고 헛되다. 모든 것이 헛되다.

사람이 세상에서 아무리 수고한들 무슨 보람이 있는가?

한 세대가 가고, 한 세대가 오지만, 세상은 언제나 그대로다.

해는 뜨고, 또 져서, 제자리로 돌아가며, 그곳에서 다시 떠오른다.

모든 강물이 바다로 흘러가도, 바다는 넘치지 않는다.

강물은 나온 곳으로 되돌아, 거기에서 다시 흘러내린다.

이미 있던 것이 훗날에 다시 있을 것이며, 이미 일어났던

일이 훗날에 다시 일어난다. 이 세상에 새 것이란 없다.

지나간 세대는 잊히고, 앞으로 올 세대도

그다음 세대가 기억해 주지 않는다.

☞첫 구절은 전도서의 표제이고, 그다음은 전도서의 허무감이다.

2. 본론 부분이다

- 지혜도 헛되다(전 1:12-18).

나 전도자는 예루살렘에서 왕이 되어 이스라엘을 다스리는 동안에, 하늘 아래에서 되는 온갖 일을 살펴서 알아내려고 지혜를 짜며 심혈을 기울여 보았지만, 그것은 괴로움이었다. 나는 마음속으로 '나는 지혜를 많이 쌓았다. 이전에 예루살렘에서 다스리던 어느 누구보다도 지혜에 있어서는 나를 뛰어넘지 못할 것이다'라고 했다. 그러나 지혜가 많으면 번뇌도 많고, 아는 것이 많으면 걱정도 많더라.

☞전도자는 그의 탁월한 지혜로 인생을 탐구해 보았지만 대답은 허무함이었다.

• 향락도 헛되다(2:1-11).

인생 문제를 지혜로 해결하는 데 실패한 전도자는 다음으로 향락을 찾았다. 나는 혼자서 이런 생각을 해보았다. [1]"내가 시험 삼아 너를 즐겁게 할 것이니, 너는 네 마음껏 즐겨라." 그러나 이것도 헛된 일이었다. 알고 보니 웃는 것은 '미친 것'이고 즐거움은 '쓸데없는 것'이었다. 또 나는 지혜를 짜내어 술에 취하여 즐거워하기도 했고, 어리석은 생각으로 쾌락을 추구하기도 하였다. 이렇게 사는 것이 짧은 한평생을 가장 보람 있게 사는 것이라고 느꼈기 때문이다.

그다음 전도자는 다른 종류의 향락을 찾았다. 그래서 [2]그는 자신을 위하여 궁전도 지어보고, 여러 곳에 포도원을 만들고, 정원과 과수원도 만들고, 많은 소와 양 떼도 가졌다. 또 여러 지방에서 은과 금을 모아 보기도 하였다. 그는 원하던 것을 다 얻었다. 그러나 그 모든 것은 헛되고 바람을 잡으려는 것과 같고, 아무런 보람도 없었다.

☞[1]괴테의 파우스트가 학문의 길에서 인생을 향락으로 옮기는 것과 같다. 그러나 이것도 허사였다. [2]인생을 향락하는 모든 조건들이다.

• 수고도 헛되다(전 2:18-20).

세상에서 내가 수고하여 이루어 놓은 모든 것을 내 뒤에 올 사람에게 물려줄 일을 생각하면 억울하기 그지없다. 그에게 물려주어서 맡겨야 하나니, 이 수고도 헛되다. 세상에서 애쓴 모든 수고를 생각해보니, 내 마음에는 실망뿐이다. 평생에 그가 하는 일이 괴로움과 슬픔뿐이고, 밤에도 그의 마음이 편히 쉬지 못하니, 이 수고 또한 헛된 일이다.

3. 결론이다(전 2:24)

그러므로 사람이 먹고 마시고 낙을 누리는 것이 좋은 것인데, 그것을 주시는 분은 하나님이시다.

"사람에게는 먹는 것과 마시는 것, 자기가 하는 수고에서 스스로 보람을 느끼는 것, 이보다 더 좋은 것은 없다. 알고 보니, 이것도 하나님이 주신 것이다(전 2:24, 새번역)."

이 어구는 "해 아래에 있는 인생은 헛되고 헛되다"라는 것에 대한 결론이다. 전도자의 기본 사상으로 전도서의 여러 곳에서 반복하여 나타난다.

» 피조물의 단명 ⑥
인생은 헛되고 헛된 것이다

■ 해 위의 지혜의 말씀

솔로몬이 깨달은 참 지혜는, 사람이 일생을 산다고 하지만 늙어서 죽게 되니, 그것은 바로 "헛되고 헛다"라는 것이다. 그 헛됨은 곧 회의에 빠지는 것이다. 그러나 그는 "너희는 청년의 때에 너희 창조자를 기억하라"(전 12:1)고 말한다. 이 말씀에서 그는 회의에서 벗어나게 된다. 인생의 허무감에서 헤매다가 거기서 하나님을 찾게 되어 인생의 바른길을 깨닫게 되는 것이 전도서의 핵심이다.

1. 젊은 시절에 즐겨라(전 11:9-10)

전도자는 이제 그 대상을 청년들에게 집중시킨다. 사람이 늙어지면 죽게 되니 청년기에 분복을 따라 즐겁게 살고 창조자를 기억하라고 한다.

* "청년이여, 젊을 때, 젊은 날을 즐겨라. 네 마음과 눈이 원하는 길을 따라라. 다만, 네가 하는 이 모든 일에 하나님의 심판이 있다는 것만은 알아라."

인생에서 최상의 길은 분복(分福), 타고난 복을 따라 즐겁게 사는 것이다. 전도자는 이제 그 권면을 청년들에게 권한다. "청년들아, 너희 청춘을

구가하여라. 너희가 하고 싶은 것을 무엇이든지 마음껏 해보아라." 이렇게 말한 전도자는 청년들이 하는 그 일에 조건을 제시한다. 그것은 "네가 한 모든 행동에는 하나님의 심판이 있다"라는 것이다.

마땅히 네가 하는 행동이 하나님의 뜻에 부합하느냐, 하지 않느냐를 생각해보고, 그 후에 행동을 하라는 것이다. 하나님의 뜻과 너의 행동이 서로 꼭 들어맞으면 하는 것이고, 그렇지 않으면 너는 그 행위에 대하여 심판을 받는다는 것이다.

이 심판은 미래적인 심판이다. 본문의 뜻은 죽음과 그 후에 있을 심판을 생각하면서 행동하라는 것이다(히 9:27-28).

* "그래서 근심이 네 마음에서 떠나게 하고, 악이 네 몸에서 물러나게 하라. '어릴 때와 청년의 때'가 다 헛되니라."

청년기를 즐겁게 보내기 위해서는(전절), 마음의 근심과 육신의 고통이 없어야 한다는 것이다. 곧 청년기에 근심과 고통이 없이 즐겁게 살아야 하는 것은, 그 시기가 빨리 지나가기 때문이다.

2. 젊어서 하나님을 만나라(전 12:1-2)

* "젊을 때 너는 너의 창조주를 기억하여라. 고생스러운 날들이 오고, 사는 것이 즐겁지 않다고 할 나이가 되기 전에"

"너의 창조자를 기억하여라" 하는 이 어구는 너무나 유명하다. 공허감과 회의에 빠졌던 전도자가 내린 마지막 결론은 신앙 자세로 돌아가라는 것이다. 언제 신앙 자세로 돌아가야 하는가? 고생스러운 날들이 오고, 사는 것이 즐겁지 않다고 할 나이가 되기 전에 신앙을 가져야 한다는 것이다. 그때는 곧 젊을 때이다. 즉 청년기에 창조자를 기억하여 믿음을 준비하고, 노년기와 죽음에 대해서도 준비하라는 것이다.

* "해와 빛과 달과 별들이 어두워지기 전에 그렇게 하여라."

이스라엘 지역의 우기(雨期)는 겨울이고, 우기가 지나면 하늘이 맑지 않고 구름이 잔뜩 끼게 된다. 그래서 이 시기를 '구름의 시기'라 한다. 이때는 하늘이 구름에 가려서 해와 빛과 달과 별들이 어둡게 되는 것이다. 이 시기를 노년의 시기로 표현한 것이다.

3. 늙어지면 죽음이 가깝다(전 12:3-5)

* "그때가 되면 너를 보호하던 팔이 떨리고, 정정하던 두 다리가 약해지고, 이는 빠져서 씹지도 못하고, 눈은 침침해져서 보는 그것마저 힘겹고, 귀는 먹어 바깥에서 나는 소리도 못 듣고, 맷돌질 소리도 희미해지고, 새들이 지저귀는 노랫소리 하나도 들리지 않을 것이다. 높은 곳에는 무서워서 올라가지도 못하고, 넘어질세라 걷는 것마저도 무서워질 것이다. 검은 머리가 백발이 되고, 원기가 떨어져서 보약을 먹어도 효력이 없을 것이다."

4. 죽음이다(전 12:5후반절-8)

* "사람이 영원히 쉴 곳으로 가는 날, 길거리에는 조객들이 오간다."

여기서 저자는 비로소 죽음 자체를 말한다. 그리고 분명하게 직설법으로 말한다. "영원히 쉴 곳"은 무덤이다. 그리고 사람이 죽고, 조객들은 죽은 자의 가족을 위문하기 위해 거리로 왕래하는 것이다.

* "은 줄이 끊어지고 금 그릇이 부서지고, 샘에서 물 뜨는 항아리가 깨지고 우물에서 도르래가 부서지기 전에 네 창조주를 기억하여라."

인생의 죽음을 묘사한 것이다. 육체가 죽음으로 부서지고 깨지고 한다는 것은 모두 죽음을 뜻하는 말이다. 죽으면 일상생활을 할 수 없다는 뜻이다.

* "육체가 원래 왔던 흙으로 돌아가고, 숨이 그것을 주신 하나님께로 돌아가기 전에 네 창조주를 기억하여라. 전도자가 말한다. 헛되고 헛되다. 모든 것이 헛되다."

인생이 죽음으로 끝나니 만사가 헛되고 헛된 것이다. 이것이 이 항목의 결론이다.

» 피조물의 단명 ⑦
인간사 만사는 하나님의 예정 아래 있다

1. 만사에는 때가 있다(전 3:1-3)

인간사 만사에는 정해진 때가 있다.

* "범사에 기한이 있고, 천하만사가 다 때가 있다."

모든 일에는 다 기한이 있고, 세상의 모든 일은 때가 있다. 기한(season)과 때(time)는 모두 시간을 나타낸다. 기한은 어떤 일이나 현상이 진행되는 시점이고, 때는 시간의 어느 순간이나 부분을 말한다. 전자는 확정된 시기를 말하고, 후자는 그 일이 일어나는 순간이다. 두 낱말의 결합은 성경에 흔하게 나타난다(단 7:12; 행 1:7; 살전 5:1 등). 인간사(人間事) 만사(萬事)에는 모두 때가 있다. 그것은 사람이 살아가는 동안 어느 순간에 갑자기 찾아온다.

* "날 때가 있고 죽을 때가 있으며, 심을 때가 있고 심은 것을 뽑을 때가 있으며."

"날 때와 죽을 때"이다. 즉 일생의 시작과 끝이다. 그리고 농작물이나 조림의 경우에서 심을 때와 뽑을 때이다.

* "죽일 때가 있고 살릴 때가 있다. 허물 때가 있고 세울 때가 있다."

사람이 죽을 때와 살 때를 말한다. 혹은 전쟁에서 죽이는 일과 부상자를 고치는 일, 혹은 병든 자가 죽는 것과 치료를 받아 사는 것이다. 다음은 집이나 도시나 국가의 시종(始終)이다. 이런 일은 세울 때도 있고 부서뜨리기도 한다.

2. 하나님은 때를 정하셨다(전 3:10-12)

인간사 만사는 끝없이 유전하는 것처럼 보이나 그 유전 속에 목적이 있고 체계가 있는데, 그것은 바로 하나님께서 정하신 일이다.

* "하나님이 인생들에게 노고를 주사 애쓰게 하신 것을 내가 보았노라."

전도자가 인간사를 궁구하며 살핀 결과 이 진리를 깨달았다는 것이다. 이 진리는 곧 하나님께서 인생으로 하여금 생의 유전 속에서 수고하도록 정하셨다는 것이다. 그것이 타락한 인생에게 주신 에덴의 법칙이었다.

* "[1]하나님이 모든 것을 지으시되 때를 따라 아름답게 하셨다. [2]또 사람들에게 영원을 사모하는 마음을 주셨다. [3]그러나 하나님이 하시는 일의 시종을 사람으로 측량할 수 없게 하셨다."

위의 구절은 전도서에서 가장 신앙적인 내용이 포함된 내용이다.

[1] 하나님이 만물을 지으셨는데, 그 만물은 어느 때에 보아도 아름답다.

[2] 영원을 바라는 것은, 허무한 인생들에게 하나님을 생각나게 하는 종교가 된다.

[3] 하나님이 하시는 일의 처음과 끝은 사람이 알 수가 없다는 것이다.

이 어구는 인간이 알 수 있는 한계를 말한다.

이를테면, 나는 '나의 처음도 모르지만, 나의 끝도 모른다'는 것이다. 나의 처음은 태어난 것이고, 끝은 죽는 것이다. 나를 태어나게 한 것은, 하나님께서 내 아버지와 내 어머니를 어떻게 혼인하게 하여 나를 태어나게 한 것인지 나는 도무지 모른다. 또 나의 끝은 죽음인데, 그 죽음도 언제 어떻게 죽는가 하는 것을 나는 전혀 모른다. 왜냐하면 하나님이 하시는 일의 처음과 끝은 사람이 알 수가 없게 하였기 때문이다.

* "사람이 사는 동안에 기뻐하며 선을 행하는 것보다 더 나은 것이 없는 줄을 내가 알았다."

인생 문제에 대한 전도자의 회의는 하나님의 영광을 통해 새 진리를 터득하게 된다. 그것이 바로 위의 구절이다.

* "사람이 먹고 마시는 것과 수고함으로 낙을 누리는 그것이 하나님의 선물인 줄을 또한 알았다."

앞 구절에 계속 이어서 사람이 먹고 마시며 인생을 즐기는 것은 좋은 것이고, 그것이 바로 하나님에게서 나온 선물이라는 것이다. 이것은 놀라운 사상적 발전이고, 세속적인 향락주의에서 벗어나 건전한 생활을 하도록 하는 것이다.

3. 인생의 마지막은 죽음이다(전 3:19, 12:7, 3:22)

사람의 마지막은 짐승의 마지막과 같다.

* "인생이 당하는 일을 짐승도 당한다. 그들이 당하는 일이 일반이라. 둘 다 숨을 쉬지 않고는 못사니 사람이라고 해서 짐승보다 나을 것이 없다."

* "모두가 흙에서 나왔으니 그곳으로 돌아간다. 그러나 사람의 영혼은 하나님이 주신 것이니 하나님께로 돌아간다"(전 12:7).

* "그래서 사람에게는 자기가 하는 일에서 보람을 느끼는 것보다 더 좋은 것은 없다는 것을 알았다. 그것은 곧 그가 받은 몫이기 때문이다. 사람이 죽은 다음에 그에게 일어날 일들을 누가 그를 데리고 다니며 보여주겠는가."

» **피조물의 단명 ⑧**
  기한과 때는 성부께서 정하신다

그리스도께서 승천하신 기사에 보면 승천하신 장소를 누가복음 24장 50절에서 "베다니 앞까지"라고 하였다. 이는 승천하신 장소를 구체적으로 나타낸 말이다. 또 사도행전 1장 3절에는 그리스도께서 부활하신 후 40일간 제자들에게 나타나서 '자기가 살아있음을 증거로 보였다'라고 한다.

그 40일째 되는 날에 예수께서는 제자들과 함께 예루살렘을 떠나 감람산으로 향했다. 그들은 예루살렘의 동쪽 성문으로 나와서 산비탈 내리막길을 내려갔다. 예루살렘의 동쪽 산비탈에는 고목의 올리브나무가 여기저기 눈에 띄었는데, 나무줄기의 굵은 부분은 상처투성이었다. 오랜 세월의 흔적이 역력했다.

그 길의 아래쪽은 계곡이다. 우기에는 물이 흐르기도 한다. 이른바 기드론 시내다. 계곡 바닥을 건너서면 감람산 쪽이다. 올라가는 길은 산비탈 오르막이다. 주님과 제자들은 지금 감람산으로 올라가고 있지만, 모두가 말이 없다. 얼마쯤 올라가다가 보면 걸터앉기에 좋은 바위가 있다. *제자들은 그곳에 걸터앉아 맞은편에 계시는 주님을 바라보았다. 그들이 예수께 여쭈었고, 주님은 대답하셨다. 이 대화가 주님과 제자들과의 마지막 대화이다(그 대화의 내용이 아래쪽에 있는 내용이다).

대화가 끝나자 그들은 그곳을 떠나서 감람산 위쪽으로 향했다. 그런데 그 길의 위쪽에 베다니라는 곳이 있었다. 정상을 얼마 남겨놓은 지점이다. 베다니를 지나면 곧 감람산 정상이다. 정상의 형태는 평평한 곳이지만 감람나무(올리브)가 많았다. 누가복음 24장 50절에 보면 예수께서는 그들을 데리고 베다니까지 가셨다(He led them out as for as Bethany). 그리고 베다니에 제자들을 남겨 놓고, 예수께서는 홀로 감람산 산정으로 올라가셨다.

베다니에 남아 있는 제자들은 산정에 계시는 주님의 모습을 환하게 볼 수 있었다. 예수께서는 손을 들어 제자들을 축복하시는 가운데, 그들에게서 떠나 하늘로 올라가셨다. 예수께서는 땅에서의 모든 일을 마치시고, 제자들을 축복하시고 승천하셨다. 그러나 육신으로 떠나가신 주님은 현재 영으로 모든 성도와 항상 함께 계신다(마 28:20). 주님은 언제나 축복하시는 자세로 우리와 함께하신다.

※ 주님과 제자의 마지막 대화다.
⇨ [행 1:6-9]이다.

1. 사도들이 한자리에 모였을 때 예수께 여쭈었다

(So when they had come to together, they were asking Him, saying,)

"주께서 이스라엘 나라를 회복하실 때가 바로 지금입니까?"

("Lord, is it at this time You are restoring the kingdom to Israel?")

이 질문은 유대인들이 오래도록 품은 소망이다. 그들은 메시아왕국을 숙망하였다. 메시아가 오시면 유대인이 세계를 지배하는 지상의 왕국이 이루어져서, 옛날의 신정통치가 실현이 된다고 믿었다. 그렇기에 예수님이 십자가에서 돌아가셨을 때, 제자들은 메시아왕국에 대한 기대를 잃어버리고 허탈과 실의에 빠졌다(눅 24:21).

그러다가 예수께서 부활하셨을 때 그들의 메시아에 대한 희망도 가졌으나, 그 메시아가 좀처럼 지상의 왕국을 건설할 기미가 보이지 않아 이런 질문이 나온 것이다. 문제는 그들의 메시아에 대한 잘못된 관념 때문이었다. 메시아왕국의 본질은 육적인 것이 아니요, 영적인 것임을 이해하지 못한 것이다. 이 잘못은 성령을 받음으로써 시정이 된다.

2. 예수께서 그들에게 말씀하셨다

(He said to them)

"때나 시기는 아버지께서 자기의 권한으로 정하신 것이니 너희가 알 바가 아니다."

(It is not for you to know time or epochs which the Father has fixed by his own authority)

예수께서는 제자들의 외적이고 정치적인 마음을 내적이며 개인적인 생각으로 돌리셨다. "너희가 물을 바 아니요" 하신 것이 아니고, "알 바가 아니다"라고 하셨다.

그리스도께서 재림하셔서 그의 왕국이 건설되는 것은 오직 성부의 계획에 달려 있다(마 24:36). 심지어 성자 자신도 그때를 알지 못하는 사실을 제자들이 알고자 했으니 "너희가 알 바가 아니다"라고 하신 것이다.

인간사 만사가 정해진 때가 있다는 것을 이미 언급했지만, 이 단원(피조물의 단명)의 결론 부분이라 한 번 더 부연한다.

"범사에 기한이 있고, 천하만사가 다 때가 있다"(전 3:1).

기한(season)과 때(time)는 모두 시간을 나타내는 말이다.

기한은 어떤 일이나 현상이 진행되는 시점이고, 때는 시간의 어느 순간이나 부분을 말한다. 전자는 확정된 시기를 말하고, 후자는 그 일이 일어나는 순간이다. 이 두 낱말의 결합은 성경에 흔하게 나타난다.

기한과 때는 사람이 살아가면서 겪게 되는 온갖 일들에서 일어나는 시간이다. 이는 인간이 정한 기한과 때가 아니고, 창조자의 예정에 계획된 일들이다.

▶이를테면 할미꽃은 이른 봄에 핀다. 이른 봄이 3월이라면, 기한은 3월 1일에서 3월 31까지다. 3월 10일이 때라면 그날 할미꽃이 핀다.

▶아무개는 금년에 태어난다. 그해의 1월 1일에서 12월 31일 사이가 기한이고, 그 아이가 5월 20일에 태어났다면, 그날이 그 아이의 때이다.

▶A라는 사람은 금년에 죽는다. 그해 일 년 동안이 기한이고, 10월 3일에 죽으면 그날이 그의 때이다.

이같이 범사에 기한과 천하만사의 때를 정한 것은 하나님 자신이다. 그 누구도 그 기한과 때를 벗어날 수가 없다.

☞ **이제 7절의 본문으로 다시 돌아가자.**

예수께서 그들에게 말씀하셨다. "때나 시기는 아버지께서 자기의 권한으로 정하신 것이니 너희가 알 바가 아니다"(행 1:7) 하는 이 어구의 뜻이 독자들은 이제 분명하게 이해가 되는가?

시기(epochs)는 어떤 일이 시작되는, 그 이후의 긴 시간의 흐름인데, 이를 기한(season)이라고도 한다. 그러므로 제자들의 물음에 대한 답을 한다면, 이렇게 말할 수 있다.

'때'는 현세의 최종적인 왕국이 끝나는 시간이고, '시기'는 신왕국의 조건이 이루어질 가능성이 있는 어느 시점에서 완전히 이루어진 이후로부터 영원으로 이어진다. 그러나 '메시아왕국의 시기와 때는 성부만 아시지, 성자인 나도 모른다' 하신 것이다.

» 피조물의 단명 ⑨
내가 죽을 날은 이미 정해져 있다

사람이 살아가면서 당하게 되는 모든 일은 우연히 일어나는 것이 아니고, 하나님의 예정된 계획이 시간의 흐름 속에서 그 기한과 그 때를 따라 일어난다.

앞서 말한 바와 같이 "감의 운명은 감꼭지가 좌우한다"라고 했다. 감꽃이 수정이 되면 감꽃은 떨어지고, 감꽃의 아래쪽 씨방이 자라서 감이 된다. 이 씨방은 감꼭지에 붙어 있다. 그런데 감꽃이 떨어진 후 감나무 아래를 내려다보면 씨방이 떨어지기 시작한다. 오늘도 떨어지고, 내일도 떨어지고, 모레도 떨어진다. 그래서 가을까지 계속 떨어진다. 그런가 하면 가을까지 감을 지켜주는 감꼭지도 있다. 똑같은 감꼭지인데 아니 어떤 감은 일찍 떨어지고 어떤 감은 가을까지 지켜주는가? 이것이 아이러니(irony)하다. 감의 운명은 감꼭지가 좌우하기 때문이다.

감꼭지에서 감이 어느 날 갑자기 떨어지듯이, 사람의 죽음도 어느 순간에 갑자기 다가온다. 사람은 그때가 언제 자기에게 닥칠지 도무지 모른다. 그것은 마치 물고기가 잔인한 그물에 걸리고 새가 날아가다가 덫에 걸리는 것처럼, 사람도 갑자기 덮치는 그 죽음의 때를 피하지 못하는 것이다.

1. 하나님의 시간표에는 내 죽음의 시간도 적혀 있다

고래등 같은 기와집에 산다고 오래 사는 것도 아니고, 흙벽으로 지은 초가집에 산다고 일찍 죽는 것도 아니다. 재물이 많고 몸이 튼튼한 사람이라고 오래 사는 것도 아니고, 가난하고 병고에 시달리는 허약한 사람이라고 일찍 죽는 것도 아니다.

지위가 높은 사람이라고 오래 사는 것도 아니고, 잔심부름을 하는 사환이라고 일찍 죽는 것도 아니다. 편리한 도시에 산다고 오래 사는 것도 아니고, 불편한 농촌에 산다고 일찍 죽는 것도 아니다. 학식이 풍부한 사람이라고 오래 사는 것도 아니고, 지식이 부족한 사람이라고 일찍 죽는 것도 아니다.

빠르다고 해서 경주에서 이기는 자도 죽고, 용사라고 해서 전쟁에서 승리하는 자도 죽는다. 지혜가 뛰어난 사람도 죽고, 어리석은 사람도 죽는다. 장수하기를 바라면서 몸에 좋은 것만 먹는 사람도 죽고, 무엇이든지 마구잡이로 먹는 사람도 죽는다. "젊은 자의 영화는 그의 힘이고, 늙은 자의 아름다움은 백발이라"고 하지만, 그 힘과 그 아름다움도 죽음을 이기지 못한다.

2. 죽음이란 의미는 무엇인가?

사람이 살아 있는 것은 영과 육이 서로 결합한 상태다.

영과 육이 서로 결합하여 하나의 생명체가 된 것이다.

사람은 육신보다는 영혼이 먼저 만들어졌다.

하나님은 "우리가 우리의 형상을 따라서, 우리의 모양대로

사람을 만들자"라고 하셨다. 형상이나 모양은 같은 의미다.

하나님은 영이신데, 영이란 형상이 있을 수 없다.

그것은 영적인 형상을 의미한다. 곧 사람의 영혼이다.

영혼이 먼저 만들어진 후에 육체가 만들어졌다.

여호와 하나님이 흙으로 사람 모양을 만들고 나서,
그 후에 생기를 코에 불어 넣으니 사람의 생령이 된 것이다.
그것이 살아 있는 사람이다. 흙으로 만든 육신에,
하나님의 형상으로 만든 영혼을 불어넣어 생명체가 된 것이다.
그 영혼 속에 하나님 속성의 인자(因子)가 들어 있다.
그러므로 흙으로 만든 육신은 천하고 무가치한 것이고,
하나님의 인자가 포함된 영혼은 존귀하고 가치가 있다.
죽으면 육신은 원래 그가 만들어진 흙으로 돌아가고,
영혼은 그것을 주신 하나님께로 돌아간다.
인생은 짧고 덧없는 것이다. 하지만
그 짧은 인생도 하나님이 허락한 연수다.
인간의 죽음도 하나님의 장중(掌中), 손안에 달렸다.
사람에게 죽음이란 비참한 종막을 고하는 것이다.
그래서 인생은 제7막의 연극인 것이다.

제2부

죽음론

» **죽음론(가): 서론 부분 ①**
» **죽음론 ①**
 인생 최대 문제는 죽음이다

인간은 누구나 태어나는 날부터 죽는 날까지, 생각하는 것이나 마음으로 두려워하는 것은 마지막 날 죽음 앞에서의 불안이다. 이것은 영광의 왕좌에 앉은 자로부터 땅바닥에 쭈그리고 앉은 거지에 이르기까지 모두가 느끼는 심정이다. 인생의 연수가 칠십이요, 강건하면 팔십이라도 그 세월은 죽음을 기다리는 시간이다.

1. 사람의 일생은 죽음에 종노릇 한다

사람은 죽기를 무서워하므로, 한평생 죽음에 대한 종노릇을 하면서 살아간다(히 2:15). 종노릇 한다는 것은, 종의 신분으로 주인(죽음)을 섬기면서 산다는 것이다. 당시의 참혹했던 노예제도를 보고 한 말이다. 그 종노릇은 인생의 노년기에만 하는 것이 아니고, 태어나서 죽을 때까지 죽음이란 폭군의 노예 생활을 하게 만든다.

고금동서를 막론하고 죽음이 무섭지 않다는 사람이 없었다. 죽음은 폭군처럼 인간의 심리를 억눌러 지배하면서, 죽음이란 말만 들어도 독사에게 물리는 것처럼 마음이 뜨끔하고, 또 갑자기 정신이 아찔해진다.

사람의 죄는 하나님께 대한 불순종이 죄가 된다. 하나님이 사람을 데려다가 에덴에 두시고 그곳을 맡아서 돌보게 하셨다. 하나님은 사람에게 "동산에 있는 모든 나무의 열매는 네가 먹고 싶은 대로 먹어라. 그러나 선악을 알게 하는 나무의 열매만은 먹어서는 안 된다. 그것을 먹는 날에는 네가 반드시 죽는다"라고 하셨다. 그러나 아담은 먹지 말라고 한 그 열매를 먹었다. 그것은 단순히 아담 한 사람의 범죄로 끝난 것이 아니고, 그 죄가 그의 후손들에게 유전되는 죄의 기원이 되었다. 그 결과가 죽음이라는 것이다.

죽음이란, 육체에 있어서 가장 큰 최후의 변화이다. 우리는 육체의 변화를 지금까지 눈으로 보아왔다. 아기가 태어나면, 곧 젖먹이가 되어 머리카락이 자라고 이가 나고, 이윽고 젖니가 빠지고 새 이가 난다. 그리고 성장한다. 그러나 언젠가는 이가 빠지고 얼굴에 주름이 잡히고 백발이 된다. 그렇지만 우리는 변화를 두려워하지 않는다.

그런데 왜 이 마지막 변화만은 두려워하는 것일까? 그것은 그 마지막 변화 뒤에 무슨 일이 일어나는지 아무도 말해주지도 않고, 어떻게 되었다는 기록도 없기 때문이다. 그래서 죽음이 무서운 것이다.

그러나 생명체가 죽은 수만큼 새로 태어나야지만 생태계는 균형을 이루게 된다. 사람의 수명이 70년이나 80년이나 90년을 사는 것은 살 만큼 살았다는 것이다. 그러니 죽음에 대한 어떤 미련도, 아쉬움도 버려야 한다.

2. 죽음은 어느 날 갑자기 온다

■ 모두가 죽는다.

하루는 석가에게 한 부인이 아기를 품에 안고 와서 말했다.

"석가세존이여, 이 아이가 병에 걸려서 생명이 위태롭습니다."

석가는 아기를 보고 나서 그 부인에게 말했다.

"약을 구하여 오너라."

여인이 말했다.

"무슨 약을 구할까요?"(옛날 인도에서는 의사가 처방을 내리면, 약은 환자가 직접 구하는 풍속이 있었다.)

석가가 말했다.

"가서 좁쌀 한 되를 구해서 그 아이에게 먹이면 살 것이다. 그런데 좁쌀을 아무 집에나 가서 달라고 해서는 안 된다. 삼대째 초상을 치르지 않은 집을 찾아가서, 그 집의 좁쌀을 구해야 한다."

이 과부는 그 말을 그대로 믿고, 삼대(三代) 동안 초상이 안 난 집을 찾아가 보았다. 그러나 온 마을의 집집마다 가 보았지만 그런 집은 없었다.

다음 날 아침에 아기는 그만 죽고 말았다. 여인은 죽은 아이를 품에 안고 석가에게 가서 말했다.

"좁쌀을 구하지 못했습니다. 온 동네를 다녔지만, 삼대 동안 초상이 나지 않은 집은 없었습니다."

그러자 석가가 그녀에게 말하기를 "사람은 다 죽는다. 그런데 네 아이만 안 죽을 수 있겠느냐"라고 했다. 석가의 이 말은, 죽은 아이를 살리려고 하지 말고 죽음에 순응하라는 말이었다(불교 경전에서).

■ 죽음은 예고가 없다.

우리나라 여성 산악인 고미영 씨가 히말라야에서 추락사했다는 보도를 들었다. 그녀는 세계 8,000m 이상 14개 중에 11번째 봉우리인 히말라야 낭가파르바트봉(8,126m)을 오르고 내려오는 길에, 해발 6,300m 지점의 '칼날 능선'에서 추락한 것이다. 그러나 고 씨보다 4시간 먼저 정상에 올라갔던 오은선 씨는 정상에서 아래쪽으로 내려오다가 해발 7,500m 지점에서, 아래쪽에서 올라오던 고미영 씨를 만나서 "잘하라"는 격려의 말을 했다고 한다. 불과 4시간 차이를 두고 각각 낭가파르바트 정상에 올라갔지만, 사고로 고 씨의 꿈은 11번째 봉 낭가파르바트에서 종지부를 찍고 말았다. 우연한 일이 재앙을 가져왔다. 죽음은 이같이 어느 날 갑자기 온다(신문 기사에서).

사람은 자기 죽음의 시기를 알지 못한다. 물고기가 재앙의 그물에 걸리고 새가 올무에 걸림같이, 인생도 재앙의 날이 홀연히 임하면 거기에 걸리게 된다. 천하에 범사가 다 기한이 있고, 그 기한이 끝나는 때가 있다. 그래서 곡식단이 타작마당으로 가듯이, 인간은 누구나 때가 되면 이 세상에 살다가 수명이 다 차면 무덤으로 들어간다. 인간사 만사가 모두 하나님의 예정하에 있기 때문이다. 사람이 아무리 부귀와 영화를 누린다 해도 그것은 임시적이고, 결국 죽어 없어진다. 그것은 짐승과 같은 것이다.

그래서 저 유명한 빅토르 위고는 말하기를 "오늘의 문제가 무엇이냐? 싸우는 것이다. 내일의 문제가 무엇이냐? 이기는 것이다. 모든 날의 문제가 무엇이냐? 죽는 것이다"라고 말했다. 그래서 죽음이란 '인생 최대의 문제'라는 것이다.

» **죽음론(가): 서론 부분 ②**
» **죽음론 ②**
  인간은 죽음을 무서워한다(부제: 길가메시의 서사시)

길가메시의 서사시는 기원전 3000년경에 수메르인들이 사용한 쐐기문자로 돌비에 기록된 것을 19세기에 와서 고고학자들에 의해 발견, 해독한 것이다. 인간의 기록 중에서 아주 오래된 기록으로 추정한다.

■ 엔키두와의 만남이다.

길가메시는 기원전 3000년경 메소포타미아의 도시국가 우룩(Uruk)을 다스리는 왕이었다. 그런데 그는 화려한 도시 우룩에서 해괴망측한 짓을 했다. 남의 결혼식장에 들어가서 사람들을 모두 내쫓고는 자기가 먼저 신부를 차지했다.

이 말을 들은 엔키두라는 청년이 분개하면서 소리를 질렀다.

"나는 저 해괴한 소문이 나도는 왕에게 도전하여 우룩의 옛 질서를 되찾을 것이다."

그리고 엔키두는 거대한 도시 우룩으로 들어갔다. 그때 우룩의 한 곳에는 결혼식이 끝나고 신방이 차려져 있었다. 신부가 신랑을 기다리는 중에 길가메시가 갑자기 나타나서 그 집으로 막 들어가려는 순간이었다.

그때 엔키두는 그의 앞에서 길을 막았다. 둘은 서로 으르렁거리다가 황소처럼 붙들고 늘어졌다. 그 바람에 문지방이 부서지고 벽들이 흔들렸다. 문들이 박살이 나고 벽에 금이 갔다. 드디어 길가메시가 땅속에 다리를 박은 채 무릎을 꿇었고, 이어서 엔키두도 쓰러졌다. 그 순간 양쪽 모두 난폭한 성질이 사라졌다. 그리고 엔키두와 길가메시는 서로 끌어안았고, 그들의 우정이 싹트기 시작했다.

■ 두 사람은 여행을 떠났다.

그들은, 숲속에 흉악한 거인 훔바바가 살고 있다는 소문을 들었다. 그래서 손에 도끼를 들고 어깨에 활을 메고 칼을 허리에 찼다. 그들은 우룩 성(城)에서 광야 길을 사흘이나 걸어서 마침내 숲의 입구에 닿았다. 그리고 그들은 함께 숲속으로 들어갔다. 그들은 한참을 걸어서 훔바바가 사는 곳에 도착했다. 그리고 그곳에서 도끼로 나무를 베어 넘어뜨렸다. 훔바바가 이 소리를 듣고 황소처럼 걸어서 나왔다.

길가메시는 한쪽 손에는 허리에 찬 칼을 빼들었고, 다른 손에는 도끼를 들고 훔바바의 목을 향해 힘껏 내리쳤다. 그리고 엔키두도 도끼를 휘둘렀다. 그러자 훔바바는 그 자리에 쓰러졌다. 그때 산들이 요동하고 언덕들이 진동했다. 그렇게 숲속의 흉측한 자는 살해되었다.

사람들은 모두 그들을 찬양했다.

"오, 길가메시, 그는 왕이며 공포의 화염을 정복한 자다. 그는 들소같이 산속으로 쳐들어가서 흉악한 훔바바를 죽였다. 그에게 영광을 돌릴지어다."

그리고 엔키두에게도 함께 영광을 돌렸다.

■ 엔키두가 죽다.

길가메시 왕은 이시타르의 유혹을 받았다. 이시타르가 왕관을 쓰고 있는 길가메시에게 매혹되어 그를 유혹했다. 그러나 길가메시는 그녀의 사랑을 거절했다. 이시타르는 아버지 아누 신과 어머니 안툼 신 사이에 태어난 딸이다. 이에 앙심을 품은 이시타르는 하늘에 있는 그녀의 아버지 아누에게 이 사실을 말했다. 아누는 사나운 하늘 황소에게 굴레를 씌워서 딸에게 주면서 "우룩 성안에서 이 황소의 굴레를 풀어 놓아라"라고 했다.

그녀는 우룩의 성문으로 황소를 끌고 들어가서 굴레를 벗겼다. 황소는 미친 듯이 날뛰며 뿔로 사람을 들이받았다. 수백 명이 다치거나 죽었다. 그 가운데 엔키두는 두 번이나 넘어졌으나 곧 다시 일어나 황소 등에 뛰어올라 뿔을 움켜잡았다. 그때 길가메시가 황소의 뒤로 돌아가서 칼로 황소의 목을 베었다.

그러자 이시타르 아버지 아누가 하늘에 있는 신들을 모아놓고 "그들이 하늘 황소를 죽였으니, 그들 중의 하나는 반드시 죽어야 한다"고 했다. 결국 엔키두는 죽었다. 그는 황소 뿔에 받혀 그 상처로 죽었다. 길가메시는 엔키두를 위해 통곡했다. 그는 이레 낮과 이레 밤을 그를 위해 울었다. 그런 다음에 그는 엔키두를 땅에 묻었다. 그 후 길가메시는 구리와 금을 다루는 대장장이와 석공을 불러 친구의 동상을 만들어 세우게 하고, 이것을 태양신에게 바쳤다.

■ 길가메시가 영생을 찾아 헤매다.

길가메시는 그의 친구 엔키두를 잃고 비탄에 빠졌다가, 사냥꾼이 되어 광야를 헤매며 방황했다. 그는 비통하게 외쳤다.

"내 어찌 편히 쉴 수 있겠는가? 내 형제는 지금 어디에 있는가? 죽음이 두렵다. 광야 어디엔가 '죽지 않고 산다는 사람이 있다'고 하는 말을 들었는데 그를 찾아가보자."

길가메시는 광야 길을 걸어서 그 사람을 찾아 나섰다. 오랜 여행 끝에 길가메시는 어느 산자락에서 한 무리의 사람들을 만난다. 그중 한 사람이 길가메시에게 물었다.

"웬일로 이런 위험한 여행을 하시오? 이 광야 길은 위험한 곳인데, 여행하는 이유가 뭔지 말해 주시오."

길가메시가 대답했다.

"엔키두 때문입니다. 나는 그를 사랑했지요. 우리는 함께 온갖 고난을 겪었습니다. 그런데 그는 그만 죽었습니다. 그가 죽은 후로 내 삶은 사라졌습니다. 그래서 이 광야 어디엔가 죽지 않는 사람이 있다기에 그를 만나러 왔습니다."

한 노인이 길가메시를 바라보면서 말했다.

"여인의 몸에서 난 자 중 지금까지 이런 요구를 한 자는 아무도 없었소. 인간은 모두가 죽게 되어 있소."

길가메시는 그곳을 떠나 바닷가로 갔다. 그곳에는 포도로 술을 만드는 시두리라는 여인이 살고 있었다. 길가메시는 그 여인에게 찾아가 "나는 길가메시란 사람입니다. 이 광야에 죽지 않고 영생하는 자가 있다고 들었는데, 그를 어디에 가면 만날 수 있습니까"라고 물었다.

그러자 그 여인이 말했다.

"길가메시여, 당신은 그 사람을 찾을 수 없습니다. 그런 사람은 존재하지 않습니다. 신들이 인간을 만들 때, 인간에게 죽음을 함께 붙여 주었습니다. 그리고 생명만은 그들이 보살피도록 남겨두었습니다. 당신에게 충고를 드리죠. 좋은 음식으로 배를 채우십시오. 밤낮으로 춤추며 즐기십시오. 잔치를 벌이고 기뻐하십시오. 깨끗한 옷을 입고 물로 목욕하며 당신 손을 잡아줄 자식을 낳고, 아내를 당신 품안에 꼭 품어 주십시오. 이렇게 즐기는 시간도 그리 길지는 않습니다. 왜냐하면 죽음의 신이 곧 당신을 불러가기 때문이지요."

■ 길가메시가 귀향하다.

그는 모든 것을 포기하고 고향으로 향했다. 길가메시는 한 달 보름이나 걸리는 길을 걸어서 우룩 성에 도착했다. 그는 긴 여행을 마치고 지친 몸으로 돌아와서 이 모든 이야기를 돌에 새겼다.

» 죽음론(가): 서론 부분 ③
» 죽음론 ③
  때로는 죽음도 소망해야 한다

1. 죽음은 하나님의 섭리다

그리스도인들은 사는 것이나 죽는 것이나 모두가 신앙에 속한다. 신앙이란 주의 뜻에 따라 사는 것이다. 칼뱅은 "진정한 믿음이란 죽음을 경시해야 할 뿐 아니라 오히려 이를 소원해야 한다"라고 했다. 사람은 죽음을 무서워하고, 또 죽기를 싫어한다. 그렇다고 해서 죽지 않을 수는 없다. 죽음은 우리 앞에 가로놓여 있는 운명이다. 운명이란 것은 내가 싫다고 해서 내 곁을 떠나가는 것이 아니고, 무조건 그것을 받아들여야 한다. 그 운명에 의하면 각자의 죽음은 이미 정해진 것이다. 그래서 모두가 죽는다.

생물은 모두가 수명이 있다. 이 수명은 생태계 균형에 매우 큰 영향력을 미친다. 생태계란 말은 그리스어의 오이코스(oikos)에서 나온 말이다. 오이코스는 '집'이란 뜻이고, 집은 사람이 사는 보금자리다. 결국 생태계란 사람을 포함한 생물들이 살 수 있는 장소를 일컫는 말이다. 생태계는 때에 따라 확장도 되고, 또는 수축도 된다. 그런 현상이 정상적인 생태계이다. 그런데 갑자기 지나치게 확장과 수축을 하면 원상태로 돌아가지 못한다. 그것은 용수철의 원리와 같다. 용수철은 임계압력 내에서 그 기능이 가능하지, 만약 그 압력을 벗어나면 제자리로 돌아가지 못한다. 마찬가지로 생태계의 균형도 임계점 안에서 늘어나고 줄어들고 해야 그 기능이 가능하지, 거기에서 벗어나면 균형이 불가능하다.

지상의 모든 생물은 수명이 있다. 이 수명은 생태계 균형에 매우 큰 영향력을 미친다. 생명체는 죽는 만큼 새로 태어나야 균형을 이루게 된다. 그렇기에 어떤 시인은 "빛이 아름다운 이유는 어둠이 있기 때문이고, 삶이 가치가 있는 이유는 죽음이 있기 때문이다"라고 말했다.

2. 피조물은 세월이 흐르면 낡아진다

새 자전거는 페달을 밟으면 잘 굴러간다. 그러나 그 자전거도 세월이 지나면 새들이 내려앉고, 핸들 레버가 떨어지고, 크랭크에 유격이 생겨 체인이 벗겨지고, 타이어 홈은 닳아서 밋밋하고, 바람을 채우는 튜브는 하루가 멀다고 공기가 빠져나가고, 브레이크 레버는 고정이 안 되어 바퀴가 미끄러져 나가고, 페달을 힘주어 밟아도 잘 굴러가지 않게 된다.

사람도 세월이 흐르면 낡은 자전거 꼴이 된다. 식욕이 떨어지고, 음식

냄새가 역겹다. 폐활량이 줄어들고, 기관지가 좁아져서 숨 쉴 때 삐삐 소리가 나고, 뇌기능의 이상으로 기억장애가 생기고, 심장이 커져서 혈관은 탄성을 잃게 되고, 신장기능도 떨어지고, 방광도 작아져서 소변을 자주 보게 되고, 피부는 보기 흉하게 현저히 변한다. 단 하나 변하지 않는 것은 성격이다.

손아귀에 힘이 빠져 쥐는 것마저 힘들고, 나를 보호해주던 팔은 떨리고, 정정하던 두 다리가 약해지고, 이는 빠져서 씹지도 못하고, 눈은 침침해서 보는 것조차 어렵고, 귀는 먹어 바깥에서 나는 소리도 못 듣고, 새들이 지저귀는 노랫소리도 들리지 않는다. 높은 곳에는 무서워서 올라가지도 못하고, 넘어질세라 걷는 것마저도 무서워진다. 검은 머리가 백발이 되고, 원기는 떨어져서 보약을 먹어도 효력이 없다.

이런 현상들 가운데 한두 개 정도가 우리를 죽음으로 끌고 간다. 오래된 낡은 자전거가 그 기능을 더 이상 발휘하지 못하여 어느 날 갑자기 폐기처분 하듯이, 우리 인간도 세월이 흘러 그 생을 다하면 무덤으로 들어간다.

장수를 누리는 것은 하나님의 축복이다. 그런데 장수에는 조건이 있다. 에베소서에는 "이로써 네가 잘되고 땅에서 장수하리라"(6:3) 하였는데, 장수에는 '잘됨'이 첨가되어야 한다. 잘된 조건 없는 장수는 수즉다욕(壽則多辱)에 지나지 않기 때문이다. 생명의 열매와 선악의 열매는 같이 먹을 수가 없다. 죄지은 몸은 생명과를 먹어서는 안 된다. 그것은 죄의 결과로 온갖 육적이며 또 정신적인 고통 속에서 영생하는 것이 저주이기 때문이다.

로마신화에 이런 이야기가 있다. 새벽의 신 아우로라(Aurola)가 인간과 결혼을 하게 되어 그녀의 아버지 유피터(Juppiter)에게 결혼 선물로 남편에게 불사(不死)의 몸을 달라고 요구해서 그 선물을 받았다. 그런데 얼마간 행복하게 살았으나 남편이 늙고, 병들고, 그러면서 죽지는 않고 고생하는 것을 보고, 그 남편에게 불사의 몸을 요구한 것을 후회했다는 이야기가 있다.

우리는 죽을 때가 되면 죽어야 한다. 히브리서 9장 27절을 보면 "한 번 죽는 것은 사람에게 정해진 것이요 그 후에는 심판이 있으리니"라고 하였다. 여기서 "정해진"은 그 뜻이 '앞에 가로누워 있는' 운명을 가리킨다. 실로 죽음과 심판은 사람에게 실제로 존재한다.

고래로 죽음의 실존, 또는 불가변성에 대해서는 허다한 감상적 말들을 남겼다. 그것은 죽음에 대한 인간의 공포요, 또 체념이었다. 그러나 인간은 죽음 이후에 오는 심판의 실존은 느끼지 못할 때가 많다. 심판의 실존을 느낄 때 죽음은 종착점이 아니요 중간점이며, 죽음에 대한 공포와 체념을 넘어선 엄숙함을 얻게 된다. 여기 '정해진'의 주체는 물론 하나님이시다. 하나님의 확고부동한 이 죽음과 심판의 실존 앞에 인간은 엄숙한 태도를 가져야 한다.

» **죽음론(가): 서론 부분 ④**
» **죽음론 ④**
  육신으로는 하나님께 갈 수가 없다

1. 성서에 나타난 죽음의 개념이다

야고보는 죽음(death)을 "영혼과 육체가 서로 분리되는 것"(약 2:26)이라 했다. 육체에서 영혼이 떨어져 나가는 것이 죽음이라는 것이다. 야고보는 주의 형제 야고보다. 그는 주님의 바로 아래 동생이며, 그 뒤를 따라 요셉과 시므온, 유다가 있다(마 13:55).

* 죽음은 육체로부터 영혼이 떠나가는 것이다(딤후 4:6).

* 죽음은 피할 수 없는 운명이다(수 23:14).

* 육체를 버리는 것이다(땅에 있는 장막 집이 무너진다고 했기 때문이다, 고후 5:1).

* 이전의 자연 상태로 되돌아가는 것이다(흙에서 나왔으니 흙으로 되돌아간다, 전 3:20).

* 잠자는 것과 같은 것이다(요 11:11).

* 영적인 의미에서 죽음이란, 하나님과의 분리 혹은 영적인 어두움을 가리킨다(요 3:36).

* 사람이 죽어서 영원한 세계로 갈 때, 의로운 자들은 영원한 낙원으로 가게 되고(사 35:10), 사악한 자들은 영원한 지옥으로 간다(마 25:46).

* 의인은 그 '죽음'에도 소망이 있다(의인은 죽음이 닥쳐도 피할 길이 있기 때문이다, 잠 14:32).

2. 육신을 가지고는 하나님께 갈 수가 없다

"여호와께서 호렙 산 불길 중에서 너희에게 말씀하시던 날에 너희가 어떤 형상도 보지 못했다"(신 4:15). 호렙 산의 여호와의 자기 현현(顯現)이 하나님께 경배하는 기본적인 표준이다. 그때에 하나님은 나타나셨지만, 사람들은 아무 형상도 보지 못했다.

말하기조차 어리석은 일이지만, 육신을 가진 자는 영을 볼 수가 없다. 그래서 "본래 하나님을 본 사람은 없다"(요 1:18)라고 말한다. 이 말은 단호한 선언이다. 그 누구도 모세든, 누구든, 어떠한 때나 하나님을 본 사람은 없다.

모세는 시내 산에서 하나님의 음성을 들었지만, 그의 모습은 볼 수가 없었다. 그것은 하나님은 영이시고 모세는 육신을 가졌기 때문이다. 옛적이나 지금이나, 중생하지 못한 인간성 속에서는 하나님을 볼 길이 전혀 없다. 하지만 그 볼 수 없었던 하나님의 모습을 예수를 통해서 나타내주셨다. 그래서 성자를 통하지 않고는 성부를 알지 못한다(요 1:18). 그러므로 그를 본 사람은 하나님을 본 것이며, 그를 볼 수 있는 눈은 육안이 아니라 믿음의 눈이다(마 5:8).

3. 죽은 후에 영체로 하나님을 만난다

죽음을 앞둔 우리가 깊이 명심해야 할 사항은, '본서의 책명'과 같이 예수가 그리워져야 한다. 그는 우리의 영원한 대언자이고, 성령은 위로자이시다. 이 두 분은 다 같이 성부와 성도 사이에서 중보자의 역할을 하신다. 한 분은 하나님의 오른쪽에서, 또 한 분은 우리의 육신에 내재(內在)해 계신다.

성령의 역사는 땅 위에서 살고 있는 우리에게 매우 중요하다. 하나님은 영이시고(요 4:24), 마지막 아담이신 그리스도는 살려 주는 영이다(고전 15:45). 또한 로마서 8장 9절에는 "하나님의 영"이란 말과 "그리스도의 영"이란 말이 함께 나온다. 이 양쪽 말은 성령의 별명이다. 그래서 전자도 성령이고, 후자도 성령이다.

신학자 쉐드(Shedd)는 "그리스도의 영이란 이 이름은 그리스도의 신성뿐 아니라 성령이 성부와 성자에게서 유출한 교리를 나타낸다"라고 했다. 우리가 죽으면 육신은 땅에 두고, 영혼은 성령의 인도로 낙원에 가게 된다. 낙원은 죽은 자의 중간 처소이다. 그곳에서 부활을 기다린다. 그 시기는 주께서 재림하실 때이다.

수명을 가진 사람은 죽음이 그의 마지막이지만, 한편으로는 영생에 들어가는 시작점이 되기도 한다. 그래서 바울은 "우리는 마음이 든든하다. 우리는 차라리 몸을 떠나서 주님과 함께 살기를 원한다"(고후 5:8)라고 하였다. 그에게 신앙은 주의 뜻에 따라 살아가는 것이고, 진정한 믿음은 죽음을 경시해야 할 뿐만 아니라, 오히려 이를 소원해야 한다고 했다.

또한 성자께서도 죽으시고 난 후에 승천하셨다. 그리고 그가 떠나가셔야만 성령께서 오신다고 하였다(요 7:39). 그것은 생명은 죽음을 통해서만 온다는 복음의 법칙을 설명하는 최고의 비유다. 덧붙여서 말하면, 혈(血)과 육(肉)은 하나님 나라를 유업으로 받을 수가 없고, 또한 썩을 것은 썩지 아니할 것을 유업으로 받을 수 없기 때문이다(고전 15:50).

인간은 하나님의 형상으로 지음을 받았기 때문에 오직 하나님으로부터만 완전한 만족을 얻게 된다. 그래서 어거스틴은 "주여, 우리는 주 자신을 위해 창조되었고, 우리의 영혼은 주의 품안에 안기기까지 참된 안식이 없습니다"라고 하였다. 인간의 마지막 욕망은 하나님을 만나는 것이다.

» **죽음론(가): 서론 부분 ⑤**
» **죽음론 ⑤**
노년기를 어떻게 보내야 하는가?

자신도 모르게 어느 날 갑자기 노년이 된 것을 느낄 때가 온다. 노년의 시기는 사람마다 보내는 방법이 가지각색이다. 하는 일 없이 그냥 지내는 사람도 있고, 쓸데없는 일에 정성을 쏟는 사람도 있고, 매일 모여 잡담으로 하루를 보내는 사람들도 있다. 또 어떤 사람은 소유욕이 전보다 더하여, 인생의 가을에 수확을 더하려고 애쓰는 사람도 있다. 또 어떤 사람은 세상의 모든 일이 헛되고 헛되다며 염세적 절망에 빠지는 사람도 있다. 이런 생각은 다소 차이는 있지만 모든 사람들이 공통으로 느끼는 심정이다. 또 어떤 사람은 나이가 든 노년기에 비로소 종교를 가지기도 한다.

1. 노년기의 생활방식 세 가지가 있다

☞ '칼 힐티'의 글에서 발췌한 것이다.

첫째는, 향락에 빠지는 노인들이다. 인간은 모두가 관능적인 것에서 즐거움을 찾는다. 그런 욕망의 충족으로 육체적·정신적 만족을 느낀다. 이는 주로 외적으로 축복을 받은 사람들이다. 이들의 향락에는 등급의 차이는 있지만, 여하튼 여생을 향락으로 즐겨보려고 그것에 관심을 가진다. 때로는 우스꽝스러운 청춘으로 변신하는 수도 있다. 그런 성향의 뿌리는 이기주의에서 발생한다. 그것은 아무리 품위 있는 모습을 보이려 해도, 결국 만나는 사람 누구에게나 불쾌한 느낌을 준다. 신분이 높고, 하는 일이 없이 사는 사람은 대개 이와 같은 노년기를 보낸다.

둘째는, 처음보다는 괜찮은 인생의 노년기를 맞이하는 사람들이다. 그들은 인생의 중요한 시기는 매우 바쁜 가운데 지났지만, 노년기가 되자 시간이 많은 한가한 사람들이다. 그들은 대개가 지난날 승리의 월계관을 썼거나, 모아 놓은 재산이 많은 사람들이다. 특히 이들 중에는 여건이 좋아 별장이나 휴양지에서 가족의 시중을 받으면서 만년에 호강을 누리기도 한다. 그러면서 젊은 시절의 추억에 잠기기도 하고, 때로는 회상록을 쓰기도 하는 노인들이다. 이런 생활에 항상 따라오기 쉬운 것은, 다소의 허영심과 좀스러움이 보인다. 그러나 이것을 제하면 그래도 괜찮은 노년이라고 할 수 있다. 이런 노인은 다른 사람을 방해하지 않고, 피해도 주지 않는 사람들이다. 그런 이유에서 일반적으로 세상 사람들은 그런 삶에 가장 많은 이해심을 보인다.

셋째는, 만년을 보다 높은 생명으로 전진하는 사람들이다. 늘 쟁기에서 손을 떼지 않고, 결코 뒤를 돌아보지도 않고, 끊임없이 깨끗한 마음과 뛰어난 사상을 가지고 살아가는 생활이다. 이런 인생관은 내세를 믿는 사람들만이 가질 수 있다. 다만 내세를 믿지 않아도 마음의 단련으로 그렇게 할 수는 있지만, 그런 경우는 자기의 육신이 늙어가는 모습을 보고는 슬픔에 빠지기 쉽다. 어쨌든 이런 형태의 인생의 종말은 가장 가치 있는 모습이다. 아니다. 사실은 이것만이 가치 있는 노년의 삶이다.

세 가지 인생의 종말은 《베니스의 상인》에 나오는 3개의 상자 이야기로 결론이 된다.

▶첫 번째 노년기의 종말은 금상자다. 겉은 아주 훌륭하지만 속은 비어 있어서 손을 넣어도 아무것도 잡히지 않는다.

▶은상자에 들어 있는 두 번째 노년기의 종말은 가치가 없는 것은 아니지만, 구태여 말을 한다면 좀 평범하다.

▶세 번째 노년기의 종말은 대개 눈에 띄지 않는 모습이다. 하지만 인생의 의의를 잘 이해하고 활용한 생애의 최후를 장식하는 참된 관(冠)이며, 내세에서도 그 생명은 계속된다는 보장을 띠고 있는 것이다.

2. 노년은 어떻게 보내야 하나?

노년기는 어떻게 지내야 하는가? 그 답은 바르게 사는 것이다. 바르게 산다는 것은 도덕적 결함이 없는 것이다. 도덕적 결함은 인간의 육신과 정신에 해로운 요소가 된다. 그것은 사람으로 하여금 양심의 가책과 그 죗값을 언제나 느끼게 한다.

그러면 인간의 육체와 정신에 가장 이로운 것은 무엇일까? 깨끗한 마음과 뛰어난 사상을 가지고 사는 것이다. 깨끗한 마음과 뛰어난 사상은 성령에 감동하여 사는 것이다. 곧 성령의 은사를 받아 기쁨을 누리면서 여생을 보내는 생활이다. 기쁨은 언제나 육신과 마음에 새로운 활력을 주고, 저절로 활동을 하게 한다. 또한 기쁨은 건강을 밖으로 드러내는 상태이다. '건강'은 정신과 육체가 다 좋은 상태를 말한다. 이 사실은 누구나 인정을 한다(사 66:10). 인생살이에서 육적으로 생기는 기쁜 일은 그다지 흔하다고 볼 수 없다.

그러나 성령의 역사는 언제나 기쁨을 가져다준다. 늙어진 우리는 이제 땅 위에서 살 수 있는 기간이 그렇게 길지 않다. 이 짧은 시간에 우리가 우리에게 임하신 성령에게 붙잡혀 살게 된다면, 그것이 성령에 감동된 생활이다. 성령은 성자의 요청으로 오셨고, 성부가 보내 주시는 것이고, 우리와 함께 영원히 계신다. 사도 바울은 "술 취하지 마라. 거기에는 방탕이 따른다. 다만 성령으로 충만하라"고 했다. 세상 사람들은 술에 취해 즐거워하지만, 우리는 성령에 취하여(?) 즐거워하자는 것이다.

그래서 "성령의 충만함을 받으라"고 한다. 이 충만은 성령의 인치심과는 다르다. 인치심은 믿을 때 성령의 세례로 내재하는 것이고, 충만은 믿은 후에 매일(그날그날) 끊임없이 성령을 받아야 한다. 성령 충만함을 받으면, 시와 찬미와 신령한 노래가 나오게 되고 기쁨을 느끼는데, 그 기쁨은 말로 표현이 불가능하다. 좀 더 부연한다면, 이적을 느끼게 되고 그것을 눈으로 볼 수도 있다. 이같이 성령 안에 사는 것이 바로 성결 생활이다.

이렇게 살다가 어느 날 죽음이 온다면, 그 죽음은 이 방에서 저 방으로 옮겨가는 것처럼, 이 세상에서 저세상으로 가게 되는 것이다. 그곳은 내가 영원히 만족하고 평안을 느끼는 하나님의 품이다. 이런 죽음이 내가 소망하는 죽음이 아니겠는가.

» **죽음론(가): 서론 부분 ⑥**
» **죽음론 ⑥**
  사람은 하나님의 영적 성질로 창조되었다

동물도 생명이 있다. 생명은 숨을 쉬며 살아 있는 상태다. 그러나 그 목숨은 본능적으로 느낄 뿐이다. 본능이란 그 동물이 가진 선천적 행동을 말한다. 동물은 후천적 경험이나 교육에 의하지 않고, 외부의 변화에 따라 적응하면서 살아간다. 또한 살아 있다는 감각적 기능도 둔하다. 그저 생명을 부지하기 위해 본능적으로 먹이를 찾아다니고, 먹이가 있으면 그 있는 장소에서 먹고, 배가 부르면 그것으로 만족하고, 먹이가 없으면 이곳저곳을 다니면서 먹이를 찾는다. 만약 위험이 닥치면 그 현장을 피하지만, 언젠가 그 자신이 죽는다는 것은 모른다. 감각에 대한 자극을 느끼기는 하지만, 그 감각으로 얻어진 소재를 가지고, 더 발전된 인식을 얻지는 못한다. 그래서 동물들은 살아가는 동안에 사람이 가지고 있는 고상한 이성적인 판단은 하지 못한다.

인간의 인식 능력에는 감성(感性)과 오성(悟性)이 있다. 감성(feeling)이란 자극에 대하여 느낌이 일어나는 능력이고, 오성(intelligence)은 감각을 통해 얻은 소재를 정리하고 통일하여 새로운 인식을 형성하는 정신작용이다. 이를 지성(知性)이라고도 한다. 이 지성은 사람에게 여러 가지 사항을 인식해서 논리적으로 판정을 내려서, 그 사람에게 유용한 사항을 취사선택하게 한다.

또한 인간에게는 이성(理性)이라는 것이 있다. 이성(reason)은 사물의 이치를 논리적으로 생각하고 판단하는 능력이다. 논리학은 단지 사고에 관한 이론일 뿐이다. 사고할 때에 일정한 법칙이 지켜진다면 우리는 이것을 논리적 사고라고 한다.

▶ 하나님이 사람을 지은 과정은 이러하다.
먼저 영혼을 만들었다(make man, 창 1:26).
"하나님의 형상을 따라서, 하나님의 모양대로" 사람을 만들었다. "하나님의 형상"은 육적인 형상이 아니고 '영적 형상' 혹은 '정신적 형상'이다.
그다음 육신을 지으셨다(formed man, 창 2:7).
하나님이 땅의 흙으로 사람의 육신을 만들어서, 그 코에 하나님의 생명의 생기를 불어넣으시니 생명체의 사람이 되었다. 그래서 육체가 영혼보다 앞선다고 할 수 없다.

'하나님의 형상대로 사람을 만들었다'고 하는 이 어구에 대한 설명을 더 자세히 부연한다면, 만들어진 사람은 육적(肉的)인 사람이 아니고 영적(靈的)인 사람이라고 했다. 영적인 사람이라는 것은 눈에 보이지 않는 사람이다. 눈에 보이지 않는 사람이 무엇이겠는가? 곧 사람의 정신(精神)이다. 그 정신에는 사람의 '마음'과 '영혼'이 들어 있다.

이 말은 사람의 정신은 '하나님의 정신과 같다'라는 결론에 도달한다. 그 하나님의 정신에는 '이성적이고, 윤리적이고, 종교적인 관념'이 있는데, 그 관념을 그대로 인간들에게 유전시켰다는 것이다. 그래서 사람의 정신에는 이성이 있고, 윤리가 있고, 종교성이 있다. 사람만이 하나님과 같은 영적 성질로 창조하셨다. 그렇게 한 까닭은 하나님이 사람과 교제하기 위함이었다. 이 교제를 통해서 하나님의 고등영광이 선포되고, 창조의 최고 목적도 성취된다.

그러나 이 교제는 인간의 범죄로 인해 단절이 되고(창 3장), 인간이 지닌 하나님의 형상도 그 이성은 남아 있으나 윤리는 타락하고, 종교는 더욱 타락하였다. 이런 단절된 관계를 임마누엘이신 그리스도의 구속으로 다시 회복시키는 길이 그리스도교의 구원론이다.

인간은 하나님의 형상으로 지음받았기 때문에 오직 하나님께서만 완전한 만족을 얻게 된다. 또 늙어질수록 예수가 그리워지는 것은 인간의 이성에 의한 그리움이 아니고, 그것은 성자의 요청으로 오시는 성령의 역사 때문이다. 그래서 사람이 늙어질수록 더 깊게 알고 싶은 것은 오직 예수뿐이다.

» **죽음론(가): 서론 부분 ⑦**

» **죽음론 ⑦**
   죽은 후에는 어떻게 되는가?

1. 하나님의 처소이다

옛사람들은 하늘을 청정무구(淸淨無垢)라 했다. 맑고 깨끗하여 더럽거나 속되지 않다는 뜻이다. 그래서 파란 하늘만 쳐다보아도 신비롭다. 그리고 밤하늘에는 수많은 별들이 반짝거린다. 그 별들은 아름답고 신비하다. 많은 별들을 쳐다볼 때면, 별들도 하늘에서 나를 내려다볼까 하는 동심으로 돌아간다.

우주(宇宙)란 모든 천체를 포함하는 전 공간을 말한다. 곧 유니버스(universe)이다. 또한 우주는 질서 있는 공간이다. 우주의 우(宇)는 천지사방(天地四方)의 온 공간을 말하고, 주(宙)는 과거로부터 현재에 이르기까지 모든 시간을 나타낸다.

천지사방의 온 공간을 의미하는 우(宇)는 과연 얼마나 클까? 우주는 너무나 커서 감히 그 크기를 말할 수가 없다. 사람들은 우주의 반지름이 약 150억 광년의 크기를 갖는 원형의 모양으로 생겼다고 한다. 우주의 중심에서 빛이 150년도 아니고, 150억 년이나 가야지 우주의 끝이라고 한다.

하지만 우주에 관하여 우리 인간이 아는 것은 4%이고, 아직도 96%는 모른다는 것이다. 우주의 크기는 아직 아무도 모른다. 이 광대한 우주 공간에 하나님이 계신다. 하나님은 어떤 모습으로 계실까. 이는 사람이 가지는 가장 큰 궁금증이다.

"본래 하나님을 본 사람은 없다"(요 1:18)라고 한다. 이 말은 단호한 선언이다. 그 누구도 모세든, 누구든, 어떠한 때나 하나님을 보지 못했다. 하나님은 우리 눈으로 볼 수 없고, 보면 죽는다는 것이 히브리인의 관념이다.

인간의 어떤 환상이나 관념이나 체험도 그것은 주관적인 산물에 지나지 않는다. 구약에 나타난 하나님의 형상도 사실인즉 부분적이며 상징적 환상에 지나지 않는다. 하나님의 본체는 그 환상들을 초월해 계신다. 옛 적이나 지금이나 중생하지 못한 인간성 속에서 하나님을 볼 수 있는 길은 전연 없다. 그러나 "하나님을 나타내신 분이 있다. 그는 오직 예수이다"(요 8:19). 그러므로 그를 본 사람은 하나님을 본 것이다.

그리고 그를 볼 수 있는 눈은 육안이 아니라 '믿음의 눈'이다(마 5:8). 또한 인간은 예수님을 통해서만이 하나님께 나아갈 수 있다. 그래서 예수께서 이렇게 말씀하셨다. "나는 길이요, 진리요, 생명이니 나를 거치지 않고서는 아무도 아버지께로 갈 사람이 없다"(요 14:6).

그리고 '주'(宙)는 과거로부터 현재에 이르기까지 모든 시간을 나타낸다. 이는 천지가 창조된 후 지금까지의 시간이다. "태초에 하나님이 천지를 창조하셨다"라고 한다. '태초'는 '천지가 처음 시작된 때'이다. 곧 시간이 시작되는 한 기점이다. '태초'가 시간을 가리킴에 대해 '천지'는 공간을 가리킨다. 그래서 시공(時空)이 창조된 것이다. 태초는 시간이 시작된 알파요, 만물의 종국인 오메가(계 21:1, 6)와 상대된다. 사람도 태어나면 시간과 공간이 시작되고, 죽으면 그것이 끝난다.

영원 속에 계시던 하나님은 '태초'란 기점에서 천지를 창조하셨다. 시간을 초월하여 존재하시던 하나님은 그때 침묵을 깨뜨리고 우주를 창조하신 것이다. 그러면 宙는 태초의 시각에서 지금까지의 시각이다. 시간이란, 어떤 시각(時刻)과 시각의 사이를 말한다.

하나님의 시간은 영원(永遠)이다. 영원이란 지나온 시간의 처음도 없고, 앞으로의 시간도 끝없이 계속 흘러가는 것이다. 그것은 곧 과거·현재·미래가 무한하게 연속되는 것을 말한다.

그는 현재에도 계시고, 과거에도 계셨고, 미래에도 계신다. 그리고 하나님은 영원 속에 계신다. 바로 하나님의 시간은 영원이다. 영원이란 시간은 시작도 없고 끝도 없다. 마치 끝없이 이어지는 선로 위를 계속 달리는 기차와 같다. 그 기차는 지나온 역을 되돌아오지도 않는다.

2. 인간의 처소이다

사람이 땅 위에서 살아가는 본바탕은 무엇일까? 옛사람들의 말에 의하면 '생즉욕'(生則慾)이라고 했다. 사람이 산다는 것은 욕망 때문이다. 과연 저자도 그 말에 실감한다. 만약 사람이 어떤 욕망도 없이 산다면 그것은 허무함이고, 그 종착지는 죽음이다. 그래서 욕망이란 바로 삶이다.

내가 부족한 것을 채우고 싶은 것이 욕망이다. 그래서 무엇을 하고자 하는 마음을 나타내는 것이다. 그것은 곧 '~싶다'로 나타낸다. '여행을 하고 싶다, 음식을 먹고 싶다, 하나님의 음성을 듣고 싶다' 등의 수많은 '~싶다'가 있다. 사람은 이런 온갖 욕망에 시달리면서 살아간다. 이것이 인생이다. 필자는 모든 사람에게 권하고 싶은 욕망이 딱 하나가 있다. 그것은 이것이다. "젊을 때 너는 너의 창조주를 만나라"(전 12:1).

이 어구는 너무나 유명하다. 공허감과 회의에 빠졌던 솔로몬이 내린 마지막 결론은 신앙 자세로 돌아가는 것이었다. 언제 신앙 자세로 돌아가야 하는가. 고생스러운 날들이 오고 사는 것이 즐겁지 않다고 할 나이가 되기 전에 신앙을 가져야 한다는 것이다. 그때는 곧 젊을 때이다. 즉 청년기에 창조자를 기억하여 믿음을 준비하고, 노년기와 죽음에 대해서도 준비하라는 것이다.

하나님은 하늘에 계신다.
사람은 땅에서 살고 있다.
하나님은 하늘에서 땅을 내려다보시면서,
'누가 나를 찾고 있지는 않은가'를 보신다.

사람들은 땅에서 고개를 쳐들어 하늘을 보면서,
하나님의 이름을 부르고, 그를 찾는다.

하나님의 정신과 사람의 정신이 서로 만났다.
그 만남은 하나님과 사람이 서로 교감하는 것이다.
이것은 하나님이 사람과 교제하기 위함이다.
이 교제를 통해서 하나님의 고등영광이 선포되고,
인간을 창조한 하나님의 목적을 성취하신다.

※ 다음은 '죽음론'에 대한 결구이다.

사람들이 가지는 신비 사상에는 크게 두 가지가 있다. 하나는 하나님의 존재다. 과연 '하나님이 계시는가?' 하는 것이고, 다른 하나는 '영혼이란 것이 과연 있는가?' 하는 의문이다. 그런데 대다수 사람들은 하나님의 존재를 부인하는 무신론자들이다. 하지만 그들도 무의식중에 그에게 소원을 빌기도 하고, 위급한 상황에서는 그의 이름을 부르면서 찾기도 한다.

사람은 대개 '자기 몸속에 영혼이 있다'고 믿지만, 더러는 사람이 죽으면 육신과 함께 영혼도 소멸한다고 생각한다. 그러나 그것은 잘못된 생각이다. 육신은 죽어도 영혼은 불멸이다. 고대 그리스인들은 '영혼 불멸'을 믿었고, 우리 민족도 그 문화의 흐름을 받았다. 그래서 사람이 죽으면 육체는 분해되어 없어지지만, 영혼은 그대로 영존한다고 믿는다. 그러면 그 영혼은 없어지지 않고 존재하면서 어디에 있으며, 누가 그 영혼을 지배하는가 하는 궁금증이 생긴다.

☞사람이 죽으면 어떻게 되는가 하는 것은 사후의 문제이다. 그것은 종교에 따라 다르다.

① 무신론자들: 사람이 죽으면 끝이다(I).

② 불교인들: 사람이 죽으면 윤회한다(Ⅱ).

③ 그리스도인들: 사람이 죽으면 부활한다(Ⅲ).

» **죽음론(나): 본론 부분 ①**

» **죽음론 ①**

소크라테스는 왜 죽음을 무서워하지 않았나?

소크라테스는 인류의 위대한 스승이었다. 그는 인류에게 철학을 알게 하였다. 그의 철학 신념은 '바르게 사는 것'이었다. 그것은 선하고 아름답고 보람 있게 사는 것이다. 그는 아테네의 시민들을 바로 살게 하기 위해서, 30년 동안 대화로 젊은이들을 가르쳤다. 그는 대화와 문답의 천재였다. 이것이 그 유명한 소크라테스의 문답법이다. 그것은 바로 '너 자신을 아는 것'이다. 이것이 그의 철학의 신조였다.

우리는 무엇에 관심을 가져야 하는가? 인격을 연마하고, 지혜를 추구하고, 진리를 구하면서, 이성과 양심에 귀를 기울이면, 정신과 영혼이 맑고 깨끗하게 된다. 이것이 자기의 인격 완성이다. 인격 완성은 인간의 최고경지다. 그것은 선하고 아름답고 보람 있게 살아온 보람이다. 그는 아테네에서 기원전 469년에 태어났고, 70년을 살다 죽었다. 그는 다이몬(Daimon)이란 신을 믿었고, 또 영원불멸을 믿었다(다이몬은 '수호신' 또는 '그 神'이란 뜻인데, 어떤 신인지 알 수가 없다).

기원전 399년 봄이었다. 소크라테스는 아테네 법정에서 재판을 받았다. 고소장에는, 그가 아테네의 제우스신을 인정하지 않고 청년들에게 다른 신을 섬기게 하여 그들을 타락시키게 한다는 죄에 대해 적혀 있었다. 1심에서 유죄로 인정이 되었고, 2심에서 사형을 선고받았다. 그는 사형이란 말을 듣고 재판관들에게 말했다.

"아테네의 시민인 당신들이 아무 이유도 없이 현자 소크라테스를 죽였다고 말할 것이오. 사실 나는 전혀 현자가 아니지만, 그들은 당신들을 비난하기 위해서 아마 그렇게 말할 것이오. 그리고 '당신들이 소크라테스를 죽인 것은 바보 같은 짓이었다. 그냥 내버려 둬도 얼마 못 갔을 다 늙은 노인인데' 하고 말이오.

또 죽음이란 의식이 완전히 사라지거나, 영혼이 한 장소에서 다른 장소로 이동하는 것뿐이오. 만약 죽음이 완전한 의식의 소멸이고, 꿈도 꾸지 않고 깊이 잠든 밤 같은 것이라면, 죽음은 의심할 수 없는 행복이라고 해야 할 것이오. 또한 죽음이 이 세상에서 저세상으로 가는 것이고, 저세상에는 우리보다 먼저 죽은 현자들과 성자들이 사는 것이 사실이라면, 저세상에서 그들과 함께 사는 것이 더 행복한 일이 아니겠소? 그런 곳으로 갈 수만 있다면, 나는 백 번이라도 죽을 수 있소.

누구든지 죽음을 두려워할 필요가 없으며, 다만 선한 사람에게는 삶 속에도 죽음 속에도 악은 결코 존재하지 아니하오. 그래서 나를 심판한 사람들의 의도가 나에게 악을 행하는 것이었다 해도, 나는 그들은 물론 나를 고발한 사람에게도 화를 내지 않는 것이오.

자, 이제 헤어질 시간이 왔소. 나는 죽기 위해 가고, 당신들은 살기 위해 가고, 우리 중 누가 더 행복한지는 신만이 아실 것이오."

그리고 곧 소크라테스에게 독배를 마시게 하는 사형이 집행되었다. 그는 자신의 제자들에게 에워싸여 편안하게 죽음을 맞이했다. 그는 살았을 때도 위대했지만, 죽을 때에는 더욱 위대했다. 그는 감옥에서 죽기 전에 제자들에게 이렇게 말했다.

"철학이란 무엇인가?

사람은 누구나 죽어야 한다. 그 죽음의 두려움에서

벗어나는 것이 철학이다.

사람은 누구나 죽어야 한다. 그 확고한 죽음을

받아들이는 것이 철학이다.

결론은 이러하다.

달리기 선수가 뜀박질 연습을 하는 것과 같이,

철학은 죽음의 연습이다.

나에게는 죽음의 공포가 없다.

이것은 인간의 의지로는 불가능하다.

다만 내가 소망하는 것이 있어야 한다."

(소크라테스에게는 그것이 바로 철학이었다. 그 철학의 근거는 다이몬이라는 신과 영혼의 불멸이었다.)

그래서 그는 이런 말을 했다.

"죽음은 이 세상에서 저세상으로 가는 것이고, 저세상에는 우리보다 먼저 죽은 현자들과 성자들이 살고 있는 것이 사실이라면, 저세상에서 그들과 함께 사는 것보다 더 행복한 일이 어디 있겠소?"

» **죽음론(나): 본론 부분 ②**
» **죽음론 ②**
　사람의 정신작용은?

1. 사람의 구성요소의 2분의 1은 정신이다

"건전한 육체에 건전한 정신"이란 표어가 있다.
육체도 건강해야 하고, 정신도 건강해야 한다는 뜻이다.
육체는 건강하지만 정신이 건강하지 않아도 안 되고,
정신은 건강한데 육체가 건강하지 않아도 안 된다.
사람의 정신은, 사람 마음이나 영혼을 말한다.
마음은 사람의 지식·감정·의지의 움직임이고,
그 움직임의 근원이 되는 것은 정신적 상태이다.
영혼은 육체에 깃들어 마음의 작용을 담당하고,
생명을 부여하는 비물질적인 실체이다. 또 육신이
죽은 후에 육신에서 떨어져 나오는 넋이라고도 한다.
결국 '마음'이나 '영혼'은 서로 상호작용을 한다.

그중 영혼이란 것이 무엇인가?
이것은 온갖 의문 가운데서도 가장 큰 의문이다.
사람은 일생에 한 번쯤은 이 의문의 해답을 찾으려 한다.
대개 사람들은 그 해답을 찾지 못하고 이 세상을 떠난다.
사람의 육신에 영혼이 깃들어 산다는 것은,
아주 오랜 옛사람의 입을 통하여 지금까지 내려왔다.
그것이 사실이 아니라면 어떻게 아득한 옛날부터
지금까지 물려받아 내려왔을까?
거짓은 언젠가는 들통이 나게 마련이고, 그 유전은 끊어진다.
가령 그리스 신화에서 최고신인 제우스가 하늘을, 포세이돈이
바다를, 하데스가 지하세계를 지배한다고 했다. 그러나
지금 이런 신들이 존재하고 있는가? 또 믿는 사람이 있는가?
그것은 교리도 없고, 진리도 없는 신이다.
그것은 우매한 원시시대에 만든 신이기 때문이다.

그러나 영혼의 존재는 그러하지 않다.

이렇게 긴 인간 역사 속에 영혼이라는 것이 사람의 입에서

입으로 유전되는 것을 보면 영혼의 존재는 분명하다.

모든 종교나 철학은 영혼의 존재를 확신한다.

만약 영혼의 존재를 부인한다면,

철학도 종교도 존재할 수가 없다.

영혼의 존재를 깨닫게 해주는 것이 철학이고 종교다.

영혼을 지배하는 것은 그 종교 안에 존재하는 신이다.

인간은 신 안에서 기쁨을 느낀다.

그것은 신이 영혼을 지배하기 때문이다.

2. 영혼의 본질이다

⑴ 영혼에는 지성과 의지가 있다

국어사전을 보면 영혼은 "사람이 죽은 후에도 인간의 영혼은 영원토록 지성과 의지의 힘을 가지고 존속한다"라고 했다. 영혼은 '죽은 사람의 넋'이다. 사람이 죽으면 육신은 분해하여 소멸되지만, 영혼은 그대로 존속한다는 것이다. 지성(知性)은 사람의 지적 능력이다. 인간이 사고하고, 이해하고, 판단하는 능력이다. 의지(意志)는 어떤 일을 이루려는 마음이다.

⑵ 영혼에는 지각이 있다

아브라함의 아버지는 데라이다. 그는 많은 식솔을 데리고 갈대아 우르를 떠나서 가나안으로 향했다. 그러나 데라는 가나안에 도착하지 못하고 하란에서 죽었다. 데라가 죽은 후에 아브라함은 하나님의 명을 받아 롯을 데리고 하란을 떠나 가나안 땅에 이르러서 헤브론에 정착하였다. 그때 여호와께서 아브라함에게 말씀하셨다. "네 자손이 이방에서 객이 되

어 그들을 섬기겠고, 그들은 사백 년 동안 네 자손을 괴롭힐 것이다. 그러나 너는 장수하다가 평안히 너의 조상에게로 돌아가 장사될 것이다"(창 15:13-15)라고 하셨다.

아브라함의 후손들은 다른 나라에서 나그네살이를 하다가 마침내 종이 되어서 사백 년 동안 괴로움을 받게 되지만 '너는 장수하다가 평안히 너의 조상에게로 돌아가 장사된다'는 것이다. 그러나 아브라함은 지금 가나안의 헤브론에 살고 있고, 또 이곳에서 죽게 될 것인데, 하나님은 '너는 조상에게로 돌아가 장사된다'고 하셨다. 그런데 아브라함의 조상은 가나안 땅에 묻혀 있는 것이 아니고 하란에 그 무덤이 있다.

이는 아브라함이 죽어 그의 시신이 조상의 무덤으로 돌아간다는 것이 아니고, 그가 죽은 후에 그의 영혼이 지각(知覺)에 의하여 하란에 있는 아버지 데라의 무덤으로 찾아간다는 것이다. 이것은 영혼에 지각이 있다는 증거가 된다. 헤브론에서 하란까지는 720km의 머나먼 길이다. 지각은 '알아서 깨닫는다'라는 뜻이다.

» **죽음론(나): 본론 부분 ③**
» **죽음론 ③**
사람들이 말하는 영혼이다

1.

● 영혼은 육체에서 분리되면 연기처럼 사라져 버린다(에피쿠로스).
● 천사에게 체중이 없듯이 영혼에는 무게가 없다(게오르규).
● 도둑이 훔쳐가지도 못하고 권력자라도 빼앗아 갈 수 없고, 죽은 뒤에도 네 손에 남아 있으면서 줄지도 않고 썩지도 않는 부가 있다. 그 재물은 곧 네 영혼이다(인도 속담).

2.

● 영혼과 육체는 그다지도 잘 어울리고 결코 서로 떨어질 수 없이 단단히 결합해 있다. 그런데도 언제나 서로를 싫어한다(괴테).

● 우리가 태어날 때 우리의 영혼은 육체라는 관 속에 들어간다. 그러나 이 관, 즉 우리의 육체는 서서히 허물어지는 반면, 우리의 영혼은 점점 더 자유로워진다. 그리하여 육체가 죽었을 때 영혼은 완전히 자유로워진다(헤라클레이토스).

3.

● 마르쿠스 아우렐리우스의 《명상록》의 영혼이다.

사람 몸속에 있는 영혼(a soul)과 불(fire)의 성질은 본래 위로 올라가게 되어 있지만, 우주의 질서에 순응하여 사람이 땅에서 살 때는 육신 안에 붙들려 있다. 그리고 사람의 몸속에 있는 흙(soil)의 성분과 물(water)의 성분은 본래 아래로 내려가게 되어 있지만, 이것 역시 자신들의 본성에 맞지 않은 자리를 차지하고 있다. 이렇듯 원소들도 전체에 복종하고 있으며, 일단 어떤 곳에 배치가 되면 전체로부터 다시 해체되라는 신호가 주어지기 전에는 강제적으로 그곳에 머물러 있다.

4.

● 최명희의 《혼불》에 나오는 영혼이다.

온 식구가 청암부인의 임종을 지켜보고 있다. 인월댁은 청암부인의 눈을 유심히 바라본다. 왼쪽 눈귀에서 눈물이 배어났다. 그 눈물은 차마 흘러내리지도 못한 채 눈언저리에 엉기어 붙어 있다.

그날 밤 인월댁은 마당의 널평상에 걸터앉아 무심코 하늘을 쳐다보니 종가의 지붕 위로 훌렁 떠오르는 푸른 불덩어리를 보았다. 안채 쪽에서 솟아오른 그 불덩어리는 보름달만큼이나 크고 투명하였다. 이상한 일이라 좀 더 자세히 정신을 차리고 바라보니, 달보다 더 투명하고 눈이 시리도록 푸른가 하면, 가슴이 섬뜩하도록 푸른빛을 띠었다. 그것은 청암부인의 혼(魂)불이었다.

어두운 공중에 우뚝한 용마루 근처에서 그 혼불은 잠시 멈칫하더니 이윽고 그 형체가 한번 출렁하고는 검푸른 대밭을 넘어 너풀너풀하며 시야에서 사라졌다.

혼불은 사람의 육신이 숨을 거두기 전에 저와 더불어 살던 집이라고 하는 육신을 가볍게 내버리고 홀연 빠져나간다.

» **죽음론(나): 본론 부분 ④**
» **죽음론 ④**
  성서적인 영혼이다

1. 하나님이 사람을 만들다
☞이 항목은 죽음론(가) 서론 부분 ⑥에서 일부 언급된 바 있다.

(1) 우선 영혼이 만들어졌다(창 1:26)

하나님이 말씀하시기를 "우리가 우리의 형상을 따라서, 우리의 모양대로 사람을 만들자" 하시고, 하나님이 당신의 형상대로 사람을 창조하셨다.

(Then God said, Let Us make man in Our image, according to Our likeness)

이 어구에 '우리'란 말이 세 번 나온다. 이는 삼위일체의 원시적인 암시이면서, 하나님의 장엄함을 표현한다.

그리고 "형상(image)을 따라…모양(likeness)대로 사람을 만들고(make man)"의 두 단어는 동의어로 취급하고, 동의어의 반복적 강조로 본다. '하나님의 형상'은 육적 형상이 아니라 영적이고 정신적인 형상이다. 곧 이성적, 윤리적, 종교적 능력에 대한 사람의 전인격을 포함한다.

그것은 사람의 영혼이다. 이같이 사람을 하나님과 같은 영적 성질(정신·영혼)로 창조하신 것은, 사람과의 교제를 트기 위해서였다. 이 교제를 통해서 하나님의 고등영광이 선포되고, 창조의 최고 목적도 성취된다.

(2) 그 후에 육체가 만들어졌다(창 2:7)
여호와 하나님이 땅의 흙으로 사람을 지으시고 생기를 그 코에
불어넣으시니 사람의 생령이 되니라.
(Then the Lord God formed man of dust from ground,
and breathed into his nostrils the breath of life;
and man became a living being.)

"흙(dust)으로 사람을 지으시고(formed man)"는 '흙에서 지음받아 사람이라고 했다'는 의미다. 여기 '지으시고'는 토기장이가 토기를 빚어 만드는 동작을 묘사한 것이다.

"생기를 그 코에 불어 넣으시니"는 하나님의 생명인 생기를 불어 넣으심으로 사람이 생령이 되었다는 말이다. 그러므로 '육체가 영혼보다 앞선다'고 할 수 없다.

여기 '생령'(生靈)이란 창세기 1장 21절의 '바다의 생물'과 1장 24절의 '땅의 생물'과 같은 단어이며 육적 생명을 가리킨다. 그러나 그 생물은 하나님이 생기를 불어넣지 않고 생물이 된 것이고, 사람은 하나님의 생기를 받음으로 생명체가 된 것이다. 그 생명체가 곧 사람의 육신이다. 그래서 사람은 동물들과 구별이 된다.

2. 인간의 본성은 이분설이다

인간의 본성을 구분할 때 몸과 영으로 구분하는 것을 이분설이라 하고, 몸과 영과 혼으로 구분하는 것을 삼분설이라 한다.

▶삼분설은 그리스 철학에 뿌리를 두고 있으며, 초대교부들에게는 일반적 견해였다. 또 초대교부들의 사상을 계승한 그리스 교부들이나 알렉산드리아 교회 교부들도 이를 옹호하였고, 후대 독일이나 영국학자들도 이를 지지하였다.

▶이분설은 어거스틴 이하 라틴교회에서 옹호하여 중세에 이르러서는 일반적 견해가 되었고, 종교개혁자나 현대 신학자들 간에도 지배적 견해가 되고 있다. 삼분설의 성서적 근거는 바로 [1] 데살로니가전서 5장 23절과 [2] 히브리서 4장 12절로서 오직 두 구절뿐이다. 삼분설의 난점은 영과 혼의 차이점이다. 그러나 대체로 세 가지 설명이 있다.

1) 혼은 동물적 생명이나, 영은 이성적이며 불멸의 업적이고, 하나님과 교통하는 역할을 한다. 사람이 죽으면 몸은 분해되어 흙이 되고, 혼은 없어지고, 영은 하나님께 갔다가 부활 때에 다시 육과 합하기 위해 돌아온다. 몸은 순수한 물질에 속하고, 혼은 다른 동물들과 같은 것으로 이해, 감정, 감각 등을 주관하고, 영은 사람에게만 있는 것으로 이성과 의지와 양심을 관장한다.

2) 인간은 본질적으로 이분설이나 내용적으로는 삼분설이다. 즉 혼이란 영에서 떨어져 나간 것으로 영과 몸의 경계이다.

3) 같은 영혼의 혼은 '낮은 부분 또는 능력'이고, 영은 '높은 능력'이다. '혼'과 '영'의 차이점은, 이분설에서는 거의 동의어로 보고, 삼분설에서는 전자가 육적 생명의 원동력(혹은 중심)인 데 대해 후자는 하나님과 교제하는 통로로 본다.

인간의 구성을 육과 영으로 이분하는 것이 성서의 사상이다(마 6:25; 고전 2:14 등). 그리고 위와 같은 인간의 내적 자아(ego)인 영혼(soul)에 대한 두 가지 표현에 있어 영은 보다 깊은 정신작용, 즉 하나님과 접촉하는 부분을 말하고, 혼은 일반감각의 분야를 가리킨다고 볼 것이다. 그렇다면 예외 구절로 지목되는 데살로니가전서 5장 23절과 히브리서 4장 12절은 단순히 강조 또는 반복 표현으로 볼 것이다.

» **죽음론(나): 본론 부분 ⑤**
» **죽음론 ⑤**
예수께서 십자가 위에서 하신 마지막 말씀은?

1. 예수께서 숨을 거두시다

예수님은 십자가 위에서 6시간을 지내고 운명하셨다. 공관복음의 기사는 거의 문자적으로 그 내용에 공통점이 있다. 그러나 누가는 십자가 위에서 주님의 마지막 말씀의 내용을 적었다. 마태복음 27장 50절에는 "예수께서 큰소리를 지르시고 숨을 거두셨다"라고 했으나, 누가복음 23장 46절에는 예수께서 큰 소리로 부르짖어 "아버지, 내 영혼을 아버지 손에 맡깁니다"라고 기록하고 있다. 이렇듯 누가는 '그 소리의 내용'도 기록을 하였다.

고대 교부들은 이 소리가 '예수께서 아직 육체적 여력을 가지고 계신 증거'이며, 그는 스스로 생명을 버리신 것으로 해석하였다. "내 영혼을 아버지 손에 맡깁니다" 하는 이 어구는, 예수께서 십자가 위에서 하신 마지막 말씀이다. 예수께서는 이 세상에 살아 있는 동안 그 삶(生)을 하나님께 맡기셨고, 죽을 때도 그 영(靈魂)을 하나님께 맡기셨다. 그러한 삶 속에서 이러한 죽음이 가능한 것이다.

이것은 모든 그리스도인들이 본받아 배울 만한 본보기이다. 우리들의 선진(先進)들이 죽을 때에도 이 말씀을 인용했다는 기록들이 허다하다. 또한 우리도 죽기 직전에 이 말을 한 후에 숨을 거두어야 한다.

'숨을 거두다'(ἐξέπγυεσεγ)는 '숨을 쉬어'(πγέω)와 '내었다'(ἐκ)의 합성어로,

'죽었다'라는 단어에 대한 완곡한 표현이다. 마태복음 27장 50절에는 죽음을 '영혼을 내어놓았다'(ἀφῆκε τὸ πνεῦμά)라고 표현했다.

그리고 마태복음 27장 46절에 보면, 세 시쯤에 예수께서 큰 소리로 부르짖었다. "엘리 엘리 라마 사박다니?" 이 말씀은 십자가상의 사언(四言)이다. 이는 시편 22장 1절의 인용이고, 그 뜻은 "나의 하나님, 나의 하나님, 어찌하여 나를 버리십니까?"라는 뜻으로, 십자가의 고통에 대한 절규이다.

1) 톨스토이는 이를 예수의 육적 고통에서 나온 부르짖음이며, 그의 일생에서 유일한 패배의 말이라고 하였다.
2) 그노시스주의의 주장은, 세례받을 때 인간 예수에게 임한 그리스도(신성)가 이때 떠나갔다는 이설(異說)을 내세웠다.
3) 하지만 교회의 전통은 이를 그리스도의 정신적 고통으로 본다(Calvin, Meyer 등).

즉 그는 이 순간 사실상 하나님으로부터 버림을 당한 것이고, 죄 때문에 하나님께 버림을 받은 인간의 죄를 대속한 것이다. 실로 이는 십자가의 최고봉이요, 구속(救贖)의 초점이었다. 예수님은 일생을 통하여 하나님을 늘 '아버지'로 대하셨으나, 이때만은 '하나님'으로 부르셨다. 사적 친밀한 칭호에서 공적 칭호로 변한 것이다. 사랑의 아버지로부터 버림을 당한 고통으로 절규하신 것이다. 그것은 인류에 대한 죄의 결과이다. 이런 고통을 느끼는 마음에 그리스도의 대속(代贖)의 은총이 충만한 것이다.

그리스도가 버림을 당하신 시간을 땅이 어둡던 때, 즉 정오부터 오후 3시까지로 설명하는 학자도 있으나(Williams) 그것은 불가지(不可知)의 문제이다.

2. 왜, 영혼을 하나님 손에 부탁해야 하는가?

하나님은 사람을 만들 때 '하나님의 형상'으로 사람을 만들었다고 하였다. 이것은 사람의 육신이 아니고 '사람의 정신적인 형상'이다. 곧 한마디로 말하면 사람의 '영혼'을 말한다. 사람의 영혼은 하나님께서 하나님 자신의 형상으로 만들었기 때문에, 그 영혼을 만드신 하나님의 품에 안기는 것이 최상의 조건이다. 그곳은 하나님의 보호를 받고, 평안을 누리는 장소이기 때문이다.

예수께서 십자가 위에서 마지막으로 하신 말씀은 "아버지, 내 영혼을 아버지 손에 부탁하나이다"이다. 그리고 스데반 이후에도 순교자 폴리캅, 성경학자 제롬, 성자 버나드, 개혁자 후스, 루터, 멜랑히톤 등도 모두가 이 기도로 최후를 맞았다. 자신의 생명을 전적으로 하나님께 맡기는 것은 성도의 바른 삶의 자세요, 또 죽음에서 반드시 취할 바다.

감리교를 창시한 존 웨슬리는 "이 세상에서 가장 큰 즐거움은 하나님과 동행하는 것이다"라고 했다. 그리고 어거스틴은 "주여, 우리는 주 자신을 위해 창조되었고, 우리의 영혼은 하나님의 품에 안기기 전까지는 참된 안식이 없나이다"라고 했다.

우리는 살아서도 죽어서도 하나님 곁으로 가야 행복한 것이고, 하나님 곁을 떠나는 것은 불행한 것이다. 그리스도교는 이런 신비 사상을 통하여 하나님께 더 가까이 나아갈 수 있다.

※ 다음은 이 항목의 요점이다.

육신의 죽음은 내 생애의 짧은 기간의 앞쪽과 뒤쪽이 하나님의 시간인 영원 속에 흡수가 되는 것이다.

그렇다면 그리스도인이 죽음 직전에 해야 하는 말은 무엇인가?

"아버지, 내 영혼을 아버지 손에 부탁하나이다."

» 죽음론(나): 본론 부분 ⑥

» 죽음론 ⑥
   무덤 이야기

사람이 사는 마을 부근의 산비탈에는 무덤을 쉽사리 볼 수 있다. 그 무덤에는 누가 죽어서 그곳에 들어가 있는가? 그는 무덤 안에서 어떻게 지내는가? 무덤에 누가 오고 가고 하는 것을 아는가? 사람들이 지나가는 발걸음 소리는 듣는가? 무덤에서는 언제나 말이 없다. 모든 인간은 자유롭다. 또 언젠가는 다 똑같이 무덤에 들어간다는 점에서는 모두가 평등하다.

이런 무덤들은 '보통 사람들의 무덤'이다. 그러나 이상한 무덤도 있다. 그것은 '호화찬란한 무덤'이라든가, 그 누구도 찾아가지 못하는 '숨겨진 무덤'이라든가, 또 '무덤 안이 비어 있는 무덤'도 있다.

1. 호화찬란한 무덤

인도에 무굴제국이 있었다. 무굴제국은 칭기즈 칸의 후손 티무르 자손들이 세운 나라다. 그들은 몽골 초원의 서쪽 중앙아시아에 거주하면서 티무르 제국을 건설했지만, 얼마 가지 못해 국운이 쇠하였다. 16세기 초, 티무르 제국의 마지막 황제 바브르는 군대를 이끌고 북인도에 침입하여 무굴제국을 세웠다. 수도는 델리였다. 무굴이란 말은 몽골을 가리키는 페르시아 말이다. 북인도에 정착한 무굴제국은 날로 번영했다. 바브르(1대 황제)의 손자 악바르(3대 황제)는 아프가니스탄까지 영토를 확대하고 지방행정 기구를 정비하여 중앙집권 체제를 확립했으며, 힌두교도와 이슬람교도를 똑같이 관료로 임명하였다.

그리고 4대 황제 자항 기르는 수도를 델리에서 아그라로 옮겼다. 아그라는 델리에서 야무나 강을 따라 약 200km 떨어진 남쪽에 있는 지방도시다. 또 그는 페르시아 귀족 출신의 누르 자한과 결혼했는데, 그로 인해

II . _ 죽음과 부활, 그리고 천국과 지옥 121

페르시아풍의 예술과 문화가 인도에 들어왔다. 그리고 5대 황제는 샤 자한이다. 6대 아우랑 제브 황제는 남인도를 정복하여 무굴제국을 인도 역사상 최대제국으로 발전시켰다. 그러나 그는 이슬람 제일주의를 내세워 힌두교 사원을 파괴하고, 힌두교를 탄압하였다.

5대 황제 샤 자한(1628-1658 재위)은 페르시아 여자인 뭄타즈 마할과 결혼했다. 황제와 함께 전쟁터를 누비던 그녀는 열네 번째 아이를 출산하던 중에 죽었다. 그때가 1631년이었다. 그래서 세상을 떠난 부인 뭄타즈 마할을 추모하여 아그라의 야무나 강가에 무덤을 만들었는데, 그 무덤 이름이 타지마할이다. 타지마할이라 하는 것은 그 죽은 왕비의 이름 '뭄타즈 마할'의 음이 변화된 것이다.

샤 자한 황제는 왕비가 죽은 후에 큰 슬픔에 빠졌다. 황제는 오직 죽은 자의 애도에만 온 마음을 바쳤다. 결국 그가 할 수 있는 일은 왕비의 무덤을 웅장하게 건축하는 것이었다. 그것으로 아내의 죽음에 대한 위로를 받고 싶었다. 황제는 많은 인력과 나랏돈으로 타지마할을 건설했다. 세계 각지의 많은 양의 보석들과 전문장인들을 불러들여 22년에 걸친 세월과 천문학적인 비용을 쏟아부었다. 그것이 지금의 타지마할이다.

샤 자한 황제의 이 기고만장한 국고 낭비는 온 국민의 지탄과 원성을 불러일으켰다. 나라 살림살이는 엉망진창이 되었고, 백성의 불평은 왕의 측근들을 아연실색하게 하였다. 결국 민심은 샤 자한 황제의 막내아들 아우랑제브를 격분시켰다. 그는 왕위 계승자인 자기의 형 다라 시코를 포함한 모든 왕자를 죽이고, 1658년 아버지 샤 자한의 왕위를 박탈했다. 아우랑제브는 샤 자한을 타지마할이 마주 보이는 아그라 성안의 4각형 탑의 한 건물에 감금시켰다. 그는 그곳에서 타지마할을 바라보며 죽을 때까지 지내야 했다. 1666년 죽고 나서야 부인 곁에 나란히 묻히게 되었다.

지금 그들의 묘소에는 온 세상의 사람들이 모여들고 있다. 두 사람은 이 호화스러운 무덤 안에서 편안히 잠들어 있다고 하지만, 온 세상 사람들은 묘당을 한 바퀴 돌고 나가면서 뭔가 알아들을 수 없는 말을 중얼거리면서 나간다. 그들의 입에서 "말세다, 이럴 수가 있나, 미친 짓이다" 등의 말이 나오지 않았을까 한다.

2. 숨겨진 무덤

역사는 대부분 정복자에게 비참하고 때 이른 죽음을 선고한다. 알렉산더 대왕은 33세의 나이에 바벨론에서 의문을 남기고 죽었다. 나폴레옹은 외딴 섬에서 죄수로 52세의 나이에 죽었다. 그러나 65세에 이른 칭기즈 칸은 자신의 야영지 침대에서 사랑하는 가족과 친구들과 병사들에 둘러싸여 죽었다. 그는 1227년 여름 황하의 상류 지방에서 탕구트 민족과 전쟁을 벌이던 도중에 죽었다.

죽음이나 병을 언급하기 싫어하는 몽골인의 표현에 따르면 그는 '하늘로 올라갔다.' 그가 죽은 뒤에도 죽음의 원인이 공개되지 않자 여러 추측이 나돌았다. "벼락을 맞아 죽었다, 활을 맞아 생긴 무릎 부상으로 죽었다, 누가 독살했다" 등의 소문이 나돌았다. 칭기즈 칸의 병사들은 그의 시신을 몽골 고향으로 옮겨 비밀리에 묻었다.

그를 묻은 자리에는 능(陵)도 없고 사원이나 어떤 건물이나 작은 묘비조차 세우지 않았다. 몽골인의 믿음에 따르면 죽은 자의 몸은 평화롭게 놓아두면 그만이지 굳이 기념비를 세울 필요가 없었다. 영혼이 이미 몸을 떠났기 때문이다. 칭기즈 칸은 매장되어 자신이 나왔던 몽골의 광대한 자연 속으로 조용히 사라졌다.

그러나 칭기즈 칸이 죽고 난 이후부터 이런 말이 긴 세월 동안 계속 나돌았다. 칭기즈 칸의 장례를 치른 사람들은 2,000여 명의 노예와 800여 명의 병사였다. 노예들이 땅을 파고 칭기즈 칸의 시신을 묻고 매장을 마치자, 주변에서 이를 지켜보고 있던 병사들이 노예들을 모두 한 곳에 모아 죽여서 부근에 묻었다. 그러고 나서 병사들은 그 땅을 여러 번 밟아 다져 무덤의 흔적을 완전히 지우고 고향으로 향하면서 길에서 만나는 사람들이나 짐승은 모두 죽였다.

그러나 이 병사들은 그들의 고향에 도착하기 전에 숲속에 매복한 다른 병사들에 의하여 몰살당했다. 이제 무덤의 위치를 아는 사람은 아무도 없다. 참으로 무서운 흉계였다. 많은 사람이 비참하고 억울하게 죽었다.

인간의 종점은 무덤이다. 무덤에 들어간 사람은 어차피 바깥으로 나오지 못하고, 다른 사람도 그 속에 들어가고 싶어하지도 않는다. 그런데 칭기즈 칸의 무덤은 왜 꼭꼭 숨어 있을까? 산 자들 때문이다. 산 자가 그 무덤을 파헤칠까 싶어서다. 죽은 자와 함께 귀중품이 묻혀 있기 때문이다. 산 자는 이것을 노린다.

3. 빈 무덤이다

예수께서 유대교권자의 심문을 받은 후에, 빌라도 법정에서 사형선고를 받고 곧 십자가에 못 박히셨다. 지금 시간으로는 오전 9시에 십자가에 못 박혔고, 정오에서 오후 3시까지 어둠이 내렸고, 오후 3시에 운명하셨다. 3시에 예수께서 큰 소리로 부르짖으셨다. "나의 하나님, 나의 하나님, 어찌하여 나를 버리셨습니까?"

그날 해가 저물 때 아리마대 출신으로 요셉이라고 하는 사람이 빌라도를 찾아갔다. 그도 역시 예수의 제자였다. 그가 빌라도에게 예수의 시신을 내어 달라고 청하니, 빌라도가 내어주라고 명령하였다. 그래서 요셉은 예수의 시신을 가져다가 깨끗한 세마포로 싸서, 바위를 뚫어서 만든 자기의 새 무덤에 모신 다음에 무덤 어귀에다가 큰 돌을 옮겨놓았다.

주간의 첫날 이른 새벽에 막달라 마리아가 무덤에 가서 보니 무덤 어귀를 막은 돌이 이미 옮겨져 있었다. 그것을 본 여자는 시몬 베드로와 요한에게 달려가서 말하였다.

"누가 주님을 무덤에서 가져갔습니다. 어디에 두었는지 모르겠습니다."

베드로와 그 다른 제자가 나와서 무덤으로 달려갔다. 그들이 무덤 안으로 들어가 보니 삼베가 놓여 있었고, 예수의 머리를 싸맸던 수건은 그 삼베와 함께 놓여 있지 않고, 한 곳에 따로 개켜서 포개어 놓여 있었다. 무덤 안에는 아무도 없었다. 그곳은 빈 무덤이었다. 그가 부활하신 것이다.

» 죽음론(나): 본론 부분 ⑦
» 죽음론 ⑦
비석 이야기

무덤을 지키는 것은 오직 비석이다. 빗돌에는 죽은 자의 이름과 그의 출생과 사망 날짜만 있을 뿐이다. 이것이 죽은 자의 전부이지만, 그 알갱이는 눈물이 뺨에 아롱지는 슬픔이다. 더구나 그것마저 죽은 자의 기록이 아니고, 살아 있는 자의 기록이다. 살아 있을 때 내 비문을 적어 놓자. 내가 죽은 후에, 그 내용이 내 무덤 앞의 빗돌에 기록된다면, 산 사람들이 '죽은 자의 심정'을 헤아릴 수 있게 될 것이다.

예문1) 시인 김영랑의 묘비명이다.
생전에 이다지 외로운 사람 / 어이해 뫼 아래 빗돌 세우오
초조한 길손의 한숨이라도 / 헤어진 고총에 자주 떠오리
날 마라 외롭다 가고 말 사람 / 그래도 뫼 아래 빗돌 세우리
외롭건 내 곁에 쉬시다 가라 / 한 되는 한마디 삭이 살란가

예문2) 시인 박광섭의 묘비명이다.
고향 하늘을 바라보며 / 못 가는 슬픔 / 가슴에 손을 얹은 채

먼저 숨진 사람들 / 고향 흙처럼 편히 쉬라 / 한 자리에 뫼시니
하나님 통일되거든 / 큰기침으로 / 원혼을 깨워
같이 고향 가게 하시라 / 비는 마음으로 / 이 비가 선다.

예문3) 황진이의 묘비명이다.
청산리 벽계수야 수이 감을 자랑 마라
일도창해하면 다시 오기 어려우니
명월이 만공산하니 쉬어간들 어떠리

이 시를 읊조린 황진이는 조선 중종 때의 송도 기생이었다. 황진이의
호는 명월이다. 그의 생몰의 연대는 기록이 남아 있지 않다. 그 시대에 백
호 임제(1549-1587)라는 선비가 있었다. 그는 시인이기도 했는데, 황진이가
죽은 후에 황진이 무덤을 찾아가서 그녀의 죽음을 삼가 애도하면서 다음
시를 읊조렸다.

청초 우거진 골에 자는다 누웠는다
홍안을 어디 두고 백골만 묻혔는다
잔 잡고 권할 이 없으니 그를 서러하노라

황진이 무덤에 묘비가 있었는지 없었는지는 모르겠으나, 임제가 읊조린 이
시 한 수가 황진이에게는 최상급의 묘비명이 아닐까 하는 생각을 해본다.

예문4) 홍랑의 묘비명이다.

묏버들 가려 꺾어 보내노라 님의 손에
자시는 창밖에 심어두고 보소서

밤비에 새잎 곧 나거든 나인가 여기소서

이는 홍랑이 지은 시이다. 인간의 연정을 품은 시조다. 홍랑은 1573년 가을, 함경도 경성에 북도평사로 있는 고죽(孤竹) 최경창(1539-1583)을 만나 군막에서 겨울을 함께 보냈다. 홍랑은 당시 변방의 군사를 위해 배정된 기녀였다. 이때 홍랑의 나이는 16세쯤으로 추정된다. 최경창은 결혼하여 부인을 서울에 두고 있었고, 나이는 34세였다. 이 당시 법률은 처자와 함께 근무지에 부임하는 것을 금하였다. 그래서 근무지에서 기녀 홍랑을 만난 것이다.

이듬해 봄 서울로 돌아가는 최경창을 따라 쌍성까지 따라갔다가, 그곳에서 작별 인사를 하고 되돌아가다가 함관령에 이르렀을 즈음, 때마침 날도 저문데 비마저 뿌리고 있었다. 그곳에서 하룻밤 묵으면서 고죽을 그리워하며 지은 시가 '묏버들'이다. 홍랑은 고죽에게 정표로 버들가지를 준다고 했다. 그런데 그 버들가지를 아무거나 꺾어서 보내는 것이 아니라 골라 꺾어 고죽의 손에 쥐어 주겠다고 한다.

이 얼마나 우아한 품격의 이별인가? 더군다나 쥐어보낸 버들을 창밖에 심어두고 보라고 하면서, 게다가 밤비에 새잎이 나거든 그것이 나인 줄 알라고 한다. 어느 사랑이 이렇게 가슴을 뭉클하게 하겠는가?

이때 지은 '묏버들'이란 시를 그는 서울의 고죽에게 보내주었다. 그리고 얼마쯤 지나서 고죽은 홍랑에게 '송별'(送別)이라는 한시(漢詩)를 적어 보냈다. 그러다가 1583년에 홍랑은 고죽의 부음 소식을 듣고, 그의 무덤에 가서 슬퍼했다. 그리고 그 무덤 앞에 움막을 짓고 고죽의 시를 품고 3년간 시묘(侍墓)를 했다. 이를 지켜본 최씨 문중에서는 홍랑의 사랑에 크게 감동했다. 그 후 홍랑이 죽자, 최씨 문중에서는 그녀의 무덤을 고죽의 옆에 만들어 주고 그녀의 묘소 앞에 시비를 세웠다.

묘비의 위쪽에 '시인 홍랑의 묘'(詩人 洪娘之墓)라 쓰고, 아래쪽에는 '묏

버들'과 '송별' 한시를 적었다. 이토록 아름다운 시비는 이 세상에 없을 것이다.

예문5) 영국 윌리엄 셰익스피어의 묘비명이다.

그는 영국이 낳은 세계 최고의 극작가이다. 1564년 영국 중부지방의 스트랫퍼드에서 상인의 아들로 태어났다. 그는 평생 37편의 작품을 발표하여 이름을 알리다가, 1616년 4월 23일 52세를 일기로 사망하여 고향의 스트랫퍼드 홀리 트리니티 교회에 묻혔다. 그의 묘비명에는 "이 돌을 건드리지 않는 사람에게는 축복이, 이 뼈를 옮기는 자에게는 저주가 있으리라"는 문구가 있다.

예문6) 고대 로마 사람들의 묘비명이다.

고대 로마 사람들은 큰 길거리 양쪽에 무덤을 만들었다. 길을 걸어가는 것은 무덤 사이를 걸어가는 것이나 마찬가지였다. 이런 무덤들은 각양각색의 모양이었고, 묘비에 새겨진 문장도 다양했다. 어느 한 묘비에는 이런 글귀가 적혀 있다.

"오오, 거기 지나가는 길손이여, 이리 와서 잠시 쉬었다가 가시게. 고개를 옆으로 흔들고 있군. 아니, 쉬고 싶지 않은가? 하지만 언젠가는 그대도 여기에 들어올 몸이라네."

예문7) 이 책 저자(著者)의 묘비명이다.

이곳에 누워 있는 자는 《늙어질수록 그리워지는 예수》란 책을 엮은 이다. 그는 그의 말대로 지금은 예수와 함께 있을 것이다.

사람들이 무덤에 비석을 세우는 것은 죽은 자의 체면을 위한 것이 아니라 산 자의 체면을 위한 것이다. 또 비석에 써진 글자가 지워지는 것은 햇빛과 바람이 아니라, 인간의 마음속에 들어 있는 망각 때문이다.

» **죽음론(다): 결론 부분 (I)**
» **죽음론 (I)**
  무신론자에게 죽음은 인생의 종점이다

무신론자의 좁은 뜻은 신의 존재를 부정하는 사람이지만, 넓은 의미로는 회의론자, 유물론자, 실증론자 등과 같이 신의 존재를 부정하는 모든 철학자를 말한다. 이를 역사적으로 보면 그리스의 초기 철학자들과 자연과학자들은 모두 무신론자들이었다. 이 사상은 그 이후에도 지속되었다.

무신론자들은 역사의 흐름을 정반합(正反合)이라 한다. 그것은 正이라는 논리가 한 시대를 지배하면, 반드시 그 正에 反하는 논리가 생기고, 그 결과 正과 反이 서로 대립하다가 合이라는 논리가 되고, 그 合이 얼마간 있다가, 또다시 正이라는 처음 논리로 되돌아가게 되고, 또 그 正에 反하는 세력이 생겨 合이 된다는 것이다. 이 사상의 뿌리는 고대 그리스문화의 산물이다.

현대세계문화는 서구문화에서 발전하였다. 그 문화의 모체는 히브리인의 종교와 로마인의 권력과 그리스인의 문화였다. 그리스에서는 사람이 죽으면 육신은 썩어 없어지나, 영혼은 그대로 남는다는 '영혼 불멸'을 믿었다. 그러나 어떤 사람들은 "육신이 죽으면 영혼도 함께 소멸한다"라고 하였다.

1. 사람은 죽으면 끝이다

만물은 생성되는 때가 있고, 그것이 소멸되는 때가 있다.

그 생성되는 시간은 알파(α)이고, 소멸되는 시간은 오메가(ω)이다.

또 만물이 생성되면 그 만물에 시간과 공간이 주어진다.
그래서 모든 피조물은 알파(α)와 오메가(ω) 사이에서 존재하고,
그것이 소멸되면 그에게 주어진 시간과 공간도 없어진다.

사람도 그 만물 속에 포함이 된다.
태어나는 때가 알파(α)이고, 죽는 때가 오메가(ω)이다.
사람도 태어나면 시간과 공간을 부여받았고,
죽음으로 그것을 반납한다.
누군가 1940년 5월 10일에 태어나서, 2020년 5월 10일에 죽었다면
그의 α와 ω 사이의 기간은 80년이고, 그에게 부여된 80년의
시간과 공간은 그가 죽음으로 소멸된다.

피조물은 창조된 시간이 있고, 죽음이란 종점이 있다.
그 종점은 혼자 가는 길이고, 모두가 가는 길이다.
어떤 사람은 가고, 어떤 사람은 안 가고 하는 길이 아니다.
그 길을 가는 자는 체념에 빠진 자다.
체념이 무엇인지 아는가? 도리를 깨닫는 마음이다.
무신론자들은 죽음이 인간의 종점이라 말한다.
죽음이란 죽는 사람 자신에게는 모든 것이 끝이다.
그래서 사람에게 죽음이란 비참한 것이다.

파스칼의 《팡세》에는 인간의 죽음을 이렇게 묘사했다.

쇠사슬에 묶인 한 무리의 사람들이 있다. 그들은 모두 사형선고를
받은 사람들이다. 그들 중에서 매일 한두 사람을, 그들 전체가 보는
앞에서 목을 졸라 죽인다. 남은 사람들은 그들이 불려 나가서 죽는

모습에서 자기의 운명을 읽는다. 그리고 고뇌와 절망 속에서 서로를 바라보며 자기 차례를 기다린다. 이것이 인간의 모습이고, 인간의 비참함이다.

또 셰익스피어는 그의 책 《햄릿》에서 인간의 죽음을 이렇게 묘사했다.

"인간은 만물 중에 최고의 걸작이다. 고상한 이성, 무한한 능력, 그 명백하고 감탄할 만한 거동과 자태에 천사 같은 행동, 그리고 신의 지혜를 가진 인간은 세상의 꽃이요, 만물의 영장이다"라고 했다. 하지만 인간은 존귀하지만, 인간의 죽음은 비천한 짐승의 죽음과 일반이다.

2. 인생은 무상한 것이다

■ 억새의 일생이다.

억새는 산이나 들판에서 흔하게 볼 수 여러해살이풀이다. 봄철에 억새 뿌리에서 여러 갈래 싹이 돋아나서, 그 싹에서 억새 줄기가 생긴다. 더위가 한풀 꺾이는 9월이 되면, 그 줄기에서 억새 이삭이 마치 벼 이삭이 나오듯이 나온다. 줄기에서 나온 억새 이삭의 형상은 황토색 바탕에 보랏빛을 띤다. 그 이삭은 그 후에 원추형으로 부피 자람을 하면서 여러 가닥의 가지에 솜털이 붙는데, 그 솜털의 안쪽에는 억새 씨앗이 생긴다.

그리고 보랏빛이 흰색으로 바뀌면서 한 줄기의 이삭 전체가 하얗게 되고, 여러 줄기가 모여서 머리털이 허옇게 센 늙은이와 같은 '흰머리 형상'¹이 된다. 이 모습이 억새에게는 가장 아름다운 모습이지만, 3일을 넘기지 못하고 흰색의 솜털은 잿빛으로 변하고, 헝클어지면서 바람에 날려간다. 이것이 억새의 일생이다.

📖¹ "젊은 자의 영화는 그의 힘이요, 늙은 자의 아름다움은 백발이다"(잠 20:29).

■ 인간의 일생이다.

사람도 그날이 풀과 같고 피고 지는 들꽃 같아, 바람 한 번 지나가면 곧 시들어 그 있던 자리마저 알 수가 없게 된다. 그래서 사람마다, 인생이란 짧은 이야기 한 편씩을 남기고 이 세상을 떠나간다고 한다.

사람에게는 늙기 전에 누구에게나 보랏빛 시절의 청춘이 있다. 그때 사람들은 "청춘은 아름답다"라고 말하지만, 늙어진 후에 뒤돌아보면 청춘이라는 시절이 있기는 있었는지 기억조차 희미해진다. 사람들은 돈으로 모든 것을 살 수 있다고 하면서, 어디 청춘은 살 수 없는 것인가 하며 한번 억지를 부려본다. 그래서 옛사람의 말에 "금실로 지은 옷은 살 수 있지만, 청춘은 살 수가 없다"라고 했다.

▶ 늙음을 아쉬워하면서 화전가(花煎歌)를 부른다.

어: -화 세상 사람들아, 이 내 말씀 들어 보소.
부유 같은 천지간에 초로 같은 인생이라.
저 건너 저 산에 높고 낮은 저 무덤은,
천고 영웅 몇몇이며 절대 가인 그 누군인고,
우리들도 죽으면 저렇게 될 인생인데.
노세 노세 젊어 노세, 늙어지면 못 노나니,
놀음 중에 좋은 것은 화전밖에 또 있는가.
어: -화 우리 벗님네야, 화전놀이 가자구나. (이하 생략)

우리 인생은 젊어서는 "노자 노자, 늙어지면 못 노나니" 하지만, 그 젊음은 빨리 지나가고 어느 날 갑자기 인생이 늙었음을 직감한다.

▶그래서 백발가(白髮歌)를 부른다.

인생살이가 무상하구나!
백발이야 백발이야 그대 어이 백발인가
소년이 백발 되니 백발 보기가 더욱 서럽다.
백발아 너 짐작하여
더디 더디 내게 오는 것이 어떠하냐. (이하 생략)

늙어짐을 한탄하여 백발가를 불러보지만, 어느 날 갑자기 죽음이 내 곁에 다가와 있는 것을 알게 된다. 죽음은 누구에게나 피할 수 없는 운명이다. 그래서 옛사람들은 "너는 천년 만년 살 것처럼 행동하지 마라. 죽음이 지척에 있다. 살아 있는 동안, 할 수 있는 동안 선한 자가 돼라"고 말한다.

▶어느 날 갑자기 죽는다.

동안 백발의 낚시꾼 강태공도 죽음 앞에 손을 들었다.
사마천은 사람들의 죽음을 예고하면서, 많은 역사 기록을 남겼지만
자신의 죽음은 알지 못했다.
천지조화의 이변을 불러일으키고, 귀신이 헤아릴 수 없는
불가사의한 일을 행한 제갈공명도 죽었다.
그 유명한 명의 화타는 많은 병자를 고쳐주었지만
자신의 병은 고치지 못해 죽었다.
알렉산더 대왕은 그토록 자주 온 도시를 송두리째 파괴하고
싸움터에서 무수한 적을 섬멸했지만,
어느 날 자신도 죽었다.

▶상여에 실려 무덤으로 간다.

그때 너를 상여에 태워 가는 상여꾼들의 노래가 있다.
죽은 자는 상엿소리를 듣지 못하지만, 산 자는 그 소리를
듣고 죽은 자를 슬퍼한다.

간다간다 나는 간다.
사든 생각을 다 버리고 북망산천을 나는 간다.
백년 집을 이별하고 만년 집을 찾아간다.
황천길이 멀다더니 대문 밖이 황천이네
빈손으로 태어나서 빈손으로 돌아가네,
인제 가면 언제 올꼬 한 번 가면 못 온다네.
북망산천 얼마나 멀어 한 번 가면 못 오던고
하늘님도 무심하고 대왕님도 야속하다.

▶마을 사람들이 무덤을 보고 하는 탄식소리다.

*늙었다고 다 죽나, 젊었다고 다 사느냐?
저 건너 저 무덤이 다 늙었이 무덤인가.
아마도 초로인생이니 아니 놀고 어이하랴,
*낙양성 십 리 밖에 울퉁불퉁 저 무덤에, 만고 영웅이 누구누구
묻히었는고, 우리도 저리 될 인생인 그를 슬퍼하노라.

※ 이 항목의 결구이다.
모든 인간은 자유롭고, 언젠가 죽어서 무덤에 들어간다는
점에서는 모두가 평등하다.

3. 파스칼의 《팡세》는 신 없는 인간의 비참이다

모든 위대한 사상은 순수하고 흔한 것에서 발견이 된다. 억새는 산비탈이나 들판에 자라는 천하고 흔한 식물이다. 파스칼은 이 억새에서 인간의 처참한 모습을 발견했다. 그 결과 유명한 《팡세》란 명상록이 나오게 되었다.

인간은 자연에서 가장 연약한 억새이다.
그러나 인간은 생각하는 억새다.

그를 박살내기 위해 전 우주가 무장할 필요가 없다.
대수롭지 않은, 한 방울의 물이면 그를 죽이기에 충분하다.
그러나 우주가 그를 박살낸다 해도,
인간을 죽인 우주는 인간보다 못하다.
인간은 자기가 죽는다는 것을 알지만,
우주는 자기가 죽는다는 것을 모른다.
그러므로 인간의 모든 존엄성은 생각으로 형성된다.
생각은 위대한 것이다.

나무는 생각이 없다.
나무는 자기가 죽는다는 것을 모른다.
그래서 나무는 자기가 비참하다는 것을 모른다.

동물은 생각이 없다.
동물은 본능적으로 살아갈 뿐, 자기가 죽는다는 것을 모른다.
그래서 동물은 자기가 비참하다는 것을 모른다.

비참한 것은 인간뿐이다.
사람은 생각할 수 있기 때문에 본능적으로 살면서도,
언젠가는 죽는다는 것을 알고 있다.
죽는 것은 비참함이다.
인간의 위대함은 자신의 비참함을 아는 점에서 위대하다.

전도서는 신 없는 인간의 비극을 말한다.
솔로몬과 욥은 인간의 비참을 가장 잘 알았고
가장 잘 표현하였다. 전자는 가장 행복한 사람으로서,
후자는 가장 비참한 사람으로서,
전자는 경험을 통해 쾌락의 헛됨을 알았고,
후자는 불행의 실체를 알았다.

신 없는 인간은 비참하다.
숨은 신은 신이 아니다.
드러나고 볼 수 있는 신이 옳은 신이다.
그 신은 오직 예수 그리스도이시다.
예수 그리스도 밖에서는 신과의 어떤 교제도 불가능하다.

인간은 비참하다.
비참함은 인간에게 절망을 안겨준다.
절망의 늪에서 빠져나오는 방법은 오직 한 가지,
예수를 찾는 것이다.
이것이 '팡세'의 결론이다.

(파스칼의 《팡세》에서 저자가 자유롭게 인용한 것이다.)

» 죽음론(다): 결론 부분 (Ⅱ)
» 죽음론 (Ⅱ)
불자는 죽은 후에 윤회를 믿는다

불자(佛子)들은 역사의 흐름을 인과설(因果說)이라 한다. 어떤 행위와 그 후에 발생한 사실과의 사이에 원인과 결과의 관계가 있다는 것이다. 즉 한 현상은 다른 현상의 원인이고, 다른 한 현상은 그 결과가 된다는 것이다. 그렇기에 인연이 있으면 반드시 그 결과가 있다. 곧 선행을 하면 선의 결과가, 악을 행하면 악의 결과가 생긴다는 것이다.

이러한 인과설의 산물이 바로 윤회사상이다. 윤회는 중생이 해탈을 얻을 때까지 그의 영혼이 육체와 함께 업에 의하여 다른 생을 받아 끊임없이 생사를 반복한다는 내세관이다. 윤회사상의 뿌리는 브라만교에서 찾을 수 있다. 브라만교는 기원전 1500년쯤, 인도 아리아족의 신앙 모체였는데, 그들은 자연현상을 신격화하는 다신교였다. 기원전 600년경에는 브라만교의 반성과 비판으로 우파니샤드 사상이 생겼는데, 이는 자기 성찰로 해탈을 얻는다는 것이다. 즉 미혹의 정도와 깨달음의 정도를 말한다.

윤회설은 이 '우파니샤드' 문헌에서 비롯되어 대중에게 전파되었다. 또 이 사상을 바탕으로 하여 기원전 6세기 무렵에 자이나교와 불교가 탄생했다. 그 후에는 브라만교, 자이나교, 불교, 그리고 인도의 민간신앙 등이 융합된 다신교 형태의 힌두교가 생겼다. 힌두교는 인도인의 모든 생활방식을 지배했다.

불자들은 사람이 죽으면 이승에서 저승으로 간다고 한다. 불교에서는 사람이 사는 이 세상을 이승이라고 하고, 저승은 사람이 죽은 뒤에 그 혼령이 가는 곳이다. 그곳에서 새로운 인연을 만나서 태어난다는 것이다.

1. 불교의 십계

불교는 미(迷)와 오(悟)의 세계를 열 가지 종류로 나눈다. 이것을 십계(十界)라 한다. 얼마나 미혹했느냐, 얼마나 깨달았는가의 기준이다. 즉 중생에서 부처로 가는 열 가지 단계를 십계라 한다.

1) 지옥계 십계의 맨 밑바닥에는 악업을 지은 사람이 죽어서 가는 지옥계가 있다. 이 지옥에 떨어진 중생들이 가장 낮다.

2) 아수라계 지옥을 한 단계 벗어난 곳의 귀신이 있는 곳이 아수라계다. '아수라'라는 말은 싸우기를 좋아하는 귀신이다.

3) 아귀계 아귀들이 들끓는 곳이다. '아귀'란 말은 늘 굶주린 귀신이다.

4) 축생계 축생계는 악업의 응보에 따라 끌려온 짐승들의 세계이다.

5) 인간계 인간은 십계의 한가운데 중심축이다. 중생에서 부처가 되는 것이 인간 생의 목적이라면, 사람이야말로 부처가 되기에 가장 알맞은 위치에 존재한다.

6) 천계 평생토록 갈고 닦아 수행한 바를 따라 천상에 오를 때에 열게 되는 하늘의 첫 문이 천왕문이다. 천왕문을 들어서면 욕계(慾界)가 나온다. 육신을 벗고 하늘에 들었지만 아직은 욕심이 남아 있고, 또 그 욕심의 테두리 안에서 기쁨을 누리는 경우이다. 욕계는 욕심의 정도에 따라 여섯 하늘, 육천(六天)이 있다. 욕계 육천을 지나면, 그 위에 색계(色界) 십팔천(十八天)이 있고, 그 위에 무색계(無色界) 사천(四天)이 있다. 모두 합하여 28天이다.

7) 성문계 부처의 음성을 듣고, 곧 불교의 교설을 듣고 스스로 해탈하기 위해서 정진하는 자다.

8) 연각계 불교의 가르침을 듣고 도를 깨닫는 성문과는 다르게, 부처의 가르침에 의하지 않고 스스로 깨달음을 얻은 자다.

9) 보살계 부처에 버금가는 성인이다. 보리살타를 줄인 말이다. 이미 부처와 같은 경지에 든 지혜의 구도자이다.

10) 불계 석가모니는 84번이나 윤회했다고 한다. 84번째 인도 카필라 왕국의 왕자로 태어났다. 그는 왕자로 태어나기 전에 도솔천에 있었는데 이름을 호명보살이라 했다. 호명보살은 석가족이 사는 카필라국의 슈드 다니 왕과 마야 왕비를 부모로 정하고 있다가 시간이 되어 태어났다. 그는 사성의 보살계로 있다가 불계로 간 것이다.

2. 민담에 나오는 윤회 이야기

옛날에 어떤 곳에 한 양반이 살았다. 그는 재산도 많고 학식도 깊어 일찍 벼슬길에 올랐다. 그런데 그 양반과 결혼해서 잘 살던 아내가 어느 날 갑자기 집을 나갔다. 그는 아무리 생각해도 아내가 집을 나간 까닭을 알 수가 없었다. 며칠 후에 이 양반은 집에 일하는 머슴 하나를 데리고 아내를 찾아다녔다. 여러 날을 그렇게 돌아다니던 그는 어느 날 산골짝에서 길을 잃고 헤매다가, 어떤 초라한 오두막집으로 들어갔다. 그 집 남자는 숯을 구워서 먹고사는 숯장이였다. 그런데 뜻밖에도 집 나간 아내가 그 집에 있었는데, 숯장이 부인이 되어 있었다.

"오셨습니까?"

여자는 고개를 숙이고 인사를 했다. 이 양반은 그만 어이없는 표정을 짓고 할 말을 잊었다. 어쨌건 여자는 상을 차려 방에 들어왔다. 얼굴은 숯검정에 절었지만, 표정은 편안하게 보였다. 볼수록 기가 막힌 일이었다.

다음 날 아침 그 양반은 그 집을 떠났다. 산길을 걸어가면서 그는 아무리 생각해 보아도, 아내의 그런 행위를 알 수가 없었다. 한참을 걷다 보니 언덕 위에 암자가 보였다. 그는 암자에 들어갔다. 한 노승이 그 양반을 물끄러미 바라보았다. 그 사람은 노승에게 자기 아내 이야기를 했다.

"제 아내가 나를 떠나서 숯장이한테 간 이유를 도저히 알 수가 없습니다."

노승은 말했다. "그게 다 전생의 인연 때문이지요" 하고는 한순간 그를 쳐다보고는 말했다.

"손님께서는 전생에 어느 절의 스님이셨답니다. 아주 착한 분이셨지요. 길을 가면서 혹시라도 벌레를 밟지 않을까 길바닥을 보고 다닐 정도였지요. 한번은 스님이 길을 가다가 바위에 앉아서 쉬고 있었는데, 그때옷에서 이 한 마리가 기어 나왔지요. 스님은 잠깐 망설이다가 그 이를옷에서 떼어서 바위 아래 풀잎에 살짝 올려놓았지요. 그리고는 가던 길을 갔습니다. 얼마 후 그 바위 아래에 웬 멧돼지 한 마리가 와서 누웠답니다. 그러자 풀잎에 있던 이는 멧돼지 몸으로 기어서 들어갔지요. 멧돼지 몸으로 들어간 이는 평생 그 몸속에서 편안히 살다가 세상을 떠났답니다."

그 양반이 고개를 갸웃하면서 노승을 바라보자 노승이 웃으며 다시말했다.

"그때 그 멧돼지가 현생에 숯장이로 태어났고, 이는 여인으로 태어난것입니다. 여인은 한때 스님의 몸에 깃들었던 인연으로 손님의 아내가 잠시 되었지요. 하지만 스님이 이를 떼어서 내려놓았던 탓에 손님 아내로평생 머무르지 않고 떠나게 된 것입니다. 그리고는 저 숯장이 남편을 얻어서 전생에 자신을 평생 용납해 주었던 은공을 갚는 중이랍니다."

노승은 고개를 끄덕이는 양반을 보고 다시 말을 덧붙였다.

"손님은 전생에 살생을 안 하고 선한 일을 했으니, 한평생을 유복하게사실 겁니다."

그 양반은 산에서 내려오고 얼마 되지 않아 좋은 아내를 만나 행복하게 살았다.

» 죽음론(다): 결론 부분 (Ⅲ)

» 죽음론 (Ⅲ)
그리스도인은 죽은 후에 부활을 믿는다

그리스도인들은 역사의 흐름을 '하나님의 섭리'라고 한다. 그것은 세상의 모든 것을 다스리는 하나님의 뜻을 말한다. 한 개인의 일이나, 한 가정의 일이나, 한 나라의 일이나, 온 세상에서 일어난 모든 사건은 하나님이 세상을 다스리는 뜻이라는 것이다. 이러한 일의 한 측면에는 하나님의 구원도 포함되어 있다. 그것은 하나님께서는 세상 모든 사람을 구원하기 위해, 예수 그리스도를 이 세상에 보내 주셨기 때문이다. 그래서 그를 믿는 사람은 누구나 구원을 얻게 하였다. 그 구원은 곧 영생이다.

구약성경의 창세기, 출애굽기, 레위기, 민수기, 신명기 등을 모세오경이라 한다. 유일신관을 가진 유대교, 그리스도교, 이슬람교는 모두 여기에 근거한다. 또 창세기는 '모든 교리와 신앙의 모태'라고도 했다. 우선 창세기에는 철저한 유일신관이 계시된다. 히브리인의 조상 아브라함은 유일신관을 견지했고, 이를 지키면서 다신교 세계를 유랑하였고, 그 신관을 그의 자손에게 전했다. 그 자손들은 오랜 시기를 통해 이를 고수하면서 전 세계에 전하였다. 그것이 히브리 민족이 인류에게 바친 비길 수 없는 공헌이다.

1. 죽음은 어느 날 갑자기 다가온다

죽음은 마치 새들이 공중에 날개를 펼치며 날아가다가, 어느 날 유리창에 비친 나무가 자연 상태의 숲으로 착각을 일으켜 그곳으로 날아가다가 목이 부러져 죽는 것과 같다(이는 저자의 생생한 증언이다). 새는 그날 아침 그 숲속으로 날아가다가 자기가 죽는다는 것을 전혀 모르고 날개를 펼쳐 공중을 훨훨 날았다.

이처럼 사람의 죽음도 우연적이고 돌연적이라는 것이다. 그러나 그것은 인간의 관점에서 그렇고 하나님 편에서는 확실한 예정이다. 또한 세상의 종말인 그리스도의 재림의 날도 그와 같이 홀연히 온다고 하였다.

천지만물은 하나님의 창조물이다. 그 가운데 인간을 만물의 영장이라고 하지만 그 영장도 단명이다. 천지만물 중에 영원한 것은 없다. 영원한 것은, 그 천지만물을 창조하신 하나님 한 분뿐이다.

그래서 나도 죽고, 너도 죽고, 모두가 죽는다. 그러나 사람들은 마치 자기가 죽지 않는 것처럼 살아간다. 누구든지 '나는 죽는다' 하는 것을 알고 있어야 한다.

어떻게 알고 있어야 하는가? '나는 죽는다. 그러나 언제 어떻게 죽는지는 모른다.' 이렇게 알고 있어야 한다. 한 번 더 되풀이하면, 죽는 것은 알아야 하고, 죽는 내용은 모르는 것이 좋다.

2. 부활 신앙을 믿는다

죽은 사람이 어떻게 부활하는가?

고린도 교인들은 "죽은 자의 부활은 없다"라고 했다.

이는 헬라사상의 산물이기 때문이다.

고대 헬라 사람들은 모두가

영혼은 죽지 않는다는 영혼 불멸설을 믿었다.

그렇지만 육체의 부활은 믿지 않았다.

이에 바울은 "예수께서 십자가에서 죽으시고,

사흘 만에 부활하셨다"라고 맞받아쳤다. 그리고 나서 바울은,

그리스도의 부활이 신자 부활의 근거가 되는 것도 밝혔다.

먼저 아담으로부터 모든 사람이 죽은 것같이,

그리스도로부터 모든 사람이 살게 된다는 것이다.

그리스도의 죽음은 그 자신의 죽음이 아니고,

우리들 전체의 죽음을 대신하는 죽음이다.

그리스도의 죽음 속에 우리 자신의 죽음도 포함되어 있다.

그리고 죽음과 마찬가지로 부활도 그렇다.

고린도전서 15장 20절에 "이제 그리스도께서 죽은 사람들 가운데서

살아나셔서 잠든 사람들의 첫 열매가 되셨도다" 하는 것은

그리스도의 부활 속에 우리의 부활도 포함되어 있다는 뜻이다.

신자의 부활은 그리스도께서 공중 재림하실 때이다.

그때 죽은 자가 먼저 부활하고,

그다음에 살아 있는 사람은 죽지 않고,

살아 있는 상태에서 몸의 변화를 받는다.

죽은 자의 부활체나, 산 자의 몸이 변화하는 것을 영체라고 한다.

이 영체는 부활하신 주님의 몸과 같다.

그러면 영생이란 무엇인가?

하나님은 영원 속에 계신다.

그 영원 속에 계시는 하나님에게로 가는 것이다.

그곳에 가서 내가 하나님과 합하는 것이 곧 영생이다.

이런 하나님의 계시에 응답하는 인간의 반응은

오직 믿음뿐이다.

그 믿음의 대상은 독생자 예수 그리스도이시다.

이 계시와 신앙이 결합하는 결과는 영생을 얻는 데 있다.

우리는 오직 그리스도를 믿는다.

이 믿음 속에서 우리는 죄를 용서받고, 구원을 얻는다.

그것이 영생에 들어가는 길이다.

3. 구원을 받은 자는 죽음도 겁나지 않는다

구원받은 무디는 죽으면서 말하기를 "땅은 물러가고 하늘은 열린다"라고 하였다. 또 웨슬리는 죽으면서 말하기를 "가장 좋구나! 하나님이 함께 하심이여"라고 했다. 또 "만세 반석 열리니 내가 들어갑니다"라는 찬송가를 지은 토플라디는 죽으면서 말하기를 "나는 나의 영혼 속에 벌써 천국 맛을 본다"라고 하였다.

달링톤은 임종 때 문병 온 사람들이나 가족들에게 우스갯소리를 하다가 죽었다. 유명한 주석가 벵겔은 죽음에 대하여 말하기를 "나는 죽음에 대하여 새삼스러운 광경을 느낄 필요가 없다고 생각한다. 나는 마땅히 그렇게 살다가 그렇게 죽을 것이다. 죽음이 온다면 그것은 생활 프로그램의 한 부분이다"라고 하였다.

그는 또다시 말하기를 "나는 죽을 때에, 마치 사무 관계로 인하여 이 방에서 저 방으로 건너가는 것과 같이 할 것이다"라고 하였는데, 과연 그는 자기의 말과 같이 죽었다. 그는, 《그노몬》(Gnomon)이란 신약 주석 마지막 페이지 교정을 보고 나서 갑자기 세상을 떠났다.

제3부

부활론

» 부활론(가): 서론 부분 ①
» 부활론 ①
  고린도전서 이야기

1. 고린도전서를 기록한 장소는 에베소이다

☞ 2차 전도여행의 끝부분이다.

바울은 그 후에 아굴라 부부와 함께 고린도에서 에베소로 갔다. 그곳에 그들 부부를 남겨 두고, 그는 뱃길을 이용해서 가이사랴를 거쳐 선교의 본거지인 안디옥으로 갔다. 그것은 2차 전도여행의 마침표를 찍는 것이었다(2차와 3차 여행은 서로 연결이 된다).

☞ 3차 전도여행의 시작 부분이다.

바울은 얼마 동안 안디옥에 있다가 그곳을 떠나 갈라디아 지방과 부르기아 지방을 차례로 다니면서 제자들을 만났다. 그 후 에베소에 이르렀다(행 19:1). 바울은 회당에 들어가서 석 달 동안 하나님 나라에 관하여 강론하고 권면하였다. 하지만 그들의 일부가 거부하면서 무리 앞에서 이 도를 비방함으로, 바울은 그곳을 떠나 두란노서원에서 날마다 강론하였다. 이 일을 두 해 동안이나 하였다. 그 기간에 아시아에 사는 사람은 유대인이나 헬라인이나 모두 주의 말씀을 들었다(행 19:8-10).

그렇게 바울의 에베소 체류 기간은 3년이나 된다(행 20:31). 이 기간에 고린도전서를 썼다.

(회당 3개월, 두란노 2년, 이후 얼마 동안을 합쳐서 에베소 체류 기간은 3년이다. 이 기간에 단지 에베소 교회만 설립한 것이 아니고, 아시아 지역에도 복음이 전파되어 골로새 교회(골 1:1-2), 라오디게아 교회(골 4:13), 소아시아의 7교회(계 1:4)가 이때 설립된 것으로 추정된다).

2. 에베소라는 근거는 다음과 같다

바울의 3차 첫 계획은 에베소에서 바닷길로 고린도에 가고, 그곳에서 육로로 북상하여 마게도냐로 갔다가 그곳에서 다시 고린도로 남하한다는 계획이었다. 이 내용은 잃어버린 고전전(前前書)에 있었을 것이다(고전 5:9). 그러나 바울의 3차 여행의 경로는 안디옥 → 다소 → 갈라디아 → 브루기아 → 에베소…였다.

바울은 3차 전도여행 중이다. 그는 에베소에서 2년을 지냈고, 당시는 3년째 되는 해 봄이다. 그는 그해의 연말에 고린도로 가겠다고 그 교회에 전갈을 보냈다. 그 내용은 바울이 에베소에서 고린도로 가는 여행경로와 그 시기를 말한 것이다.

[근거 ①] "내가 마게도냐를 지날 터이니 마게도냐를 지난 후에 너희에게 가서 혹 너희와 함께 머물며 겨울을 지낼 듯도 하니 이는 너희가 나를 내가 갈 곳으로 보내어 주게 하려 함이라…내가 오순절까지 에베소에 머물려 함은"(고전 16:5-8).

전갈의 끝부분에 '내가 오순절까지는 에베소에 머물러 있겠다'고 한다. 이 구절은 '고린도전서'의 저작의 시기와 장소를 알려준다. 그때 바울은 3

년째 되는, 오순절이 다가오는 때라고 했다. 오순절이란 유월절 다음 날부터 50번째 날이다. 유월절은 유대월(月) 니산월(3~4월)이고, 현재월(月)로는 7월쯤이다. 그 무렵은 한국에서는 여름이지만, 에베소에는 봄이다. 아마 유월절 경이라고 본다. 그래서 고린도전서를 기록하면서 이 어구를 넣은 것이다.

[근거 ②] "너희는 누룩 없는 자인데 새 덩어리가 되기 위하여 묵은 누룩을 내버리라 우리의 유월절 양 곧 그리스도께서 희생되셨느니라 이러므로 우리가 명절을 지키되 묵은 누룩으로도 말고 악하고 악의에 찬 누룩으로도 말고 누룩이 없이 오직 순전함과 진실함의 떡으로 하자"(고전 5:7-8).

유월절과 누룩에 대하여 말한 것을 보면, 고린도전서를 기록한 때가 유월절 준비 기간인 것을 암시한다.

※ 결론이다. '근거 ①'은 고린도전서의 저작 시기를 바울의 에베소 체류 기간의 마지막 연도인 것을 확실하게 밝혀주고, '근거 ②'는 저작의 때가 유월절 전후의 어느 시점인 것을 말한다. 그래서 바울의 에베소 체류 기간을 53~57년 사이라고 한다면, 55년의 유월절의 이른 봄이라는 것이 가장 유력한 견해이다. 결국 바울의 에베소 체류 기간은 55~57년이라고 규정할 수 있다.

그리고 본서를 가지고 고린도로 간 사람은, 고린도 교회의 문제점을 가지고 온 스데바나, 브드나도, 아가이고 등 3인이다(고전 16:17-18).

☞**고린도 교회의 교인들의 의문점들이다.**
고린도 교회의 문제점은 그들이 가지고 온 직접적인 서신의 내용과 소문으로 들리는 문제점들이다. 그것은 (ㄱ) 당파 문제 (ㄴ) 불륜 사건 (ㄷ) 소송 사건 (ㄹ) 혼인 문제 (ㅁ) 우상의 제물 문제 (ㅂ) 부인의 수건 문제 (ㅅ) 성찬에 관한 문제 (ㅇ) 성령 은사의 문제 등이고, 이제 마지막으로 (ㅈ) 부활이라는 큼직한 제목도 있었다.

그들은 '죽은 사람이 부활한다'는 말을 듣기는 들었는데, 아직도 그 말에 대한 믿음은 온전하지 않았다. 그래서 그들은 아마 마음속으로 '죽은 자가 어떻게 부활한단 말인가' 하는 의심을 했을 것이다. 앞쪽 문제들은 현재의 일이요, 부활론은 미래의 일이다. 전자는 표면적으로 드러난 일들이고, 후자는 이면적으로 숨겨진 일이라서 그렇게 생각했을 것이다.

☞그 의문점에 대한 바울의 답변이다.
고린도로 보낸 바울의 답장이 고린도전서의 내용이다.

» **부활론(가): 서론 부분 ②**
» **부활론 ②**
   고린도후서 이야기

1. 고린도후서는 마게도냐에서 기록하였다
☞ **1) 3차 전도여행의 중간 부분이다**(행 20:1-6).

바울은 에베소에서 3년간이나 있다가 제자들과 작별 인사를 하고 마게도냐로 향했다. 그는 드로아에서 배를 타고 *¹ 마게도냐에 도착했다. 바울은 그곳에 도착하여 앞서 전도한 빌립보, 데살로니가, 베뢰아 지역을 다니면서 제자들을 격려하였다. 이 마게도냐에서 고린도후서를 썼다. (아래 2. 항목 참고)

그다음 *² 고린도에 이르렀다. 거기서 그는 석 달을 지냈다. 이 기간에 로마서를 기록하였다. 그 후에 바울은 배로 수리아로 가려고 했는데, 유대 사람들이 그를 해치려는 음모를 꾸미므로 마게도냐를 거쳐서 돌아갔다.

☞ 2) 3차 전도여행 중에 바울에게는 두 가지 고민이 생겼다. 하나는 고린도 교회의 분쟁이고, 다른 하나는 예루살렘 교회의 가난한 성도를 돕는 일이다. 이방인 교회에서 구제금을 모아 그것을 가난한 교회에 보내주는 것이 당시 관례였다. 예루살렘 교회에는 빈민층 신자가 많았다(고전 16:1-4; 고후 8:1-9).

고린도 교회의 문제점을 듣고 난 바울은 디도를 그곳에 해결사로 보내어 문제를 해결하도록 했다. 그리고 그 결과를 드로아에서 만나서 듣기로 하였다. 그러나 바울이 드로아에 갔을 때 디도를 만나지 못하였다.

2. 마게도냐라는 근거는 다음과 같다

¹ **마게도냐에서 고린도후서를 기록하다.** 바울은 에베소에서 환난을 당하고, 드로아에서 실망하고, 마게도냐에서 처음엔 초조한 마음을 가졌지만 이후 디도를 만나 기쁨을 얻었다(고후 7:6). 그것은 고린도 교회가 분쟁에 휘말렸다가 그 일이 수습되었다는 소식을 들어, 바울과 고린도 교회 간의 화해에 대한 기쁨이었다. 이 기쁨이 고린도후서를 기록하게 된 동기였다. 고린도전서는 서기 55년 봄에 썼고, 고린도후서는 55년 말경에 쓰었다.

² **고린도에서 바울은 석 달을 지냈다.** 그곳은 가이오 집의 한 객실이었다. 이 기간에 로마서를 기록한다(롬 16:23). '가이오'란 이름은 성경 중 서너 곳에 나온다. 바울이 우거하는 집의 가이오는 고린도전서 1장 14절의 가이오이다(그는 바울에게 세례를 받았다). 바울은 그 집의 한 객실에서 묵었고, 한편 그 집이 고린도 교회이기도 하였다. 가이오는 그곳에 오는 모든 사람에게 식주인(食主人)이었다.

* 바울이 에베소에서 로마 전도에 대한 계획을 발표하다.

바울이 에베소에서 3년간 있을 때였다. 그는 에베소 전도가 성공적으로 진행되는 어느 날 이런 말을 했다. "나는 조만간에 마게도냐와 아가야를 거쳐 예루살렘으로 갈 것이고, 그 후에 로마에도 꼭 가 보아야 하겠다"(행 19:21-22).

바울이 로마에 가려고 한 것은 그의 오래된 숙원이었다(롬 1:10-15 등). 그 계획은 이때 발표가 되었지만, 이 소원은 벌써 오래전부터 그의 마음에 싹터 있었다. 당시 세계의 대수도인 로마는 누구나 가고 싶어 하는 곳이었다. 정치가는 권력을 잡기 위해, 군인은 천하를 호령하기 위해, 상인은 돈 벌기 위해, 노예들은 피신하기 위해 그곳으로 향했다. 그러나 바울은 복음을 전하기 위해 로마에 가려고 했다. 왜냐하면 예수께서 승천하시기 직전에 제자들에게 남긴 말씀 때문이다. 그것은 "오직 성령이 너희에게 임하시면 너희가 권능을 받고 예루살렘과 온 유대와 사마리아와 땅끝까지 이르러 내 증인이 되리라" 하신 이 말씀을 실천에 옮기기 위함이었다.

[로마서] 로마서는 신약성경, 혹은 그리스도교 신학을 대표한다는 것은 이미 공인된 사실이다. 또 로마서는 측량할 수 없는 깊이를 가진 신학이다. 어거스틴, 루터, 칼뱅 등 위대한 지성들은 자기들이 알고 있는 신학의 깊이보다 로마서의 깊이가 더 깊다는 것을 알게 되었다고 말한다.

로마서의 위치가 이같이 중요하므로 본서의 주해에도 중요시되어왔다. 아마 로마서의 주해역사는 그대로 신약성서의 주해사로 보아도 대과(大過)가 없을 것이다. 그러므로 로마서의 연구는 그리스도교 역사와 함께 걸어왔다. 모든 신학자는 다 본서에 관심이 집중되어 있었으므로 그 자료는 한정이 없다.

그 옛날 바울이 고린도의 한 객실에서 불과 수일 내에 집필한 본서에,

이런 깊고도 넓은 내용이 들어 있다는 것에, 성령의 역사를 느끼지 않을 수 없다. 가이오는 그때 이 위대한 서신의 산실을 제공함으로 그리스도교 역사에서 영원한 공헌을 끼친 것이고, 또한 그리스도교 역사에 영원히 남는 공적을 쌓은 것이다. 그 시기는 58년 겨울부터 59년 봄에 이르는 기간이었을 것이다.

　　※그리스도 안에 있는 사람의 모습이다.
　　⇨ 고후 6:8b-10
　　8b 속이는 자 같으나 참되고,
　　9 무명한 자 같으나 유명한 자요.
　　죽은 자 같으나 보라 우리가 살아 있고,
　　징계를 받는 자 같으나 죽임을 당하지 아니하고,
　　10 근심하는 자 같으나 항상 기뻐하고,
　　가난한 자 같으나 많은 사람을 부요하게 하고,
　　아무것도 없는 자 같으나
　　모든 것을 가진 자로다.

» **부활론(가): 서론 부분 ③**
» **부활론 ③**
　사도 요한과 성모 마리아의 관계

1. 사도 요한과 마리아는 어떤 관계인가?

"가나에 혼인 잔치가 있었다. 예수의 어머니가 거기에 계셨고, 예수와 그의 제자들도 그 잔치에 초대를 받았다. 그런데 포도주가 떨어지니 예수의 어머니가 예수에게 말하기를 '포도주가 떨어졌다' 하였다"(요 2:1-3).

사도 요한은 '마리아'의 이름을 결코 말하지 않는다(요 2:12 등). 그러나 '요셉'의 이름은 나타낸다(6:42). 요셉이 그곳에 없는 것을 보면, 그는 벌써 죽은 것으로 보인다. 성모가 이곳에 있고, 또 중요한 역할을 한 것을 보면 (2:3), 그는 신랑과 특수한 관계에 있는 듯하다. 이 신랑이 마리아의 이질 (姨姪)이면서 요한복음의 저자라는 것이 거의 확실하지만 확인이 안 된다. 예수는 이종사촌인 사도 요한의 결혼식에 온 것이고, 마리아는 그의 자매 인 살로메의 아들인 요한의 결혼식에 온 것이다.

- 예수의 가계도
요셉 × 마리아 → 예수,
  그의 아우로는 야고보, 요셉, 시몬, 유다가 있다(마 13:55).
- 요한의 가계도
세베대(부) × 살로메(모) → 사도 요한(弟), 야고보(兄)
㉠ 마리아와 살로메는 자매(姉妹)간이다.
㉡ 야고보와 요한은 주님과 이종(姨從)사촌이다.
㉢ 요한은 마리아를 이모(姨母)라 부른다.

2. 십자가 아래에서 주님의 최후를 지켜본 사람들이다

⇨ [막 15:40]이다.
"여자들도 멀찍이서 지켜보고 있었는데, 그들 가운데는 ¹ 막달라 마리 아와 ² 작은 야고보와
  ³ 요세의 어머니 마리아도 있고, ⁴살로메도 있었다."

¹ 베드로가 남자 중 수제자인 것처럼, 그녀는 여자 수제자이다.

² '작은 야고보'는 알패오의 아들 야고보이다(막 3:18).

³ 요세의 어머니 마리아는 글로바의 아내 마리아이다(요 19:25).

⁴ 살로메는 야고보와 요한의 어머니이고, 예수의 이모이다(요 19:25).

⇨ [요 19:25-27]이다.

"예수의 십자가 곁에는 예수의 어머니와 이모와 글로바의 아내 마리아와 막달라 마리아가 서 있었다. 예수께서 자기 어머니와 그 곁에 서 있는 사랑하는 제자를 보시고, 어머니에게 '어머니, 이 사람이 어머니의 아들입니다' 하고 말씀하시고, 그다음에 제자에게는 '자, 이분이 네 어머니이시다' 하고 말씀하셨다. 그때부터 그 제자는 그를 자기 집으로 모셨다."

마리아의 노후에 대해서는, 요한이 그를 예루살렘에서 모시고 살다가 11년 후 그의 나이 59세 때에 죽어 지금 겟세마네 동산 입구에 있는 동정녀의 무덤에 묻혔다는 전설이 있고, 또 하나는 요한과 더불어 에베소에 가서 살다가 거기서 죽었다는 전설이 있다. 후설에 무게가 실린다.

그런데 무엇 때문에 마리아에게는 다른 네 아들이 있는데(마 13:55) 요한에게 가야 했느냐 하는 것이다. 이 문제에 대하여 가톨릭은 주님의 네 동생은 주님의 이복형제, 곧 요셉의 전처소생이라고 주장한다. 그러나 요한이 마리아의 이질인 것과 하나님의 뜻을 행하는 자가 주의 형제라 하신 말씀에 해답이 있을 것이다(막 3:35).

에베소에는 예수의 어머니 마리아와 사도 요한의 족적이 남아 있는 곳이다. 이미 언급한 바와 같이, 예수께서 십자가 위에서 사랑하는 제자를 보고 어머니에게 "어머니, 이 사람이 어머니의 아들입니다" 하고 말씀하시고, 그다음에 제자에게는 "자, 이분이 네 어머니이시다" 하고 말씀하셨다. 그때부터 그 제자가 자기 집으로 모셨다.

주께서는 하나님의 아들로서 성부의 뜻을 끝까지 복종하셨고, 또한 마리아의 아들로서 끝까지 그 어머니의 신변을 돌보셨다. 초대 교회의 전승에 따르면 주님의 부탁을 받은 요한은 마리아를 모시고 에베소로 갔다. 마리아는 그곳에서 노년을 지내다가 생을 마쳤다. 서기 431년 에베소에서 열린 종교회의는 이 사항을 공식 입장으로 채택했다고 한다.

지금도 에베소에는 성모 마리아 교회의 유적이 남아 있다. 콘스탄티누스 황제 시대부터 존재한 이 교회에서 종교회의가 열렸던 것으로 추정된다.

에베소에 남아 있는 또 하나의 교회 유적은 사도 요한 교회이다. 서기 500년대 중엽에 요한의 무덤이라고 전해지는 장소에 세워진 교회이다. 그곳에서 발굴된 유적은 지금도 남아 있다.

3. 요한이 밧모섬으로 유배가다

초대교회를 탄압한 황제는 5대 네로(재위 A.D. 54~68)와 8대 도미시안(도미티아누스, 재위 A.D. 81~96)이었다. 네로의 박해는 폭풍처럼 무서웠으나, 그것은 광적이고 국부적으로 그쳤다. 그러나 도미시안은 치밀한 조직성과 교활성 속에 종교가 사회에 미치는 효능을 알고 있었다. 그는 자신을 신으로 믿게 하는 황제예배를 통해 제국 내의 정신계를 지배하려고 했다. 그리스도교의 신앙은 금지되는 법령이 공포되고, 황제예배를 강요당했다. 또한 소아시아 교회에는 내적인 적(敵)도 있었다. 곧 니골라당으로, 일종의 세속화주의자들의 무리였다. 그들은 이교사회와 교제하고 교화를 주장했다. 그들은 황제예배를 받아들이자고 주장했다.

이 무렵 도미시안 황제(A.D. 95년) 때, 사도 요한은 에베소에서 '예수에 대한 증언 때문에' 잡혀 밧모섬으로 유배되었다(계 1:9). 요한이 그곳에 있을 때, 주일날 성령에 감동되어 계시자이신 예수님의 형상이 나타나고, 그가 요한에게 명하신 말씀을 기록한 것이 계시록 내용이다. 사도 요한은 넬바 황제(재위 A.D. 96~97년) 때에 에베소로 돌아왔다. 계시를 받은 곳에서 그 기록을 하였는지, 에베소에 돌아와서 했는지는 알 수가 없다. 후자일 가능성이 높다.

현대 세계문화는 서구문화에서 발전하였고, 그 서구문화의 모체는 히브리인의 종교와 그리스인의 문화와 로마인의 법이었다. 히브리인이 일찍이 여호와 하나님의 계시를 받아 유일신관을 확립하였고, 고대 다신교의 물결 속에서도 고고히 그 신앙을 견지하다가 그리스도교의 형태로 세계적 종교와 문화로 이끌었다는 것은 그들이 인류에게 끼친 큰 공헌이었다.

그리스는 민주정치가 최초로 실현된 곳이고, 또 철학의 발상지였다. 그리스 문화의 바탕은 철학적인 사상이었다. 그들의 사상은 사변적(思辨的)이었다. 그것은 생각으로 사물의 옳고 그름을 판단하는 것이다. 다시 말하면 경험에 의하지 않고 순수하게 이론적인 것이다. 고린도인들의 사상은 그들의 역사적 및 지리적 배경을 통해 짐작할 수가 있다. 그들은 삼면이 바다에 둘러싸이고 한 면은 육지에 이어진 반도 국가로, 또한 도시국가로 할거(割據)하여 온 영향으로 극히 분파적이었다.

대륙 국민의 자긍심, 도서 국민의 배타적인 성격, 그리고 반도 국민의 분파주의 이런 논리는 세계를 통한 일반적 심리였다. 고린도 교회는 많은 문제를 만들어 설립자 바울을 괴롭혔고, 그것이 고린도전·후서와 같은 큰 서신이 쓰인 동기가 되었다.

1. 바울은 고린도 교회를 세웠다

고린도 교회(church in Corinth)의 설립자는 말할 것도 없이 사도 바울이다(고전 4:15). 바울의 고린도 전도 상황은 '사도행전 18:1-18'에 있다. 그것은 그의 제2차 전도여행 때였고, 서기 50년으로 짐작된다. 바울은 아테네를 거쳐서 이곳에 왔다. 그가 고린도에 왔을 때 그는 두렵고 무척 떨렸다고 했다. 그것은 고린도의 번창과 죄악상에 심적인 억압을 받았고, 아테네에서 철학적 변론을 통한 전도가 실패한 것에 대한 심적 불안이었다.

그러나 바울은 외적인 억압을 받는 중에도 동업자를 만났다. 그는 본도에서 태어난(a native of Pontus) 아굴라라는 유대 사람이었다. 그는 얼마 전에 그의 아내 브리스길라와 이달리야에서 왔는데, 바울과 생업이 같았다. 바울은 그들의 집에 묵으면서 함께 일했다. 바울은 안식일에 회당에서 유대인을 상대로 전도에 힘썼다. 그러나 그들의 격렬한 반대에 부딪혀 전도는 중단되었다.

바울은 그곳에서 나와서 디도 유스도라 하는 사람의 집으로 갔다. 그는 로마 사람인데 유대교로 개종하였다. 그의 집은 바로 회당 옆에 있었다. 바울은 디도 유스도라 하는 이방인 신자의 집에서 하나님의 말씀을 가르치면서 1년 6개월 동안 그곳에 머물렀다. 그 기간에 그는 고린도를 중심으로 겐그레아, 아가야 지역에서도 전도하여 많은 이방인 신자들을 얻었고, 이것이 고린도 교회의 터전이 되었다. 고린도 교회의 신도들은 자연히 이방인이 많았다. 그들 중에는 일부 부유한 사람들도 있었으나 대부분은 서민들이었다.

2. 그들은 죽은 자의 부활이 없다고 했다

고린도인들의 사고방식은 사변적이었다. 판단을 경험에 의지하지 않고 순수한 사유만으로 인식에 도달하는 것이다. 이런 생각은 그들의 조상들로부터 내려온 철학적인 관념 때문이다. 헬라에는 철학의 시조라고 일컫는 탈레스에서 시작하여, 소크라테스, 플라톤, 아리스토텔레스 등의 유명한 철학자가 있었다. 이들은 모두가 사람이 죽으면 죽는 것이지, 죽은 사람이 다시 살아나지 못한다는 '논리적인 사유'를 한 것이다.

그러나 그들은 '영혼은 죽지 않는다'고 했다. 육체의 부활은 믿지 않았지만 영혼은 사람의 육신이 죽어도 육신을 따라서 죽는 것이 아니고 따로 분리가 되어 살아남는다는 것이다. 이것이 '영혼 불멸설'이다.

또한 아테네에서는 주전 300년쯤 사이프러스(Cyprus)의 제노(Zeno)라는 사람이 '스토아주의'(stoa)를 주장했다. 이는 그때부터 로마 시대까지 그리스 철학의 한 줄기로서 많은 사람들이 지지했다. 세계는 보편적 로고스(Logos, 이성)에 의하여 합목적(合目的)으로 '세상만물이 지배되고 있다'는 '자연의 법칙'에 바탕을 둔 것이다. '자연현상을 따라 살다가 죽으면 그것이 끝'이라는 사상이다. 이 학파를 따른 자들로 클레안테스, 파나이티오스, 세네카, 에픽테토스 등이 있었다.

그들의 생각은 이러했다. 가령, 개나리는 삽목이 잘되는 식물이다. 살아 있는 개나리 줄기를 잘라서 꺾꽂이하면, 그 개나리 줄기에는 잎이 돋아나서 다른 개체가 된다. 그러나 이미 죽어버린 개나리 줄기를 삽목하면 살아나지 않는다는 것은 너무나 뻔-한 사실인데, 죽은 가지가 어떻게 살아난다는 말인가 하는 것이 사변적 인식이다(:- 이는 길게 발음한다). 그래서 죽은 자의 부활이 없다는 것이다. 그러나 사도 바울이 말하는 부활이란, 전적으로 재림하시는 그리스도의 권능에 따른 것이다. 이 권능은 오직 믿음으로만 가능한 일이다.

고린도전서를 기록한 장소와 동기에 대해서는 앞쪽의 '고린도전서 이야기'에서 이미 언급을 했지만, 이 단원의 중요성 때문에 한 번 더 반복한다. 고린도전서가 기록된 곳은 에베소이고, 그것이 쓰이게 된 동기는 고린도 교회의 교인들의 문제점 때문이다.

바울은 3차 전도여행 때 에베소에서 3년간 머물러 있었다. 그 3년의 마지막 해(서기 55년)에 고린도 교회에서 세 사람이 그 교회의 문제점을 가지고 바울을 찾아왔다. 그들은 스데바나, 브드나도와 아가이고 등 3인이다 (고전 16:17). 그 문제점들은 그들이 가지고 온 서신에도 들어 있지만, 그들이 오기 전에 인편으로 들은 문제점도 있었다.

▶고린도 교회 교인들의 의문점들이다.

그것은 (ㄱ) 고린도 교회의 분열상 (ㄴ) 음행에 대한 소문 (ㄷ) 소송 사건 (ㄹ) 혼인에 관한 문제들 (ㅁ) 우상에게 바친 제물 문제 (ㅂ) 여자가 머리에 쓰는 너울 문제 (ㅅ) 성찬에 관한 문제 (ㅇ) 성령 은사의 문제 등이었다.

그들은 '죽은 사람이 부활한다'는 말을 듣기는 들었는데, 아직도 그 말에 대한 믿음은 온전하지 않았다. 그래서 그들은 아마 마음속으로 죽은 자가 어떻게 부활한단 말인가 하는 의심을 했을 것이다. 앞쪽 문제들은 현재의 일이요, 부활론은 미래의 일이다. 전자는 표면적으로 드러난 일들이고, 후자는 이면적으로 숨겨진 일이라서 그렇게 생각했을 것이다.

그 의문점에 대한 바울의 답변의 내용이 바로 '고린도전서'이다.

» **부활론(가): 서론 부분 ⑤**
» **부활론 ⑤**
　　고린도전서의 부활론 갈래

고린도전서 15장은 바울서신 중에서 그 아름다움과 중요성이 탁월하다. 슬픔을 당한 사람에게 본장의 말보다 더 위로를 준 말은 인간의 기록 중 아직 없을 것이다. 사랑을 논한 13장은 보편적 인간애로 널리 알려진 것이나, 15장은 인간 구원에 대한 최고의 역사적 특징을 가진다. '예수의

'부활'은 초대교회의 선교에서 상대에게 가장 먼저 이르게(reach) 하는 증언을 나타내는 단어다. 부활의 의의는 복음서가 아니라, 고린도전서 15장에서 얻어진다.

고린도전서 15장은 부활론을 목표로 하여 조직된 것으로, 이는 고린도전서의 최고봉에 해당된다. 교리는 교회의 존재에 있어 생명적 요소이다. 그래서 어떤 의미에서 교리와 동일시되는 것이다. 부활론은 앞쪽의 문제처럼 고린도 교회의 직접적인 질문에 의한 것이 아니다. 문장 중에 "…너희에 대한 말이 내게 들리니"(고전 1:11)라는 어구가 없기 때문이다.

예수께서 부활하셨다는 사건은 사복음서에 모두 기록되어 있다. 마태복음 28장, 마가복음 16장, 누가복음 24장, 요한복음 20-21장이다. 사복음서의 부활 내용은 예수께서 부활하신 역사적 사건이지만, 고린도전서 15장은 '부활은 무엇인가?'라는 교리를 나타낸다. 그것은 '부활에 대한 일대 논문'이다.

그러나 고린도 교회에는 부활에 관하여 적어도 두 가지 질문이 공공연하게 드러났다. 하나는 죽은 자 가운데서 부활은 없다(15:12)고 하는 것이고, 다른 하나는 만약 부활이 있다고 한다면 '죽은 사람이 어떻게 살아나며, 그들은 어떤 몸으로 오느냐' 하는 것이었다(15:35).

헬라인들은 영혼의 불멸에 대한 관념은 철저했으나 육체의 부활은 믿지 않았다. 부활이란 십자가 이상으로 그들에게는 어리석은 이야기였다.

그러므로 바울은 본서의 마지막 부분에 그의 총력을 기울여 부활에 관한 일대 논문을 기록하였다. 실로 그 필치는 로마서의 풍치를 느끼게 하면서 이론적이고 조직적이다. 이 장의 내용은 위의 두 질문에 따라 크게 양분된다. 하나는 부활의 확실성이고, 다른 하나는 부활하는 몸의 성격이다.

1. 부활의 확실성을 논한다(고전 15:1-34)

▶ 죽은 자 가운데서 부활은 없다(고전 15:12)고 하는 것에 대한 반박 설명이다.

◊ 그리스도께서 부활하셨다(고전 15:1-11).

■부활론① 왜, '죽은 자의 부활은 없다'고 하느냐?

■부활론② 부활의 목격자❶

■부활론② 부활의 첫 목격자❷

◊ 부활은 신앙의 기초이다(고전 15:12-19).

■부활론③ 부활은 신앙의 밑바탕이다.

◊ 그리스도의 부활이 신자 부활의 근거이다(고전 15:20-28).

■부활론④ 그리스도의 부활이 신자 부활의 근거가 된다.

■부활론⑤ 신자 부활은 전적으로 그리스도의 권능이다❶

■부활론⑤ 신자 부활은 전적으로 그리스도의 권능이다❷

■부활론⑥ 부활에는 순서가 있다.

2. 부활하는 몸의 성격을 논한다(고전 15:35-58)

▶ 만약 부활이 있다고 한다면 '죽은 사람이 어떻게 살아나며, 그들은 어떤 몸으로 오느냐'(고전 15:35) 하는 것에 대한 답변으로 부활체의 성격을 논한다.

◊ 몸의 종류(고전 15:35-41)

■부활론⑦ 죽은 사람이 어떻게 살아나는가?

◊ 부활의 몸의 본질(고전 15:42-46)

■부활론⑧ 살아난다면 어떤 몸으로 오는가?

◊ 죽음의 개선가(고전 15:50-58)

■부활론⑫ 죽음에서 개가를 올리다.

▶ 그리스도의 재림 때 일어나는 일
- 부활론⑨ 살아 있는 자의 부활(고후 5:1-10)
- 부활론⑩ 죽은 자의 부활(살전 4:14-17)
- 부활론⑪ 부활 된 몸은 영체이다.

▶ 죽음에서의 개선가(고전 15:50-58)
- 부활론⑫ 죽음에서의 개가를 올리다.

[참고] '고린도전서의 부활론 갈래'와 다음 '부활론' 항목 갈래와는 항목 수가 일치하지 않는다. 아래쪽 항목의 수가 더 많다.

» **부활론(나): 본론 부분 ①**
» **부활론 ①**
   죽은 자의 부활은 없다

고린도인들은 '죽은 자의 부활은 없다'고 했다(고전 15:12). 이는 헬라사상의 산물이다. 헬라인들은 영혼 불멸에 대한 관념은 철저했으나 육체의 부활은 믿지 않았다. 부활은 십자가 이상으로 그들에게는 어리석은 이야기였다. 부활이 있다는 사실을 논하기 위해서는 그리스도가 부활하신 역사적 사실로 돌아가야 한다. 그리스도의 부활이라는 과거 사실은 신자에 대한 현재 신앙의 근거가 되고, 그 신앙으로 말미암아 또한 미래의 부활을 얻게 된다. 그래서 우리의 신앙 세계는 과거, 현재, 미래가 서로 이어진다는 것을 알게 된다.

▶고린도 교인: 죽은 자의 부활은 없다(고전 15:12).

(There is no resurrection of the dead.)

▶바울: 그리스도께서 부활하셨는데,

(Christ was raised from death,)

죽은 자의 부활이 없다고 하느냐?

(The dead will not be raised to life?)

⇨ [고전 15:1-4]이다.

(1) 형제들아 내가 너희에게 전한 복음을 너희에게 알게 하노니,

My friends, I want you to remember the message that

이는 너희가 받은 것이요, 또 그 가운데 서 있는 것이라.

I preached and that you believed and trust.

내가 너희에게 전한 복음이란 '죽은 자의 부활에 대한 교리'이다. '죽은 자의 부활'은 초대교회에서 전도자의 입에서 나오는 첫 음성이었다. 이런 근본적인 문제에 대한 고린도 교인들의 반발은, 바울에게는 충격적인 자극이었다. 그는 이제 그 첫 복음을 재확인하고 상기시키려고 한 것이다.

(2) 너희가 만일 내가 전한 그 말을 굳게 지키고,

You will be saved by this message, if you hold firmly to it.

헛되이 믿지 아니하였으면 그로 말미암아 구원을 받으리라.

But if you don't, your faith was all for nothing.

바울이 이미 전했고, 지금은 재확인하는 구절이다. 원문의 순서대로 나열하면 '내가 전한 그 말을 굳게 지키고, 헛되이 믿지 아니하였으면, 그로 말미암아 구원을 받으리라'이다.

(3) ¹내가 받은 것을 먼저 너희에게 전하였느니,

I told you the most important part of the message

exactly as it was told to me.

"내가 받은 것"은 바울이 주께 직접 받은 것인지 사도들을 통해 받은 것인지 양론이 있다. 어느 쪽이든 취할 수 있지만 전자에 무게가 쏠린다 (갈 1:12). 후자를 취한다면, 그것은 바로 교회 전승이다. 여기 바울이 받고 전했다는 것은 '그리스도의 대속의 죽음과 장사와 부활'이다. 이는 교회의 최초의 신경인데, 이곳에서 처음 나타난 것이다. 그리고 "먼저"란 처음이란 의미로 여러 교설 중에서 위의 세 가지가 가장 중요한 것이지만, 그 세 가지는 결국 그리스도의 십자가의 도와 부활에 그 초점이 맞추어진다.

"십자가의 도는 멸망하는 자에게는 미련한 것이지만 구원을 받은 우리에게는 하나님의 능력"(고전 1:18-25)이라 밝혔다. 그러나 저자는 이제 부활의 중요성을 논하기 위해 이렇게 시작하는 것이다.

(3) ²이는 성경대로 그리스도께서 우리 죄를 위하여 죽으시고,

That part is; Christ died for our sins, as the Scriptures say

그의 죽음도 부활도 우연한 돌발적인 것이 아니고 성경 예언의 성취다.

▶죽음은 이사야 53장, 다니엘 9장 26절, 시편 22편, 이삭을 번제로 드림(창 22장) 등이다.

▶부활에 대해서는 호세아 6장 2절, 이사야 53장 10절, 요나 2장 10절 등에 그 의미가 있다.

▶"우리 죄를 위하여 죽으시고"는 '대속의 죽음'이다.

유대인의 메시아관은 죽지 않고(요 12:34), 왕으로 지배한다고 생각하였다. 그러므로 십자가는 그들에게 거리끼는 것이 되었다(고전 1:23). 그래서 바울은 초대교회 교인들에게 십자가의 죽음이란 '그들을 위한 대속의 죽음인 것'을 확인시켜준 것이다.

(4) ¹ 무덤에 묻히셨고,

He was buried,

'무덤에 묻혔다'는 것은 '죽음을 확인하는 것'이다. 이 조문이 들어 있는 사도신경도 있다.

(4) ²성경대로 사흘 만에 다시 살아나셨다.

and three days late he was raised to life, as the Scriptures say

이 어구는 성경에서 어떤 곳이나 현재완료형이다. 그는 현재도 부활하여 살아 계신다는 것을 표시한다. 바울은 어디에서나 복음을 전할 때, '죽은 자의 부활'에 대한 복음으로 '예수께서 십자가에 못 박혀 죽으시고 사흘 만에 죽은 자 가운데서 부활'하신 사실부터 말한다. 그가 고린도에서 복음을 전할 때도 그의 첫 말은 죽은 자의 부활에 대한 것이었다.

※이 단원의 요약문이다.

▶고린도 교인이 말하다: 죽은 자의 부활은 없다.

▶바울이 답하다: 그리스도께서 부활하셨는데, 왜 죽은 자의 부활이 없다고 하느냐?

» **부활론(나): 본론 부분 ②**
» **부활론 ②**
   그리스도의 부활을 목격한 사람들이다

고린도인들은 '죽은 자의 부활은 없다'고 하였다. 죽은 자의 부활이 없다는 고린도 교인들의 말에, 바울은 내가 너희들에게 예수께서 십자가에 못 박혀 죽으시고, 사흘 만에 죽은 자 가운데서 부활하신 사실을 이미 너희에게 말하였는데 왜 죽은 자의 부활이 없다고 하느냐 하면서, 이제는 그 부활을 본 증인들을 나열하면서 그들의 말에 응답한다.

부활하신 주께서 공적으로 나타나신 순서가 기록되어 있다. 이는 극히 중요한 자료를 제공해준다. 그리고 "그중에 지금까지 대다수는 살아 있다"고 하는 것은 바울이 사도행전을 기록할 때까지 살아있었으므로 명백한 증거이다.

⇨ [고전 15:3-8]이다.
☞ [고전 15:3-4]은 문장의 연결 관계로 위쪽 항목과 중복이다.

(3) ¹내가 전해 받은 중요한 것을 먼저 너희에게 전해주었으니
I told you the most important part of the message

exactly as it was told to me. That part is:

(3) ²이는 성경대로
as the Scriptures say,

그리스도께서 우리 죄를 위하여 죽으셨다는 것과
Christ died for our sins,

(4) 그는 무덤에 묻혔고,
He was buried,

성경 말씀대로
as the Scriptures say

사흘 날에
and three days late

살아나셨다는 것과
he was raised to life,

(5) 게바에게 나타나시고

Christ appeared to Peter

다음은 12제자에게 나타나셨다.

then to the twelve.

(6) 그 후에, 그는 나타나셨다.

After this, he appeared

500명이 넘는 형제들에게

to more than five hundred other followers.

그들의 대부분은 지금도 살아 있고

Most of them are still alive,

더러는 죽었다.

but some have died.

(7) 다음에는 야고보에게 나타나시고

He also appeared to James,

그다음에는 모든

and then to all

사도에게 나타나셨다.

of the apostles.

(8) 맨 나중에 만삭되지 못하여 난 자 같은 내게도 보이셨느니라.

Finally, he appeared to me, even though I am like

someone who was born at the wrong time.

*게바는 베드로의 아람어 이름이다. 본명은 히브리어로 시몬이고, 베

드로는 헬라어 이름이다. 그는 위대한 신앙고백을 한 이후에 베드로란 이름을 받았다.

*오백여 형제에게는 복음서에는 없는 내용이다. 열한 제자가 갈릴리로 가서 예수께서 일러주신 산에 이르렀다(마 28:16). 아마 이때로 추정이 된다. 그중 태반이 본서를 저작할 때까지 살아있었으므로 명백한 증거가 된다.

*야고보에게도 복음서에는 없고, 외경 히브리서에 있는 기사다. 그는 사도 야고보가 아니라, 주의 형제 야고보로 믿어진다.

» 부활론(나): 본론 부분 ③
» 부활론 ③
부활의 첫 목격자는 막달라 마리아다

예수께서 각 마을에 두루 다니시면서 하나님의 복음을 전하였다. 열두 제자가 예수와 동행하였고, 악귀와 질병에서 고침을 받은 여자들도 있었는데 그중 하나가 일곱 귀신이 떨어져 나간 막달라 마리아였다(눅 8:1-3). 막달라는 갈릴리 호수 서쪽에 있는 마을 이름이다. 다른 마리아와 구별하기 위해 동네 이름을 넣어 불렀다. 그녀의 이름은 4복음서에 자주 나오고, 더구나 주님의 죽으심과 부활에 깊은 관련이 있다. 베드로가 사도들의 으뜸인 것처럼, 그녀는 여신도 중에서 으뜸이다.

※ 다음은 사도 요한의 생생한 증언이다(요 20:1-10).

1절 안식 후 첫날 이른 새벽에 막달라 마리아가 무덤에 가서 보니, 무덤을 막은 돌이 이미 옮겨져 있었다(지금의 일요일 새벽이다).

2절 그래서 그 여자는 시몬 베드로와 예수께서 사랑하시던 그 다른 제자에게 달려가서 말하였다. "누가 주님을 무덤에서 가져가서, 어디에 두었는지 모르겠습니다"(막달라 마리아는 먼저 베드로에게 갔고, 그다음 예수께서 사랑하시던 제자인 사도 요한에게 갔다. 이때 요한이 있던 곳에는 성모 마리아도 함께 있었다).

3절 베드로와 그 다른 제자가 나와서 무덤으로 갔다.

4절 둘이 함께 뛰었는데, 그 다른 제자가 베드로보다 빨리 달려서 먼저 무덤에 이르렀다(당사자의 여실한 기록이다. 그들은 막달라 마리아의 급한 전갈을 받고 황급히 무덤으로 달려갔다. 두 사람은 함께 달려갔지만 나이는 속이지 못하여 젊은 요한이 먼저 무덤에 이르렀다. 열두 제자 중에 베드로의 나이가 제일 많았고, 요한이 가장 적었다고 믿어진다).

5절 그런데 그는 몸을 굽혀서 삼베가 놓여 있는 것을 보았으나, 안으로는 들어가지 않았다(요한은 무덤에 먼저 도착했지만, 무덤 입구에서 안쪽을 들여다보고는 들어가지 않았다. 두려움, 신비, 무서움 등의 생각 때문이었을 것이다).

6절 시몬 베드로가 그를 뒤따라갔다. 그가 무덤 안으로 들어가 보니 세마포가 놓여 있었고,

7절 예수의 머리를 쌌던 수건은 그 세마포와 함께 놓여 있지 않고 딴곳에 따로 개어져 있었다(베드로는 무덤에 늦게 도착했지만 무덤 안에는 먼저 들어갔다. 그는 아무 생각 없이 무턱대고 뛰어들어갔다. 바닥에는 세마포가 놓여 있고, 머리를 쌌던 수건은 세마포와 함께 놓이지 않고 다른 곳에 개어져 있었다. 그것을 누가 했느냐 하는 추측은 그만두고, 이 부활의 대표적 형상에서 하나님의 질서정연한 모습을 볼 수 있다. 그 현장은 무덤이라기보다는 마치 어떤 분이 자고 나간 침실 같았다. 이 빈 무덤은 인간 역사에서 처음으로 일어난 사건이요, 사망의 권세가 깨뜨려지고, 부활이란 놀라운 은혜를 받기 시작하는 시작점이 된 것이다. 그리스도교는 이 빈 무덤 위에 세워진 종교이다. 그리스도교 신학 사상의 부활을 부정하려는 시도는 접종(接踵, 계속 뒤를 이어 일어나는 것)하여 일어났다. 그러나 이 빈 무덤은 언제나 주의 육적 부활을 증언하여 주었다. 현대 볼트만 사상 이론에서도 그리스도교가 부활에서 시작된 것을 인정하면서도 그 부활을 한갓 환상적으로 나타내는 것은 자가당착에 빠진 것이라 할 수 있다. 사실을

떠난 일이 교회의 기초가 될 수 없기 때문이다.)

8절 그제서야 먼저 무덤에 다다른 그 다른 제자도 들어가서 보고 믿었다.

사도 요한은 빈 무덤을 보고 믿었고, 도마는 부활하신 주를 직접 보고 믿었다(요 20:28). 그래서 웨스트 콧(Westcott)은 20장의 중심사상을 '보는 쪽에서 믿는 쪽으로 여행'(the passage from sight to faith)이라고 하였다.

9절 아직도 그들은 예수께서 죽은 사람들 가운데서 반드시 살아나야 한다는 성경 말씀을 깨닫지 못하였다. '죽은 사람들 가운데서 살아나야 한다'는 성경 말씀은 '시편 16:10'을 가리킨다. 그리고 "살아나야"(δεί···)는 신적 필연(divine necessity)을 나타낸다. 그것은 그리스도의 고난, 죽음, 부활 등이 성삼위의 결정으로 변동될 수 없는 사실을 말한다(마 26:54 등).

10절 그래서 제자들은 자기들이 있던 곳으로 다시 돌아갔다. 아마 요한은 돌아가서 그날 아침에 보고 느낀 것을 그때 자기 집에 있던 성모 마리아(요 19:27)에게 이야기했을 것이다.

» **부활론(나): 본론 부분 ④**
» **부활론 ④**
   마리아와 부활하신 그리스도와의 대화 내용이다

부활하신 주를 맨 처음 본 사람은 막달라 마리아다. 이는 공관복음도 인정을 하지만(막 16:9), 요한복음에서는 그 내용이 속속들이 자세하다. 다음 영문성경과 아래쪽 우리말 성경을 번갈아 보며 그 내용을 인식해보자.

⇨ [요 20:11-18]이다.

(11) But Mary was standing outside the tomb weeping;
and so, as she wept, she stooped and looked into the tomb;

(12) and she saw two angels in white sitting, one at the head and one at the feet, where the body of Jesus had been lying.

(13) And they said to her, "Woman, why are you weeping?"
She said to them, "Because they have taken away my Lord, and I do not know where they have laid Him."
(14) When she had said this, she turned around and saw Jesus standing there, and did not know that it was Jesus.

(15) Jesus said to her,
"Woman, why are you weeping? Whom are you seeking?"
Supposing Him to be the gardener, she said to Him,
"Sir, if you have carried Him away, tell me where you have laid Him, and I will take Him away."
(16) Jesus said to her, "Mary!"
She turned and said to Him in Hebrew,
"Rabboni!" (which means Teacher).

(17) Jesus said to her, "Stop clinging to Me,
for I have not yet ascended to the Father;
but go to My brethren and say to them,
'I ascend to My Father and your Father,
and My God and your God.'"
(18) Mary Magdalene came, announcing to the disciples,
"I have seen the Lord",
and that He had said these things to her.

※ 앞의 내용에 대한 우리말 성경이다.

'요한복음 20장 1-10절'의 내용에서 이어진다.

(11) 마리아는 무덤 밖에서 울고 있다. 울다가 허리를 구부려 무덤 안을 들여다보았다.

(12) 흰옷을 입은 천사 둘이 앉아 있었다. 한 천사는 예수의 시신이 놓여 있던 자리 머리맡에 있었고, 다른 한 천사는 발치에 있었다.

(13) 천사들이 마리아를 보고 말했다. "여자여, 왜 우느냐?" 마리아가 대답하였다.

"사람들이 우리 주님을 가져갔습니다. 어디에 두었는지 모르겠습니다."

(14) 이렇게 말하고 뒤로 돌아섰을 때 누가 서 있는 것을 보았는데, 그가 예수이신 줄은 알지 못하였다.

(15) 예수께서 마리아에게 말씀하셨다. "여자여, 왜 울고 있느냐? 누구를 찾느냐?" 마리아는 그가 동산지기인 줄 알고 "여보세요, 당신이 그를 옮겨놓았거든, 어디에다가 두었는지 내게 말해주세요. 내가 그를 모셔 가겠습니다" 하고 말하였다.

(16) 예수께서 "마리아야!" 하고 부르셨다. 마리아가 돌아서서 히브리말로 "라부니!" 하고 불렀다(그것은 '선생님!'이라는 뜻이다).

이런 현상은 다른 제자에게도 나타났다. 주께서 부활하신 그날 두 제자가 예루살렘에서 엠마오로 걸어가는 도중에 뒤쪽에서 누가 다가오고 있었다. 그 사람이 다가왔을 때 그들은 그가 누구인지 알아보지 못했다. 하지만 그들이 그 사람과 함께 그들의 집에 들어갔을 때, 어느 순간에 그들의 영안이 열려서 그가 주님이신 것을 알아보았다. 그 순간 예수께서는 그들에게서 사라졌다.

※ 예수께서 부활하신 후에 나타난 순서다.

(a) 막달라 마리아에게

(b) 막달라 마리아와 다른 여자에게(마 28:9)

(c) 베드로에게(눅 24:34; 고전 15:5)

(d) 글로바와 다른 제자에게(눅 24:13-35)

(e) 도마가 없을 때 제자들에게(막 16:14)

(f) 도마와 함께 11제자에게(요 20:26)

(g) 디베랴 바다에서 7제자에게(요 21:1-24)

(h) 갈릴리산 위에서 11제자에게(마 28:16)

(i) 5백 형제에게 일시로, (h)와 같을 가능성이 있다.

(j) 주의 형제 야고보에게(고전 15:7)

(k) 예루살렘 부근에서 11제자에게(막 16:19)

» **부활론(나): 본론 부분 ⑤**
» **부활론 ⑤**
  부활은 신앙의 밑바탕이다

그리스도 부활의 확실함을 입증한 필자는, 이제 신자 부활의 확실성을 거론하고, 그것이 그리스도교 신앙의 근본 바탕이라는 것을 말하고자 한다. 어떤 신자들은 그리스도의 부활은 믿는다고 하면서 자신의 부활은 믿지 않는다. 전자에는 필연적으로 후자가 포함되어 있으며, 그 근거가 되는 것이다.

⇨ {고전 15:12-19}이다.

(12) 그리스도께서 죽은 사람 가운데서 살아나셨다고 하였는데,

Now if Christ is preached, that He has been raised

from the dead,

어떤 사람들은 어찌하여 죽은 사람의 부활이 없다고 하느냐?

how do some among you say that there is no resurrection

of the dead?

(13) 만일 죽은 사람의 부활이 없다면,

But if there is no resurrection of the dead,

그리스도께서도 다시 살지 못하였을 것이다.

not even Christ has been raised;

(14) 그리스도께서 살아나지 않으셨다면,

and if Christ has not been raised,

우리가 전파하는 것도 헛되고, 너희의 믿음도 헛될 것이다.

then our preaching is vain, your faith also is vain.

(15) 우리는 또한 하나님을 거짓되게 증언하는 자로 판명되리니, 그것은

Moreover we are even found to be false witnesses of God,

죽은 사람이 살아나는 일이 정말로 없다면, 하나님께서 그리스도를

because we testified against God that He raised Christ,

살리셨다고, 하나님에 대하여 우리가 증언했기 때문이다.

whom He did not raise, if in fact the dead are not raised.

(16) 13절의 반복이다.

For if the dead are not raised, not even Christ has been raised;

(17) 그리스도께서 살아나지 않으셨다면, 너희의 믿음도 헛되고,

and if christ has not been raised, your faith is worthless;

너희가 여전히 죄 가운데 있을 것이다.

you are still in your sins.

(18) 그리스도 안에서 잠자는 사람들도 망하였을 것이다.

Then those also who have fallen asleep

in Christ have perished.

(19) 만일 그리스도 안에서 우리가 바라는 것이 다만 이 세상에만 해당되는 것이라면,

If we have hoped in Christ in this life only,

우리는 모든 사람 가운데서 가장 불쌍한 사람들일 것이다.

we are of all men most to be pitied.

※ 다음은 이 항목의 요점이다.

☞ 만약 죽은 자의 부활이 없다고 한다면?

① 그리스도께서 살아나지 못했고(13절),

② 우리의 선교도 헛되고(14절),

③ 신자의 믿음도 헛되며(14절),

④ 전도인은 거짓 증인이 되는 것이고(15절),

⑤ 죄 사함은 없고(17절),

⑥ 이미 죽은 자들은 망하고(18절),

⑦ 살아 있는 자는 불쌍한 자가 된다(19절).

▶ 참으로 부활을 부정하면
그리스도교 신앙체계 전체가 무너지는 중대한 결과가 된다.
그래서 부활은 신앙의 밑바탕이다.

» **부활론(나): 본론 부분 ⑥**
» **부활론 ⑥**
   그리스도의 부활이 신자 부활의 근거가 된다

앞선 항목에서 소극적으로 그리스도의 부활을 부정하는 결과에 대한 중대성을 논한 필자는, 이제 적극적으로 그리스도의 부활이 신자 부활의 근간이 된다는 것을 밝히고자 한다. 먼저 아담으로 인해 '모든 사람이 죽은 것같이 그리스도로 인해 모든 사람이 살게 된다'는 것이다.

⇨ **[고전 15:20-22]이다.**

(20) ¹그러나 이제 그리스도께서는 죽은 사람들 가운데서

But now Christ has been raised from the dead,

²살아나셔서, 잠든 사람들의 첫 열매가 되셨도다.

the first fruits of those who are asleep.

"그러나 이제"란 이 낱말을 필자가 만약이란 경우로 상황을 전개해 보았다. 그것은 아주 처참한 상황에 빠지게 된다. 하지만 그것은 어디까지나 '만약'이었지 실체가 아니다. 그러나 이제는 실체가 확고부동하다. 그래서 그리스도께서 정말로 부활하셨다는 환희의 함성을 지른 것이다.

첫 열매는 구약에서 추수한 곡물의 '첫 열매'를 나타낸 것인데(레 23:10), 그의 첫아들이나(출 22:29) 첫 짐승도(출 22:30) 같은 의미다. 이 첫 열매를 하나님께 드린 사실을 상징한다. 그것은 그리스도와 성도가 부활에 있어서

는 공통적인 것을 나타낸다. 첫 열매를 드리면 곧이어 추수의 계절이 와서, 모든 곡식을 거둬들이는 일이 시작된다. 그리스도의 부활에 이어 모든 성도들이 부활한다는 의미다.

그리스도의 죽음은 그 혼자만의 죽음이 아니고, 우리들 전체의 죽음을 대신하는 죽음이다. 그리스도의 죽음 속에 우리 자신들 모두의 죽음도 포함된다. 또 죽음과 마찬가지로 부활도 그렇다. 이 어구에서 "이제 그리스도께서 죽은 사람들 가운데서 살아나셔서, 잠든 사람들의 첫 열매가 되셨도다" 하는 것은 그리스도의 부활 속에 우리의 부활도 포함이 된다는 깊은 의미가 담겨 있다.

(21) [1]한 사람으로 말미암아 죽음이 들어왔으니,

For since by a man came death,

[2]또한 한 사람으로 말미암아 죽은 사람의 부활도 들어온다.

by a man also came the resurrection of the dead.

아담과 그리스도는 전 인류의 대표이다. 그 대표를 통한 하나님의 섭리다. 한 사람 아담으로 인해 죄가 세상에 들어와 모든 사람이 죽게 되고, 둘째 아담이신 그리스도로 인해 속죄의 길이 열리고 모든 사람이 구원을 받게 된다.

(22) [1]아담 안에서 모든 사람이 죽은 것같이,

For as in Adam all die,

[2]그리스도 안에서 모든 사람이 살아나게 될 것이다.

so also in Christ all will be made alive.

아담과 그리스도는 전 인류의 대표다. 한 사람 아담으로 인해 죄가 세상에 들어와 모든 사람이 죽게 되고, 둘째 아담인 그리스도를 통해 속죄의 길이 열리고 모든 사람이 구원을 받는다. 그러나 하나님께서는 아담의

실패를 그리스도를 통하여 회복시키시고, 또 그리스도께서는 죽게 된 사람을 부활시켜 주시고, 그 부활한 사람을 다시금 영생으로 인도하셨다.

그러므로 아담으로 말미암아 죽음이 시작된 인간 역사에서, 이제 그리스도로 말미암아 부활의 역사가 시작된 것이다.

» **부활론(나): 본론 부분 ⑦**
» **부활론 ⑦**
   하나님에 대한 순종과 불순종이다

1. 아담은 하나님께 불순종했다

하나님은 아담을 창조하고, 이어서 그가 살 수 있도록 에덴동산을 만들어 주었다. 그 동산은 사람이 죄를 범하기 이전에 살 수 있는 완벽한 낙원이었다. 여호와 하나님이 그 사람을 이끌어 에덴동산에 두시고, 그곳을 맡아서 돌보게 하셨다. 여호와 하나님이 그 사람에게 명하셨다. "동산에 있는 모든 나무의 열매는 네가 먹고 싶은 대로 먹어라. 그러나 선과 악을 알게 하는 나무의 열매만은 먹어서는 안 된다. 그것을 먹는 날에는 너는 반드시 죽는다."

그러나 인류의 시조는 뱀의 유혹에 빠져서 먹지 말라고 한 선악과를 따먹고 말았다. 하나님이 하지 말라고 한 것을 어겼다. 이것이 하나님께 대한 불순종이고, 하나님한테는 죄가 된다. 이렇게 해서 아담은 죄를 지었다.

2. 예수는 하나님께 순종하였다

구약성경은 모두 39권이다. 창세기부터 시작하여 마지막 말라기에서 끝이 난다. 이 책들은 일천 년 이상의 긴 시간이 흘러가는 동안에 한 권씩 기록된 것이고, 지은 사람은 대부분 알려져 있지 않다. 구약성경의 주(主)가 되는 요지는 훗날 '이스라엘에 메시아가 오신다'는 사상이다. 창세기 3장 15절에, 그리스도와 사탄의 투쟁사가 나오고, 말라기 4장 5절에는, 메시아가 오기 전에 '선지자 엘리야가 먼저 온다'는 내용이 있다. 그 사이에 하나님은 300번 정도 메시아를 이 세상에 보내시겠다고 말씀하셨다.

그런데 과연 그는 400년쯤 후, 마침내 이 세상에 오셔서 33년을 사시고 승천하셨고, 지금은 전능하신 하나님 우편에 앉아 계신다. 그러므로 나사렛 예수가 곧 메시아이다. 그 자신이 스스로 그렇게 말하였고(눅 4:18), 그의 제자들도 그 사실을 인정하였다(요 1:41). 이 세상에 오신 메시아, 곧 예수께서는 구약에서 하나님이 선지자를 통해 말씀하신 사실 그대로, 한 차례의 거절도 없이 그대로 하나님께 순종하였다.

1.

■ **그의 탄생이다**(마 1:21)

"예수 그리스도의 태어나심은 이러하다. 그의 어머니 마리아가 요셉과 약혼하고 나서, 같이 살기 전에 마리아가 성령으로 잉태하여 태어났다." 이것은 이사야 7장 14절의 "처녀가 잉태하여 아들을 낳을 것이다"에 대한 예언의 성취이고, 그것은 하나님의 뜻으로 예수는 그 하나님의 뜻에 순종하신 것이다.

■ **그의 족보이다**(마 1:20)

"다윗의 자손 요셉아 두려워하지 말고, 마리아를 네 아내로 맞아들여라." 이는 이사야 11장 1절의 "메시아는 이새의 줄기인 다윗의 가문에서 태어난다"에 대한 예언의 성취이고, 그것은 하나님의 뜻으로 예수는 그 하나님 뜻에 순종하신 것이다.

■ **그에게 기름을 부으셨다**(마 3:16)

"예수께서 세례를 받으셨다. 그때에 하늘이 열리고 하나님의 성령이 비 둘기같이 내려와 자기 위에 머물렀다."

이는 이사야 11장 2절의 "그의 위에 여호와의 영이 내려오셨다"에 대한 예언의 성취이고, 그것은 하나님의 뜻으로 예수는 그 하나님 뜻에 순종 하신 것이다.

■ **그의 성격이다**(요 7:22-24)

"내가 안식일에 사람의 몸을 성하게 해 주었다고, 너희가 어찌하여 나 에게 노여워하느냐."

이는 이사야 11장 3절의 "그는 여호와를 경외하는 것을 즐거움으로 삼 는다. 그는 눈에 보이는 대로 심판하지 않으며, 그의 귀에 들리는 대로 판 단하지 않는다"에 대한 예언의 성취이고, 그것은 하나님의 뜻으로 예수는 그 하나님 뜻에 순종하신 것이다.

■ **그의 온유함이다**(마 12:19-20)

"그는 다투지도 아니하며 외치지도 아니하리니 아무도 길에서 그 소리 를 듣지 못할 것이다. 상한 갈대를 꺾지 아니하며 꺼져가는 심지를 끄지 아니하기를 심판하여 이길 때까지 할 것이다."

이는 이사야 42장 1-2절의 "내가 붙드는 나의 종, 내 마음에 기뻐하는 자 곧 내가 택한 사람을 보라 내가 나의 영을 그에게 주었은즉 그가 이 방에 정의를 베풀리라"에 대한 예언의 성취이고, 그것은 하나님의 뜻으로 예수는 그 하나님 뜻에 순종하신 것이다.

■ 그의 고난이다(막 15:16-20)

"그리고 그들은 예수께 자색 옷을 입히고 가시관을 엮어서 머리에 씌운 뒤에, 갈대로 예수의 머리를 치고, 침을 뱉고, 무릎을 꿇어서 그에게 경배하였다. 그들은 예수를 골고다라는 곳으로 데리고 갔다. 그들은 그곳에서 예수를 십자가에 못 박았다."

이는 이사야 53장 1-3절에 "그는 사람들에게 멸시를 받아 버림을 받았고, 고통을 많이 겪었다. 사람들이 그에게서 얼굴을 돌렸고, 그가 멸시를 받으니 우리도 덩달아 그를 귀하게 여기지 않았다"에 대한 예언이 성취한 것이고, 그것은 하나님의 뜻이고 예수는 그 하나님 뜻에 순종하신 것이다.

4.

■ 그의 죽음이다(막 15:33-37)

"세 시에 예수께서 큰 소리로 부르짖으셨다. '엘리 엘리 라마 사박다니?' 그것을 번역하면 '나의 하나님, 나의 하나님, 어찌하여 나를 버렸습니까?' 하는 뜻이다. 예수께서 큰소리를 지르시고서 숨지셨다."

이는 이사야 53장 5절의 "그가 찔림은 우리의 허물 때문이요 그가 상함은 우리의 죄악 때문이라 그가 징계를 받으므로 우리는 평화를 누리고 그가 채찍에 맞으므로 우리는 나음을 받았도다"에 대한 예언의 성취이고, 그것은 하나님의 뜻으로 예수는 그 하나님 뜻에 순종하신 것이다.

■ 그의 부활이다(막16:6)

"그가 여자들에게 말하였다. '놀라지 마라. 그대들은 십자가에 못 박히신 나사렛 예수를 찾고 있지만, 그는 살아나셨고 여기에 계시지 않는다.'"

이는 이사야 25장 8절의 "주 여호와께서 죽음을 영원히 멸하신다. 여호와께서 모든 사람의 얼굴에서 눈물을 말끔히 닦아 주신다. 그의 백성이 온 세상에서 당한 수치를 없애 주신다"에 대한 예언의 성취다. 언제 그렇게 되는가? 예수께서 재림하실 때 그렇게 된다.

5.

■ **그의 재림이다**(마 24:29-30)

"그 환난의 날들이 지난 뒤에, 곧 해는 어두워지고, 별들은 하늘에서 떨어지고, 하늘의 세력들은 흔들릴 것이다. 그때에 인자가 올 징조가 하늘에서 나타날 터인데, 인자가 큰 권능과 영광에 싸여 하늘 구름을 타고 오는 것을 보게 될 것이다."

이는 이사야 11장 3-6절에 대한 미래에 성취될 예언이다.

※ 그의 순종의 결과이다.

빌립보서 2:6-11 "그는 하나님의 모습을 지니셨으나, 하나님과 동등함을 당연하게 생각하지 않으시고, 오히려 자기를 비워서 종의 모습을 취하시고 사람과 같이 되셨다. 그는 사람의 모양으로 나타나셔서 자기를 낮추시고 죽기까지 순종하셨으니 곧 십자가의 죽음이라. 그러므로 하나님께서는 그를 지극히 높이시고, 모든 이름 위에 뛰어난 이름을 그에게 주셨다. 그리하여 하늘과 땅 위와 땅 아래 있는 모든 것들이 예수의 이름 앞에 무릎을 꿇고, 모두가 예수 그리스도는 주님이시라고 고백하여, 하나님 아버지께 영광을 돌리게 하셨다."

» **부활론(나): 본론 부분 ⑧**
» **부활론 ⑧**
  아담과 그리스도의 비교이다

이 항목은 앞쪽의 부활론 ⑥ [고전 15:20-22]의 내용을 [롬 5:12-17]의 내용으로 상론(詳論)한 것인데, 이 부분은 '아담과 그리스도의 비교'에 대한 '서론편'이고, 그다음의 [롬 5:18-21]은 '본론편'이다.

1. 아담은 모든 사람에게 죄를 유전시켰다

아담으로부터의 죄의 보편성을 논한다. 모세 율법에 있는 죄는 규정을 받았으나, 죄는 율법 이전에도 있었다. 아담에서 나온 죄는 세상에 들어와 모든 사람을 지배하였고, 인류는 이러한 상태에서 오시는 메시아를 대망하게 된 것이다.

⇨ **롬 5:12-14이다.**

(12) 그러므로 한 사람으로 말미암아 죄가 세상에 들어왔고, 또 그 죄로 말미암아 죽음이 들어온 것같이, 모든 사람이 죄를 지었기 때문에 죽음이 모든 사람에게 이르게 되었다.

Therefore, just as through one man sin entered into the world, and

death through sin and so death spread to all men, because all sinned—

'한 사람'이란 '모든 사람'을 상대하는 표현이다. 이 논조는 대표자를 통한 하나님의 섭리다. 한 사람의 죄가 모든 사람에게 유전이 되었고, 유전이 된 죄가 인간에게 죽음을 가져왔다. 만약 아담이 죄를 범하지 않았다면, 그는 생명과를 먹고 영생하였을 것이다.

(13) 율법이 있기 전에도 죄가 세상에 있었으나, 율법이 없을 때에는 죄가 죄로 인정되지 않았다.

for until the Law sin was in the world, but sin is not imputed

when there is no low.

율법이 있기 전에도 죄는 있었다. 그런데 율법은 죄를 정하는 것인데, 율법이 있기 전에 죄를 지은 자는 정죄를 받을 수가 없다. 그러나 그들도 죄를 범하면 정죄를 받았는데, 그것은 아담의 범죄로부터 이미 결정적으로 정죄를 받고 있었던 것이 된다.

(14) 그럼에도 불구하고 아담 시대로부터 모세 시대에 이르기까지는, 아담의 범죄와 같은 죄를 짓지 않는 사람도 죽음의 지배를 받았다. 아담은 장차 '오실 자'의 표상이다.

Nevertheless death reigned from Adam until Moses even over

those who had not sinned in the likeness of the offense

of Adam, who is a type of Him who was to come

아담부터 모세까지는 율법이 없었다. 그러면 그때는 율법이 없었기 때문에, 정죄를 받을 수가 없었는데, 그들도 모두 죽었다. 이것은 인간의 상식으로는 있을 수 없는 일이다. 아담은 죄를 범하면 반드시 죽는다고 하는 분명한 계명을 받고 난 후에 범죄하였으므로 죽었다. 그러나 이런 과정을 거치지 않고 죄를 범한 일이 없는 사람들도, 그 후에 모두 죽었다. 그것은 사망이란 무서운 형벌의 지배 아래 놓여 있었기 때문이다.

그러므로 이것은 아담 한 사람의 죄가 모든 사람을 죽도록 만들었다는 결론에 이른다. 이 시점에서 그리스도 한 사람의 의가 모든 사람을 살게 한다는 논리가 성립되는 것이다. 그래서 '아담'은 장차 '오실 자의 표상'이라고 했다. 표상이란 '대표적인 상징'이라는 뜻인데, 그 '오실 자'가 바로 그리스도이시다.

2. 그리스도는 모든 사람에게 구원을 주셨다

아담으로부터 시작된 인류는 타락의 길을 걸었다. 그러나 그리스도로 인해 모든 인류가 구원받게 되었다. 그 증명은 아담과 그리스도의 확실한 비교에서 밝혀진다. 그것은 양자의 평행에서 대조에 이르고, 후자의 압도적 우세로 그친다.

⇨ [롬 5:15-17]이다.

■ 다음은 [범죄]와 [은혜]를 대조해본다

(15) 그러나 하나님께서 은혜를 베푸실 때에 생긴 일은, 아담 한 사람이 범죄했을 때 생긴 일과 같지 않았다. 한 사람의 범죄로 많은 사람이 죽었으나, 하나님의 은혜와 예수 그리스도 한 사람의 은혜로 말미암은 선물은 많은 사람들에게 더욱더 넘쳐나게 되었다.

But the free gift is not like the transgression. For if by the transgression of the one the many died, much more did the grace of God and the gift by the grace of the one Man, Jesus Christ, abound to the many.

- [범죄] 보통 '허물'이란 단어로 나타내는데, 그 의미는 '곁으로 떨어진다'라는 뜻이다. 바른길(正路)로 걸어가야 하는데, 그 길에서 벗어났다는 것이다. 곧 하나님의 말씀에서 벗어나간 아담의 행동을 말한다. 그 행동이 가져온 타락으로 아담의 많은 후손들은 사망에 이르게 된 것이다.

- [은혜] '은혜롭다'라는 말이 있다. 남의 은혜를 입어 매우 고맙다는 의미다. 성령을 통하여 각 사람에게 나타나는 성령의 은사를 말한다. 은혜는 하나님이 사람과 같이 즐거워하며, 또한 사람이 하나님 안에서 기뻐하는 상태이다. 그러나 이곳에서 은혜는 그리스도로 말미암아 구원을 받는 것을 말한다.

■ 다음은 [정죄]와 [의인]의 대조이다

(16) 또한, 하나님께서 주시는 은혜는 한 사람의 범죄의 결과와 같지 않았다. 한 범죄에서는 심판이 뒤따라와서 정죄 판결이 내려졌으나, 많은 범죄에서는 은혜가 뒤따라와서 의롭다 하심이 내려졌다.

The gift is not like that which came through the one who sinned; for on the one hand the judgment arose from one transgression resulting in condemnation, but on the other hand the free gift arose from many transgressions resulting in justification.

이 구절은 '정죄'와 '의인'의 양쪽을 대조하는 경로에 대한 것이다. 앞 절에서는 아담의 범죄와 그리스도의 은혜가 끼치는 범위와 결실의 열매를 말했으나, 이곳에서는 그 영향이 끼치는 일이 되어가는 형편을 말한다. 즉 아담 한 사람의 범죄로 인해 정죄를 받는 장소로 옮겨가게 되고, 그리스도의 은혜는 의롭다 하는 장소로 옮겨가게 된다.

■ [심판]과 [정죄]는 아담의 것이다. 한 사람의 범죄에서는 심판이 뒤따라와서 정죄에 이르렀다. 그 정죄로 말미암아 모든 인류가 사망이라는 구덩이로 들어간다.

■ [은사]와 [의인]은 그리스도의 것이다. 이 어미는 현실적으로 실존하는 사실을 가리킨다. 즉 '의롭다 하심'은 '정죄'와 대구가 되어서 의인이란 명칭을 얻는다.

■ 그리고 '한 범죄'와 '많은 범죄'라는 이 두 단어도 역시 동의어에서 오는 강의적인 해석이다. 전자는 동명사, 후자는 명사이다. 전자는 '사적(射的)에서 비켜났다'는 뜻으로 근본적인 죄를 의미한다. 후자는 '정규의 선(線)에서 벗어났다'는 뜻으로 구체적 또는 율법적 죄를 뜻한다. 전자는 아담의 것, 후자는 전 인류의 것이다. 결국 아담 한 사람의 범죄가 전 인류의 죄를 초래한 것이다.

■ **다음은 [사망]과 [생명]의 대조이다**

(17) 아담 한 사람의 범죄 때문에 그 한 사람으로 말미암아 사망이 왕 노릇 하게 되었다면, 넘치는 은혜와 의의 선물을 받은 사람들은, 예수 그리스도 한 분으로 말미암아, 생명 안에서 왕 노릇 하게 되리라는 것은 더욱더 확실하다.

For if by the transgression of the one, death reigned through the one, much more those who receive the abundance of grace and of the gift of righteousness will reign in life through the One, Jesus Christ.)

　　[한 사람 아담 → 범죄 → 사망이 왕 노릇]에서 멸망하는 사실이 [한 분 예수 그리스도 → 은혜와 의롭다 → 생명에서의 왕 노릇]으로 바뀐다는 것이다. '왕 노릇'이란 지배한다는 의미. 주의 공적 칭호를(Jesus Christ) 표시하여 극히 강조한다. 이 이름은 완전한 형식으로 끝부분에 나타나, 지금까지 이름을 밝히지 않았으나 잘 알려진 한 분으로 밝힌다. 이 대구에서 주격이 바뀐 것에 주목해야 한다. 곧 전자의 주격은 사망이었고 사람들은 사망의 지배를 받았지만, 후자의 주격은 의롭다 하심을 받은 사람으로서 그들은 생명 안에서 왕 노릇 한다는 것이다. 그들은 전에는 사망 아래 노예였으나, 이제는 생명에서 만왕의 왕이 된 것이다. 그것은 영화로운 변화이다. 그 결과는 구원이다.

» **부활론(나): 본론 부분 ⑨**
» **부활론 ⑨**
　　아담은 죽음을, 그리스도는 부활을 가져왔다

⇨ [롬 5:18-21]이다.
■ 다음은 [범죄]와 [십자가]의 대조이다
　(18) 그러한즉 한 사람의 범죄 행위 때문에 모든 사람이 유죄 판결을 받았는데, 이제는 한 사람의 의로운 행위 때문에 모든 사람이 의롭다는 인정을 받아서 생명을 얻게 되었다.

　So then as through one transgression there resulted condemnation to all men, even so through one act of righteousness there resulted justification of life to all men.

　　■ 아담의 범죄는 하나님의 말씀에 대한 불순종이다. 그것은 "동산 안

에 있는 나무의 열매는 네가 먹을 수 있으나, 선악을 알게 하는 나무의 열매는 먹어서는 안 된다" 하는 것에 대한 불순종이다.

■ 그리스도의 의로움 때문에 모든 사람이 의롭다는 인정을 받았다. 그 의로움이란 그가 하나님의 말씀에 순종하여 십자가에서 대속의 죽음을 당한 일이다. 그것은 아담의 불순종한 죄에 대한 그리스도의 순종에 대한 의로움이다.

■ 다음은 [불순종]과 [순종]의 대조이다

(19) 한 사람이 순종하지 아니함으로 많은 사람이 죄인 된 것같이 한 사람이 순종하심으로 많은 사람이 의인이 되었다.

For as through the one man's disobedience he many were make sinners, even so through the obedience of the One the many will be made righteous.

▶'순종치 아니하다'라는 원문의 뜻은, '곁으로'(παρά)와 '들음'(άκογω)이란 두 단어의 합성어인데, 그 뜻은 '듣지 아니하다'라는 뜻이다(듣지도 아니하고 순종하지도 않음).

▶'순종하다'라는 원문의 뜻은 '아래'(ύπό)와 '들음'(άκούω)이란, 두 단어의 합성어인데, 그 뜻은 '듣는다'이다('듣고 순종한다'는 뜻이다).

▶이는 하나님의 말씀에 대해 [듣지 않는다]와 [듣는다]로 불순종과 순종으로 구분한다.

☞[곁으로 들음]과 [아래로 들음]에 대한 구별에 주의!

아무튼 여기에 죄인을 불순종으로, 의인을 순종으로 규정하는 것에 주목해야 한다. 그리스도교의 죄의 관념이란 어떤 조항에 대한 범법 행동이 아니라, 근본적으로 하나님의 말씀에 대한 순종이냐, 불순종이냐에 대한 것이다. 벵겔은 이를 단순한 부주의라 하였으나, 오히려 고의적인 불순종이었다.

반면에 그리스도교의 의란 하나님의 말씀에 대한 순종이다. 그리스도는 세상에 오셔서 죽기까지 복종하셨으니, 곧 십자가에 죽으신 것이다. 이처럼 한 사람의 불순종으로 많은 사람이 죄인이 된 것같이, 그리스도 한 사람으로 말미암아 죄인이 된 많은 사람이 의인이 된 것이다.

※ 로마서 5장 20절은 아담과 그리스도의 비교에서 여담이다.

아담으로 말미암은 범죄와 멸망은 그리스도로 말미암아 의와 영생이란 축복으로 결론이 났는데, 그러면 '그 중간에 들어온 율법은 무슨 의미가 있느냐' 하는 것이다. 율법이 중간에 들어왔다는 것은, 율법이 아담과 그리스도 중간에 들어왔다는 것이다.

■ 다음은 [더 큰 죄]와 [더 큰 은혜]의 대조이다

(20) [1]율법이 들어온 것은 범죄를 더하게 하려 함이라.
[2]그러나 죄가 더한 곳에 은혜가 더욱 넘쳤나니.

The Low came in so that the transgression would increase,

but where sin increased, grace abounded all the more,

[1] 율법은 범죄를 더하게 하려고 들어온 것이다. 율법은 죄를 알게 하고(롬 7:7), 욕심을 품어 범죄를 더하게 하고(7:8), 나를 생명으로 인도해야 할 그 계명이 도리어 나를 죽음으로 인도한다(7:10). 이것은 율법이 사리(事理)에 어긋남이다. 유대인들은 무슨 목적으로 율법이 주어진 것을 모르고 있었다. 이는 죄인을 살게 함이 아니고(믿음으로 살게 하는 것은 오직 하나님의 은혜이다), 도리어 저들 자신의 힘으로 율법을 지키고 있다고 교만하게 단정하는 자들이, 얼마나 강한 죄의 쇠사슬에 결박되고 포로가 되어 있는지를 보이고자 함이다.

[2] 그러나 죄가 더한 곳에 은혜가 더욱 넘쳤다. 여기에서 하나님은 잔인한 폭군이 되지 않고 생명의 아버지가 되신다. 율법으로 인해 범죄가 더한

잔인한 현상은 넘치는 은혜로 압도당한 것이다. '더욱 넘쳤다'고 하는 것은 '넘치고도 초월하게 풍성함'이란 뜻으로 극히 강의적이다. 죄가 사람을 파멸에 빠뜨린 후, 은혜는 구원을 하러 온 것이다. 죄가 넘칠 때 은혜는 더욱 넘쳐 죄의 홍수를 극복할뿐더러 그것을 흡수하고 만 것이다.

■ 다음은 [사망]과 [영생]의 대조이다

(21) 이는 죄가 사망 안에서 왕 노릇 한 것같이, 은혜도 또한 의로 말미암아 왕 노릇 하여 우리 주 예수 그리스도로 말미암아 영생에 이르게 한다.

so that, as sin reigned in death even so grace would reign through righteousness to eternal life through Jesus Christ our Lord.

▶전절의 "죄가 더한 곳에"를 설명한 것이다. 왕은 죄, 신하는 전 인류, 그 영토는 사망이다. 이와 같은 인생은 죽음이란 숙명적인 판도에서 죄의 종살이를 하는 것이다(히 2:15).

▶"사망 안에서"(ἐν…)는 '사망에게'나 '사망을 통하여'로 해석하는 경우가 있지만, '사망 안에서'로 해석하는 것이 자연스럽고 바른 해석이다.

▶여기서 왕은 은혜, 신하는 신자, 그 영토는 영생이다. 하나님의 은혜는 죄인들을 의롭게 하시는 법에 의하여 지배하며, 그 목적은 그리스도의 공로를 통하여 사망에서 벗어나 영생으로 인도하는 것이다.

▶'영생에'(εἰς)와 '사망 안에'(ἐν)란, 두 단어에 붙어 있는 전치사는 서로 대조적이다. 전자는 사망의 왕국을 떠나 영생의 왕국을 향해 가고 있는 사실을 설명하는 것이다.

» **부활론(다): 결론 부분 ①**
» **부활론 ①**
  그리스도의 부활이 신자 부활의 근거가 된다

이 항목은 [부활론(나): 본론 부분 ⑥]에 이미 언급된 바가 있다. 그러나 이곳에서 그 내용을 좀 더 자세히 부연한다. 왜냐하면 [신자의 부활]이 직접 나와 관계가 있기 때문이다.

1. 신자의 부활은 전적으로 그리스도의 권능이다

⇨ [고전 15:20]이다.

㉮ 그러나 이제 ㉯ 그리스도께서는 죽은 사람들 가운데서 살아나셔서,

But now Christ has been raised from the dead,

㉰ 잠든 사람들의 첫 열매가 되셨도다.

the first fruits of those who are asleep.

㉮ "그러나 이제"란?

바울은 이 구절의 앞쪽에, 만약 '죽은 자의 부활이 없다'고 한다면 어떤 상황이 벌어질 것인가를 예상해보았다. 그것은 아주 처참한 상황에 빠진다. 왜냐하면 그리스도교 신앙 자체가 무너지기 때문이다. 그리스도교에서 부활은 신앙의 밑바탕이면서 그것이 핵심교리가 되기 때문이다. 그래서 그리스도교에서는 부활이 중요하다. 그것은 어디까지나 '만약'이라는 가정 아래서 그렇지, 그것은 실체가 아니었으나 이제는 그 부활이라는 것이 확고부동하다. 왜냐하면 그리스도께서 실제로 부활하셨기 때문이다.

㉯ "그리스도께서는 죽은 사람들 가운데서 살아나셨다" 하는 의미는?

¹ 그리스도께서 부활하신 것,

² 그리스도교의 교리가 부활이라는 것,

³ 이 구절에 신자의 부활도 포함된다는 것 등이다.

이 구절에는 세 가지 뜻이 들어 있다. 사도신경에 그리스도께서는 "장사 된 지 사흘 만에 죽은 자 가운데서 다시 살아나셨다"라고 하였다. 그와 같이 우리도 죽어서 무덤 속에 들어가고, 주께서 부활하신 것과 같은 이치로 무덤에서 살아난다. 그 살아난 몸은 현재의 육의 몸이 아니고 영의 몸이다. 곧 부활하신 주님의 몸과 같은 영체이다.

언제 그렇게 되는가? 주께서 재림하실 때이고, 마지막 나팔이 울릴 때다. 그때 눈 깜박할 사이에 홀연히 영체로 변한다. 나팔 소리가 나면 죽은 사람은 썩어 없어지지 않을 몸으로 살아나고, 살아 있는 사람은 살아 있는 상태에서 몸의 변화를 받아 영체로 변한다. 어떻게 그렇게 변하는가 하는 것에 대한 어떤 설명도 불가능하다. 그 변화의 원인은 오직 하나님의 권능에 의한 것이다.

"그리스도께서 죽은 자 가운데서 살아나셨다" 하는 것은, 우리 성도가 '나는 그의 유일하신 아들, 우리 주 예수 그리스도를 믿습니다' 하는 믿음에서 이루어진다. 그 구절의 내용은 그리스도의 부활에 우리 성도들의 부활도 포함이 된다는 분명한 사실이 된다.

㉲ 그다음 "잠든 사람들의 첫 열매가 되셨도다"라고 하는 뜻은?

"잠든 사람들의 첫 열매가 되셨도다" 하는 것은 그리스도께 속한 사람들의 부활이다. 그것은 죽은 성도들의 부활이면서, 성도들에게는 그것이 '첫 열매'이면서 부활의 두 번째 부대가 된다.

▶"그리스도께서 죽은 사람들 가운데서 살아나셨다"고 하는 것은, 그리스도 자신의 첫 열매이다. 또한 '잠든 사람들의 첫 열매'는 죽은 성도들이 부활한 것에 대한 첫 열매를 말한다. 고린도전서 16장 15절, 로마서 16

장 5절에는 성도들을 첫 열매라고도 하였다.

그리스도께서 십자가에서 못 박혀 죽으신 것은, 그리스도 자신만의 죽음이 아니고 우리 성도들의 죽음도 주님의 죽음 속에 포함되었다는 것이다. 바울은 이 사실에 대하여 말하기를 "내가 그리스도와 함께 십자가에 못 박혔나니, 그런즉 이제는 내가 산 것이 아니요 내 안에 그리스도께서 사신 것이라"고 했다. 그러므로 그리스도의 죽음 안에 내 자신의 죽음도 포함되어 있다는 것을 기억하면서 살아가야 한다.

그리스도의 죽음은 그 자신만의 죽음이 아니고, 우리들 전체의 죽음을 대신하는 죽음이다. 또 죽음과 마찬가지로 부활도 그렇다. 이 어구에서 "이제 그리스도께서 죽은 사람들 가운데서 살아나셔서 잠든 사람들의 첫 열매가 되셨도다" 하는 것은 그리스도의 부활 속에 우리의 부활도 포함이 된다는 깊은 의미가 들어 있다.

이것은 그리스도와 성도가 부활에 있어서는 공통적인 관계가 있기 때문이다. 이 사실을 명확하게 알기 위해서는, 이 구절을 좀 더 분명하게 이해할 필요가 있다.

일 년 중에 더위가 한풀 꺾이는 9월이 되면, 농민들은 그때 대개 여유롭다. 그래서 망태기를 어깨에 메고 여기저기 논두렁을 다니면서 꼴을 벤다. 그때 우연히 어느 집의 논에 벼 이삭이 나온 것이 눈에 띄면, 농사꾼은 참으로 신기한 그 모습을 보고 마을에 들어가 사람을 만날 때마다 이 사실을 전하게 된다. 시골에서는 이것이 아주 큰 뉴스거리다. 먼저 핀 이삭은 이어서 꽃이 피고 수정이 되어 열매가 맺힌다. 그래서 이삭은 곧 누렇게 익어서 먼저 수확을 한다.

이것은 인간 세상에서 "그리스도께서 죽으시고 사흘 만에 부활하셨다" 하는 것에 대한 비유로 설명한 것이다. 그 먼저 나온 벼 이삭이 주님께 속한 '첫 열매'이고, 또한 부활의 첫 부대이다. 첫 열매는 구약에서 추수한 곡물의 '첫 열매'를 나타낸 것인데, 그의 첫아들이나 첫 짐승도 같은 의미다. 그것은 구약에서 첫 열매를 하나님께 드린 사실을 상징하고, 그리스도와 성도가 부활에 있어서는 공통적인 것을 의미한다. 첫 열매를 드리면 곧이어 추수의 계절이 되어, 모든 곡식을 한꺼번에 거둬들여서 수확을 한다. 그래서 그리스도의 부활에 이어 모든 성도들도 부활이 이루어진다는 의미다.

2. 우리의 구원은 그리스도의 고난의 역사다

이 고난을 신학적으로 그리스도의 비하(卑下)라고 한다.

그리스도는 자기를 극도로 비하(humiliation)한다.

① 그는 근본 하나님의 본체이나,

② 그 영광스런 본체의 지위를 버리고,

③ 종의 형체를 취하고,

④ 사람이 되어서는 자기를 낮추었고,

⑤ 죽기까지 순종하여 십자가에 죽으셨다.

사도신경의 라틴어 원형에는 "십자가에 못 박혀 죽으시고", "묻히시고", "음부에 내려가시고"까지 포함되어 있다. 예수가 육신으로 탄생한 자체가 벌써 지극한 비하이고, 고난이었다. "생이 시작되는 곳에 위기도 시작된다"라는 말이 있다. 그리스도에게는 이 말이 더욱 절실하게 느껴졌을 것이다. 그러나 주님에 대한 고난의 절정은 죽음이고, 그 죽음은 십자가의 죽음으로 아주 잔인한 죽음이었다. 그리스도는 자신을 비하하여 인간이 되셨고, 인간이 받는 최고의 고통인 죽음까지도 겪으며 십자가에 못 박혀 죽으셨다.

여러 학자들이 사도신경에서 탄생 다음에 바로 이어 고난의 역사(work)

를 언급한 것을 (그의 33년간의 생애를 말하지 않고) 지적한다. 그래서 '주네브 신앙문답'에는 "여기에서는 오직 우리의 구원의 요소만을 거론한다"라고 답을 한다.

그리스도는 십자가에서 죽으심으로 만민의 죄를 대속(代贖)하였다. 그것은 '죄를 범한 인간은 반드시 죽는다'고 하였기 때문이다. 이처럼 죽을 사람을 위해 그리스도는 사람이 되셨고, 또 죽으셔야만 하였다.

» **부활론(다): 결론 부분 ②**
» **부활론 ②**
   부활에는 순서가 있다

아담 한 사람의 죄는 모든 인류에게 유전되어 죽음을 맞이하게 하였고, 예수 그리스도 한 사람의 은혜는 많은 사람에게 생명을 주어 구원을 얻게 하였다. 이는 그리스도의 부활의 결과로 일어나는 종말적 사건이 있다. 그것이 일어나는 순서는 다음과 같다. 먼저는 그리스도의 부활이요, 다음은 신자의 부활이요, 마지막은 불신자의 부활이다.

⇨ **[고전 15:23-27]이다.**

(23) ¹그러나 각각 제 차례대로 그렇게 될 것이다.

²먼저는 첫 열매이신 그리스도이다.

³그다음은 그리스도께서 재림하실 때, 그리스도께 속한 사람들이다.

But each in his own order;

Christ the first fruits, after that,

those who are Christ's at His coming.

¹ 종말적 부활에서 군인들이 행진하는 것처럼, 한 부대씩 차례대로 나타난다는 것이다.

² 부활의 첫 부대는 그리스도이시다. 그는 과거에 이미 부활하셨다.

³ 부활의 두 번째 부대는 그리스도에게 속한 사람들이다. 그리스도께서 공중에서 오실 때에 모든 죽은 성도들이 먼저 부활하고, 그다음 살아 있는 성도들은 몸에 변화를 받은 후에, 먼저 부활한 그들과 함께 구름 속으로 이끌려 올라가서 공중에서 주님을 영접한다.

(24) ¹ 그 후에는 마지막이다.

² 그때에 그리스도께서 모든 통치와 모든 권세와 능력을 폐하고,

³ 그 나라를 하나님 아버지에게 넘겨드리실 것이다.

then comes the end, when He hands over the kingdom

to the God and Father, when He has abolished all rule and

all authority and power.

¹ 그 후에는 마지막이다.

이 구절은 뜻을 이해하기 어렵지만, 두 가지 견해가 있다.

㉠ 부활의 세 번째 부대는 불신자의 부활이다.

그때는 세상의 끝날이고, 천년왕국 이후이다.

㉡ 둘째 부대인 신자의 부활 다음에 '종국이 온다는 뜻'이다.

전자를 취한다. 하지만 본문 자체에서는 후자가 간결하고, 오히려 타당성이 크다.

후자가 성경 전체의 사상에 부합한다. 불신자의 부활을 도외시할 수는 없는 것이다.

² 그때에 그리스도께서 ㉠ 모든 통치와 ㉡ 모든 권세와 ㉢ 능력을 폐하고.

㉠은 영계의 주장으로 혹은 선한 천사나 혹은 악한 천사를 의미한다.

ⓛ은 집합적 세력을 의미한다(엡 2:3). ⓒ은 하나님에게서 오는 인격적이며 초인간적인 능력이다. 이 세 가지는 동의어로서, 결국 영계와 인간계의 모든 권력을 총망라한 것이다.

³ 그 나라를 하나님 아버지에게 넘겨드리실 것이다.

그리스도께서 재림하시면 천년왕국이 이루어지고, 그다음 모든 인류가 부활한 후에 크고 흰 보좌에 앉으신 이에게(그리스도) 최후의 심판을 받는다(계 20:11-15). 그다음 모든 권력을 멸하고 나라를 성부에게 돌리신다. 그 후는 영원시대로서 성삼위의 지배가 있을 것이다.

(25) ¹하나님께서 모든 원수를 그리스도의 발아래에 두실 때까지,
²그리스도께서 다스릴 것이다.

For He must reign until He has put all His enemies under His feet.

¹ 이는 시편 110편 1절의 인용으로, 신약에 가끔 나온다(마 22:44; 히 1:13). 이는 성부께서 성자의 모든 원수를 멸하게 된다는 것을 예언한 구절이다. 앞 구절에 대한 보충 설명이다.

² 그리스도는 모든 원수를 멸하시기까지 왕 노릇 하셔야만 한다. 그 후 그는 왕권을 성부에게 돌리신다.

(26) ¹맨 나중에 멸망 받을 원수는 사망이니라.

The last enemy that will be abolished is death.

¹ '사망'이 인격화되어 있다. 그는 앞서 멸망할 모든 권력보다 더 무서운 적이다. 그는 죄의 결과요, 사탄의 영역이다(롬 5:21). 그리고 생명이신 하나님과는 정반대이고, 적이다. 모든 인간이 부활할 때 사망은 멸망한다.

(27) ¹만물을 그의 발아래에 두셨다 하셨으니
²만물을 그의 아래에 두신 이가 그중에 들지 아니한 것은 분명하도다.

For He has put all things in subjection under His feet.

But when He says, "All things are put in subjection,"

it is evident that He is excepted who put all thing

in subjection to Him.

¹ 이는 시편 8편 6절의 인용이고, 신약에 자주 나온다. "하셨으니"라는 때는 시편 기자를 통해 말씀하셨다는 뜻이다.

² 만물을 그리스도의 발아래 복종시키신 하나님은, 그 만물 중에 들지 않는다. 즉 그리스도는 하나님 외에 전체를 지배하신다. 성도들도 종국적 의미에서 하나님 한 분 외에는 아무에게도 복종하거나 두려워하지 않을 것이다.

※ 다음은 본 단원의 요약문이다.

(a) 부활의 첫 부대는 그리스도이다. 그리스도의 죽음 속에 내 죽음도 포함되어 있다. 또 그리스도의 부활 속에 내 부활도 포함되어 있다.

(b) 부활의 두 번째 부대는 그리스도께 속한 사람들이다. 그리스도에게 속한 사람은 우리 신자들이다. 그리스도께서 공중에서 오실 때 죽은 모든 성도가 먼저 부활하고, 살아 있는 성도는 몸에 변화를 받은 후에, 그들과 함께 구름 속으로 이끌려 올라가서 공중에서 주님을 영접한다.

(c) 부활의 세 번째 부대는 '그 남은 자들' 또는 '마지막 자들'이다. 그것은 세상의 종국, 천년왕국 이후에 있을 불신자들의 부활을 가리킨다. 부활은 신자에게만 있는 것이 아니라 불신자에게도 있다. 그러나 신자의 부활을 '첫째 부활'이라 하고, 불신자의 부활을 '둘째 부활'이라 하지 않고 '둘째 사망'이라 한다.

(d) 마지막으로 멸망하는 것은 사망이다. 모든 인간이 부활할 때 사망은 멸망하는 것이다. 사람들이 전부 다 부활하였다. 선한 자도, 악한 자도 모두 부활했기 때문이다. 죽을 자가 없다는 것이다.

거룩한 부활의 신앙을 가진 자는 현세에서 날마다 죽는 삶을 살 수 있고, 어떠한 위기도 견디게 된다. 그것은 부활 신앙에서 나오는 힘이다.

» **부활론(다): 결론 부분 ③**
» **부활론 ③**
  죽은 사람이 어떻게 살아나는가?

지금까지 부활에 대한 확실성을 논한 사도는, 이제는 부활의 성격을 논한다. 앞쪽 부분에는 "왜 죽은 자의 부활이 없다"라고 하느냐에 대한 답변으로 "예수께서 장사된 지 사흘 만에 죽은 자 가운데서 다시 살아나셨고, 그 살아나신 것을 직접 눈으로 본 증인들의 허다한 사례가 있다"라고 답변했다.

그들은 이제 죽은 자의 부활을 인정한다고 하면서도 이차적인 의문을 품었다. 그래서 그들은 "① 죽은 사람이 어떻게 살아나며, ② 어떤 몸으로 오느냐?" 하고 물었다(고전 15:35).

이 항목은 그리스도의 부활에 대한 체계화된 견해이므로 극히 중요하다. 이 항목은 그 첫 번째이고, '부활론 ④'는 그다음 항목이다.

※ 죽은 자가 어떻게 살아나는가?

몸에 여러 가지 종류가 있다는 것을 씨앗의 비유로 설명한다. 부활의 몸이 현재의 몸과 다른 것을 밝히기 위한 것이다. 이것을 분명하게 이해한다면, 부활에 대한 의심도 어느 정도 해결될 수 있는 것이다.

⇨ [고전 15:36-38]이다.
(36) ¹어리석은 사람이여!

²네가 뿌리는 씨는 죽지 않고서는 살아나지 못한다.

You fool! That which you sow does not come to life unless it dies;

¹ 자신은 지혜가 있다고 생각하고 복음을 믿는 자를 어리석게 생각하는 자들(고전 1:23)에 대한 책망이다. 그러나 이 말이 가혹한 것은 아니다. 예수께서도 의심하는 제자들에게 같은 말씀을 하셨기 때문이다(눅 24:25).

² '어리석은 사람이여, 너 자신이 늘 씨앗을 뿌리면서 그 씨가 죽어야 싹이 트고 자라나는 것은 알지 못하느냐?'라는 뜻이다. 식물의 씨앗을 흙 속에 묻어 두고, 그곳에 알맞은 수분과 온도가 주어지고 공기가 통하면, 그 씨앗은 뿌리가 생기고 싹이 나서 한 개체의 식물이 된다. 그리고 원래 씨앗은 죽어서 소멸이 되고, 새로운 개체의 식물이 된다.

이는 요한복음 12장 24절의 주의 말씀을 방불케 한다. "밀알 하나가 땅에 떨어져서 죽지 않으면 한 알 그대로 있고 죽으면 열매를 많이 맺는다." 그리스도는 죽음을 통해 만민에게 부활의 생명을 준다는 명백한 비유이고, 바울은 죽은 자가 부활하는 그 원리를 설명한 것이다.

(37) ¹그리고 네가 뿌리는 것은 장차 생겨날 몸 그 자체를 뿌리는 것이 아니고,
²밀이든지 그밖에 어떤 곡식이든지 다만 씨앗을 뿌리는 것이다.

and that which you sow, you do not sow the body which is to be, but a bare grain, perhaps of wheat or of something else.

¹ 처음 뿌리는 씨의 알갱이와 거기서 자란 식물은 다른 형체이다. 누구나 알 수 있는 단순한 비유에서 부활의 몸을 설명한 것이다.

² 처음 씨앗은 현재의 육체이고, 흙 속에서 싹트는 씨앗이 성장한 식물의 형체가 부활의 몸이다. 씨앗이 땅속에 들어가면 씨앗에서 싹이 나오고, 그 싹이 성장하면서 처음 씨앗은 흙 속에서 결국 죽어(썩어)버리고, 그 싹이 성장하여 새로운 개체의 식물이 된다. 이것이 부활체라는 것이다. 누구나 알 수 있는 단순한 비유에서 '부활의 몸'을 설명한 것이다.

(38) ¹그러나 하나님께서는 뜻하신 대로 그 씨앗에 몸을 주시고,

²그 하나하나의 씨앗에 각기 고유한 몸을 주시느니라.

But God gives it a body just as He wished, and to each of the seeds a body of its own.

¹ "하나님께서"와 36절의 "네가"라는 단어는 서로 대조가 된다. 이는 중요한 점이다. 새 몸을 예비하는 것은 씨앗 자체도, 씨 뿌리는 자도 아니다. 각 씨앗에게 그가 원하시는 바로 그 몸을 주시고, 바르고 적절한 형체를 주는 이는 오직 하나님이다.

² 이 중요한 점에 '죽은 자들이 어떻게 다시 살며'의 해답이 있다. 부활의 원인은 전적으로 하나님께 있는 것이다. "하나님께서는 뜻하신 대로"는 '그가 선하신 그대로'라는 의미다. 즉 창조에서 하나님은 그가 원하신 그대로 모든 나무에게 형체를 주셨다. 이런 원리로 하나님은 우리에게 부활의 몸도 주신다.

※ 이 항목의 요점이다.

죽은 자가 살아난다고 하는 것은 인간의 심정으로는 인정할 수 없다. 그러나 성령의 권능을 받은 자는 그 가능성을 확실히 인정한다. 그런 사람이 바로 하나님의 성품에 참여하는 자다. 이 얼마나 놀라운 일인가?

사람은 죽으면 땅속에 묻힌다. 흙 속에 묻힌 육신은 썩는다. 썩은 육신은 흙 속으로 스며들어 흙이 된다. 사람의 육신은 흙에서 지음을 받았으니, 그것은 원래 그가 왔던 곳으로 돌아가는 것이고, 영혼은 하나님의 것이니 하나님께로 돌아간다. 이렇게 분리되는 것이 인간의 죽음이다. 이 죽음을 통하여 새 생명의 원리가 시작되기 때문에, 그런 썩어짐이 없이는 부활도 없다.

바울은 죽은 자의 부활을, 땅에 떨어진 씨앗이 흙 속에서 싹이 터서 나오는 비유로 설명했다. 땅속에 떨어진 씨앗은, 흙에서 씨앗 본래의 형체

가 변화를 받아 싹이 트고, 그 싹이 자라면서 씨앗 본래의 형체는 생명이 끝나서 죽지만, 씨앗에서 올라온 다른 형체인 싹이 자라서 식물이 된다. 이것이 부활체라는 것이다.

땅속에 묻힌 육신은 분해가 되어 그 형체를 알 수 없게 된다. 그러나 우리는 주께서 재림하실 때 들리는 나팔 소리를 듣고 부활체를 입게 된다. 그 부활체는 영체(靈體)이다. 부활하신 주님과 같은 모습이다. 영체는 사람 눈에 보일 수도 있고, 보이지 않을 수도 있다. 오직 영안을 가진 자만이 보인다.

» **부활론(다): 결론 부분 ④**
» **부활론 ④**
  살아난다면 어떤 몸으로 오는가?

고린도전서 15장 35절에는 두 가지 의문을 제기한다. [1] '죽은 사람이 어떻게 살아나는가?'와 (살아난다면,) [2] '어떤 몸으로 오는가?'이다. 이 항목은 그 두 번째 의문에 대한 답이다.

이 항목도 앞쪽 항목과 같이 그리스도의 부활에 대한 체계화된 견해이므로 매우 중요하다. 앞에서 몸에 여러 종류가 있음을 지적한 필자는, 이제 그것을 부활의 몸에 응용시켜 현재의 몸과 부활의 몸의 차이를 밝히고자 한다. 이 부분은 시가의 형식이다. 그래서 고린도전서 13장을 '사랑의 찬가'라 한다면, 이는 '부활의 송가'가 된다.

※ 살아난 사람의 몸은 어떤 몸인가?
'심고…다시 살며'를 네 번 반복하는 형식이다.
이곳에는 '심고…다시 살며'라는 어구가 네 번이나 나온다. '심고'는 오히려 '매장하고'의 뜻이다. 무가치한 것은 매장하고, 가치 있는 것으로 부활한다는 것이다. 즉 ▸썩을 것과 썩지 않을 것 ▸욕된 것과 영광스러운 것 ▸약한 것과 강한 것 ▸육의 몸과 신령한 몸 등에 대한 강한 대조이다.

⇨ [고전 15:42-46]이다.

ⓐ 썩을 것과 썩지 않을 것의 대조이다.

(42) 죽은 자의 부활도 이와 같으니,

썩을 것으로 심고 썩지 아니할 것으로 다시 살아나며,

So also is the resurrection of the dead, It is sown a perishable body, it is raised an imperishable body;

현재의 몸은 흙에서 나서 흙으로 돌아가 썩어진다. 그러나 부활의 몸은 썩지 않고 영원히 사는 몸이다.

ⓑ 욕된 것과 영광스러운 것의 대조이다.

(43) ¹욕된 것으로 심고, 영광스러운 것으로 다시 살며,

it is sown in dishonor, it is raised in glory;

현재의 몸은 병들고 신음하고 결국 죽는 욕된 것이지만, 부활의 몸은 하나님의 보좌 앞에 설 영광스러운 것이다.

ⓒ 약한 것과 강한 것의 대조이다.

(43) ²약한 것으로 심고, 강한 것으로 다시 살며

it is sown in weakness, it is raised in power;

현재의 몸은 스스로 병들고 노쇠하고, 마귀를 상대하여 늘 유혹의 그릇이 되는 약한 것이다. 그러나 부활의 몸은 완전히 강건하여 어떤 침해도 받지 않는다.

※ 위의 대조의 결론이다.

ⓓ 육의 몸과 신령한 몸의 대조이다.

(44) ¹육의 몸으로 심고 신령한 몸으로 다시 살아나나니,

it is sown a natural body, it is raised a spiritual body.

▶[육의 몸]은 '혼의 몸'으로 사람의 생래(生來)의 동물적 육체이고, 혈기의 몸이며, 영생에 이르는 영의 생활을 할 수 없는 몸이다.

▶[신령한 몸]은 '영(πγῦεμα)의 몸'으로 성령이 내재하셔서 영생에 이르게 하는 몸이다. 이 몸에는 하나님의 '성령'이 '혼'을 대신하여 계시므로, 이 부활의 몸은 그의 내재와 역사에 적합하다(πγῦεμα는 '성령', '사람의 영'을 가리킨다).

지상의 몸에는 영(πγῦεμα)이 아니라 혼(ψυχή)이 몸에 내재하므로, 그 혼(ψυχή)의 작용을 받는 조직으로 몸이 구성되어 있다.

부활의 몸은 영(πγῦεμα)의 활동에 적합한 조직이며, 그 성격에 제한된다. 아무튼 부활의 몸은 '신령한 몸'이다. 그것을 현재의 '육의 몸'과 동일시하기 때문에 여러 가지 문제가 일어나는 것이다.

(44) ²육의 몸이 있은즉 신령한 몸이 있느니라.

If there is a natural body, there is also a spiritual body.

현세에 육의 몸이 있는 것처럼, 내세에는 신령한 몸이 있다.

두 몸은 아담과 그리스도의 대조에서 설명되는 것이다. 로마서 5장 12-21절에는 아담과 그리스도를 죄와 의의 시조로 대조시킨다. 전자는 원인 면이고, 후자는 결과 면이다.

(45) 성경에 "첫 사람 아담은 산 영이 되었다"라고 기록한 바와 같이, 마지막 아담은 살려주는 영이 되었다.

So also it is written, "The first man Adam, became a living soul." The last Adam became a life-giving spirit.

"첫 사람 아담은 산 영이 되었다"라고 하는 것은 창세기 2장 7절의 인용이다. 흙으로 지음받고 코로 생기를 받은 아담은 산 사람이 된 것이다. 이 '산 영'은 앞쪽의 '육'의 생명으로서 동물의 생명과 같은 것이다. 즉 아담은 육체적 생명의 시조였다.

아담은 현세적이고 혼적인 생명의 시조가 되었으나, 그리스도는 영생하는 영적인 생명의 시조가 되셨다. 그리고 마지막 아담이 언제 '살려주는 영이 되었느냐' 하는 것은 그의 부활에서 입증된 것이고, 그것이 "그리스도께서 죽은 자 가운데서 다시 살아 잠자는 자들의 첫 열매가 되신" 사실과 부합이 된다. 결국 아담은 전절의 '육의 몸'의 시조가 되었고, 그리스도는 '신령한 몸'의 시조가 된 것이다.

(46) 그러나 신령한 것이 먼저가 아니다. 육적인 것이 먼저요, 그다음이 신령한 것이다.
However, the spiritual is not first, but the natural; then the spiritual.

아담이 먼저이고, 그리스도는 그다음이다. 그래서 사람은 중생하기 전에 나고, 부활하기 전에 산다. 육으로 먼저 사는 인간은 그리스도의 대속으로 구원을 받아 영의 사람이 되도록 했다. 여기서 '발전의 단계'를 볼 수 있다.

아담은 도덕적으로 완전하게 창조된 것이 아니라, 완전할 수 있도록 창조되었다. 진실로 그의 육체적 또는 정신적 상태에까지 발전이 요구되었다. 이는 인류 역사에서 볼 수 있는 일반적 원리이다. 하등의 생명이 고등의 생명으로 진전하는 것과 같다.

» 부활론(다): 결론 부분 ⑤
» 부활론 ⑤
그리스도의 재림 때 살아 있는 자의 몸의 변화는?

부활의 두 번째 부대는 '그리스도에게 속한 자들'이다. 그에게 속한 자는 바로 우리 신자들이다. 그러면 우리는 언제 부활하는가? 예수께서 재림하실 때이다. 모든 신자가 그때 부활한다. 이미 죽은 자는 무덤에서 일어나 부활하고, 살아 있는 자는 요행스레 몸의 변화를 받는다. 바울은 이에 대하여 말하기를 "벗고자 함이 아니요, 덧입고자 함이다"라고 했다.

1. 땅에 있는 장막 집과 하늘에 있는 영원한 집

바울은 육적 세계의 나약성과 영적 세계의 영광을 ▸질그릇과 보배 ▸ 겉 사람과 속사람 ▸장막 집과 영원한 집 등 세 가지로 구분한다. 이는 현세와 내세의 생명을 대조하고, 후자를 바란다는 것이다.

⇨ [고후 5:1-5]이다.

(1) ¹땅에 있는 우리의 장막 집이 무너지면, 하나님께서 지으신 집,

²곧 손으로 지으신 것이 아니요, 하늘에 있는 영원한 집이 우리에게 있다.

For we know that if the earthly tent which is our house is torn down, we have a building from God, a house not made with hands, eternal in the heavens.

1.¹ "땅에 있는 장막 집"은 사람의 육체를 가리킨다. 그것은 나약하고, 임시적이고, 무가치하다는 것이다. 이 '장막 집이 무너진다'고 하는 것은 ① 죽음의 순간 ② 재림의 때 등의 견해가 있다. 칼뱅은 양설을 조화하여 "하늘의 집은 내가 죽었을 때 착공하고, 내가 부활할 때 완공이 된다"라고 하였다. 본문의 어세는 전자가 좋다. 그리고 베드로후서 1장 14절의

"장막을 벗어난다"라고 하는 것은 죽음을 가리킨다.

² "하늘에 있는 영원한 집"은 내가 죽은 후에, 내 영이 그곳에 가서 하나님과 함께 영광의 상태로 있으면서 부활을 기다리며 있는 곳이다. 그리고 "하늘에 있는 영원한 집"이란 '육체'에 대조가 되는 '영체'이다. 이는 또한 '부활체'이고, '하늘에 있는 영원한 집'이다.

그리고 "영원한 집이 우리에게 있는 줄"에서 "있는 줄"(ἔχομεν)은 '가진 줄'이며, 현재형으로 계속적 소유를 가리킨다. 현재는 믿음으로 가지고, 사후에는 바라봄으로 가지고, 부활 때에는 완전히 소유한다.

(2) ¹우리는 하늘로부터 오는 우리의 집을 덧입기를 갈망하면서 이 장막 집에서 탄식하노라.

For indeed in this house we groan, longing to be clothed with our dwelling from heaven,

바울은 지금 '땅에 있는 장막 집'에 살면서 하루바삐 '하늘의 집'을 덧입기를 원한다고 하였다. 비유는 이제 건물에서 의복으로 바뀐다. 육적인 삶이 고통스럽다는 것이다. 그래서 플라톤은 "육체를 영혼의 감옥이다"라고 했다.

벗는 것은 죽는다는 것이고, 덧입는 것은 예수께서 재림하실 때 살아 있는 성도들의 육체가 변화하여 신령한 몸으로 바뀌는 것을 의미한다. '신령한 몸'은 곧 '영체'이고, 죽은 성도들의 '부활체'와 같다(살전 4:16-17). 아무튼 이는 '나'에 대한 주인이 되는 영혼을 두고 하는 말이다. 이렇듯 장막 집에서는 육체의 영화를 위해 탄식하며 간절히 원한다는 것이다.

(3) 우리가 이 장막을 벗을지라도, 벗은 몸이 되지 않을 것이다.

inasmuch as we, having put it on, will not be found naked.

유대인들은 나체를 드러내는 것을 싫어하고, 음부에서는 벗은 몸으로 있다고 생각하였다. 그러나 여기서 벗은 몸이란 육체를 떠난 영을 가리킨다. 즉 죽음에서 재림까지의 중간상태에서 육체를 입지 않은 영혼을 말한다.

만약 살아 있는 상태에서 재림을 맞이한다면, 바로 영체를 입게 되어 벗은 몸이 되지 않아 벗은 영혼의 시기는 없다. 바울은 그렇게 되기를 원한다는 것이다. 어거스틴은 죄를 범하지 않았다면, 그의 육체는 그대로 불멸의 영체로 변했을 것이라고 하였다.

(4) ¹우리는 이 장막에서 살면서, 무거운 짐에 눌려서 탄식하고 있다.

²우리는 이 장막을 벗어버리기를 바라는 것이 아니라, 그 위에 덧입기를 바란다.

그리하여 죽을 것이 생명에게 삼켜지게 하려는 것이다.

For indeed while we are in this tent, we groan, being burdened,

because we do not want to be unclothed but to be clothed,

so that what is mortal will be swallowed up by life.

(이 구절은 2절 내용 반복이다)

¹ 육체의 장막 속에 사는 영은 그 육체의 제한성과 거기에서 오는 핍박과 고통 때문에, 무거운 짐을 등에 짊어지고 가듯 고통스러워 탄식이 나온다는 것이다.

² '죽을 것이 생명에게 삼켜지게 하려는 것'은 에녹이나 엘리야의 경우처럼 죽지 않고 영체를 덧입기를 바란다는 것이다. 그렇게 되면 그것은 죽을 것이 죽지 않고 생명에게 삼켜진 바가 된다.

(5) ¹이런 일을 우리에게 이루어 주시고,

²그 보증으로 성령을 우리에게 주신 분은 하나님이시다.

Now He who prepared us for this very purpose is God,

who gave to us the Spirit as a pledge.

¹ 이런 일이란, '죽을 것이 생명에게 삼켜지게 하려는 것'이다. 이는 인간 세계에서는 불가능하고, 또 있을 수 없는 일이다. 오직 하나님만이 가능한 일이다.

² '죽을 것이 생명에게 삼켜지게 하려는 것'은 위쪽에서 언급된 바와 같이 에녹이나 엘리야처럼 죽지 않고 영체를 바로 덧입었다는 것이다. 그렇게 되면 그것은 죽을 것이 죽지 않고, 생명에게 삼켜진 바가 된다는 의미다.

이런 일이 우리에게 반드시 일어나게 된다는 것이고, 또한 그 일은 미리 알게 된다는 것이다. 그 일을 미리 알게 하는 것은 성령이고, 또한 반드시 일어나게 된다는 보증은 성령께서 선다. 영광스러운 영체의 보증을 느끼는 것은 오직 성령의 감화에 있다.

2. 우리는 언제나 마음이 든든하다

이 항목은 위쪽의 신념에 대한 결과이다. 죽기 전에 영체를 덧입는 생의 영화를 예견하고, 그 보증으로 성령을 받아 항상 마음이 든든하고, 믿음으로 행하고, 차라리 죽어 주와 함께 거하기를 원한다.

⇨ [고후 5:6-10]이다.

(6) 그러므로 우리는 항상 담대한 사람이다. 우리가 육체의 몸으로 사는 동안에는 주님에게서 떠나 살고 있음을 안다.

Therefore, being always of good courage, and knowing that while we are at home in the body we are absent from the Lord—

'항상'은 모든 경우다. 곧 살아있든지, 죽든지, 혹은 살아서 주를 맞이하든지 등이다. 어느 경우든 우리는 주님의 구원에 대한 영광의 보증이 있으므로, 겁이 없고 배짱이 두둑하다. 우리가 육체의 몸으로 사는 동안에 주님에게서 떠나 살고 있음을 안다고 하는 것은, 우리가 영적으로는 항상 주와 함께 산다고 하지만, 육신으로 사는 동안에는 육신의 장벽 때문에 주와 따로 거한다는 것이다. 그러나 육신을 떠나 주께로 가면, 우리는 주님과 같은 모습으로 변화하여 점점 더 큰 영광에 이르게 된다.

(7) 우리는 믿음으로 살아가는 것이지 보는 것으로 살아가지 않는다.

for we walk by faith, not by sight—

믿음으로 살아가는 것은, 현세의 일들을 넘어서 미래를 바라보는 것이다. 그런 의미에서 믿음은 소망과 같은 말이 된다. 신앙인의 행동 목적지는 보이는 데 있지 않고 보이지 않는 데 있다(고후 4:18).

(8) 우리는 차라리 몸을 떠나서, 주님과 함께 살기를 바란다.

우리는 마음이 든든하다.

we are of good courage, I say, and prefer rather to be absent from the body and to be at home with the Lord.

그는 사는 것보다 차라리 죽어 주와 함께 있는 것을 원한다고 했다(빌 1:23). 결국, 그는 죽지 않고 재림을 맞이해야 한다는 고집은 없다는 것이고, 그의 진실된 마음은 살아 있는 동안에 주와 함께 거하는 것뿐이다.

종말론은 신앙에 속하는 것이고, 신앙은 주의 뜻에 따라 사는 것이다. 그래서 칼뱅은 "진정한 믿음은 죽음을 경시할 뿐만 아니라, 오히려 이를 소원하는 것이다"라고 했다.

(9) 그러므로 우리가 몸 안에 머물러 있든지, 몸을 떠나서 있든지,

우리가 바라는 것은 주님을 기쁘게 해드리는 사람이 되는 것이다.

Therefore we also have as our ambition, whether at home or absent, to be pleasing to Him.

우리의 바른 신앙생활은, 우리가 살든지 죽든지, 우리가 깨어 있든지

자고 있든지, 우리가 먹든지 마시든지 주를 기쁘시게 하는 자가 되어야 한다는 것이다. '자기중심의 본위가 아니라, 주님 중심의 본위가 되어야 한다'라는 것이다.

(10) 우리는 모두 그리스도의 심판대 앞에 나타나야 한다. 그리하여 각 사람은 선한 일이든지 악한 일이든지, 몸으로 행한 모든 일에 따라 마땅한 보응을 받아야 한다.

For we must all appear before the judgment seat of Christ, so that each one may be recompensed for his deeds in the body, according to what he has done, whether good or bed.

우리는 모두 그리스도의 심판대 앞에 서야 한다. 모든 그리스도인들은 예외 없이 이 말에 포함되어 있다.

» **부활론(다): 결론 부분 ⑥**
» **부활론 ⑥**
   그리스도의 재림 때 죽은 자의 부활은?

데살로니가 교인들은 아직도 종말에 죽은 자의 위치에 관하여 분명하지 않았다. 그들은 그리스도께서 재림 때 살아 있는 자만이 구원을 받는 것으로 생각했기 때문에, 재림 전에 죽은 성도들은 불신자와 마찬가지로 여겼다. 이런 잘못된 생각을 바로잡기 위해, 바울은 재림 때에 있을 죽은 자의 부활을 명백히 밝힌다.

⇨ [살전 4:13-17]이다.

(13) ¹형제들아, 우리는 여러분이 잠든 사람의 문제를 모르고 지내는 것을 원하지 않는다.

²여러분은 소망을 가지지 못한 다른 사람들과 같이 슬퍼하지 않아야 한다.

But we do not want you to be uninformed, brethren, about those who are asleep, so that you will not grieve as do the rest who have no hope.

¹ "잠든 사람"(τών κοιμωμέγων)이란 이 어구(語句)는 현재완료시제다. 이는 두 시점을 연결한다는 의미다. 어떤 사람이 죽은 시점에서 예수께서 재림하여 모든 사람이 부활하는 시점까지를 이어주는 시간의 간격이다.

곧 죽은 사람이 나중에 부활하게 되니, 그는 죽은 것이 아니라 '잠을 자는 상태'라는 것이다. 죽은 자를 '자는 것'으로 표시한 것은 구약이나 신약에서 같은 표현이다. 이 표현은 당시 이방인에게도 있었고 우리에게도 있었다. 그러나 그리스도교에서 이 표현을 쓴 것은 미래에 있을 부활을 전제한 것이다. 초대교회에서는 성도의 무덤을 침실이라고 불렀고, 그는 '잠들었다'고 하는 비문을 새겼다.

² 소망을 가지지 못한 사람들이란 불신자를 가리킨다. 그들은 현세대에서는 소망을 가지지만, 죽은 후의 소망은 가지지 못한다. 사람이 한 번 죽으면 다시 살지 못한다는 것은 헬라인의 굳은 신념이었으며, 또 세계적인 보편 사상이기도 했다. 바울은 여기에서 죽은 자의 추모를 금한 것이 아니고, 불신자와 같은 절망적인 슬픔을 금한 것이다.

(14) ¹우리는 예수께서 죽으셨다가 살아나신 것을 믿는다.

²이처럼 하나님께서 예수 안에서 잠든 사람들도 예수와 함께 데리고 오신다.

For if we believe that Jesus died and rose again, even so God will bring with Him those who have fallen asleep in Jesus.

¹ 죽은 자의 부활을 믿는 근거는, 죽은 자 가운데서 살아나신 그리스도의 부활 때문이다. 이는 바울의 부활에 관한 최대의 논문인 고린도전서 15장에서 더 명백하게 밝혔다. '죽은 자의 부활은 없다'라는 헬라인에

대한 바울의 답변은 '그리스도가 부활하지 않았는가' 하는 역사적 사실이다. 그리스도의 부활이라는 과거사는, 우리의 부활이라는 미래사에 대한 유일한 신앙의 근거가 된다. 전자를 부정하면 후자도 부정하게 된다.

² 여기서 '예수 안에서'(δια τού···)란 어구에서 전치사는 원인을 나타내는 '말미암은'(by)으로 해석한다. 이 구절의 해석은 이렇게 한다. "하나님께서 예수 안에서 잠든 사람들도 예수와 함께 데리고 오신다"를 "하나님께서는 자는 자들도 예수로 말미암아 그와 함께 데리고 오신다"로 하면, 그 뜻이 더욱 분명해진다.

(15) ¹우리는 주님의 말씀으로 여러분에게 이것을 말하노니,

²주께서 오실 때까지 살아남아 있는 우리가, 이미 잠든 사람들보다 결코 앞서지 못하리라.

For this we say to you by the word of the Lord, that we who are alive and remain until the coming of the Lord, will not precede those who have fallen asleep.

¹ 이 어구의 아래쪽 내용은 복음서에는 없다. 그러나 몇 가지 견해가 있다. ① 복음서에 없는 구전의 말씀이다. ② 바울에게만 독특하게 계시한 것이다(고전 11:27, 15:51처럼). ③ 복음서에 이미 나타난 말씀(마 24:31 등)을 바울이 해석한 것이다. ②항에 무게가 실린다.

² "살아남아 있는 우리가" 이 어구의 해석에는 ① 바울은 재림 때까지 살아 있을 것을 확신했다(그러므로 잘못되었다). ② 여기 '우리'란 그리스도께서 오실 때 '남아 있을' 모든 성도를 말한다. 이런 두 견해가 있다. ①은 현대 주석가들의 다수가 따르는 것이고, ②는 고대 수리아 교부들의 정설로 후자를 취한다.

그러나 전자를 취해도 잘못은 없다고 본다. 역대의 성도들은 언제나 주의 재림이 임박한 것으로 생각하고, 생전에 주를 맞이할 심적 준비를

하며 사는 것이 오히려 정상적 믿음이었기 때문이다. 바울도 자신의 죽음을 예기한 일이 있었지만, 그의 마음에는 생전에 주를 만나기를 원했던 것이다(빌 1:23).

(16) ¹주께서 호령과 천사장의 소리와 하나님의 나팔 소리와 함께 친히 하늘로부터 내려오실 것이니,
²그리스도 안에서 죽은 사람이 먼저 일어나고,

For the Lord Himself will descend from heaven with a shout, with the voice of the archangel and with the trumpet of God, and the dead in Christ will rise first.

¹ 이 구절의 원문의 처음에는 '즉'이란 접속사가 있어, 그 앞 구절의 "주님께서 오실 때까지 살아남아 있는 우리가 이미 잠든 사람들보다 결코 앞서지 못한다"라는 이 어구를 구체적으로 설명한다. 그래서 (결코 앞서지 못하는데) 그것은 주 자신이 하늘에서 강림하실 때 세 가지 소리가 먼저 들려온다. 그것은 "호령"과 "천사장의 소리"와 "하나님의 나팔 소리"이다.

▶호령은 재림하실 때 천군 사령관의 호령일 것이다. 그가 하나님이시라는 견해도 있지만, 그리스도 자신의 호령(號令)이란 것이 고대 그리스 교부 이래(以來)의 주장이다.

▶천사장의 소리는 미가엘(Michael)의 소리일 것이다(계 12:7). 구약이나 외경에는 천사들의 기사가 허다하다. 예수의 예언에도 재림하실 때 천사가 동반되는 것을 밝히셨다(마 24:31). 그는 이스라엘의 수호천사이다. 그리고 구·신약에는 가브리엘(Gabriel)의 이름도 자주 나온다(단 8:16, 9:21). 그는 하나님의 계시를 전달하는 천사이다.

또 라파엘(Raphael)은 성도의 기도를 집성(集成)하는 천사이다. 그 외에도 우리엘(Uriel), 라구엘(Raquel), 사리엘(Sariel), 예레미엘(Jeremiel) 등이 있다. 이를 일곱 천사장이라 한다. 이들 7천사장 중에 으뜸은 루시퍼(Lucifer)였

다. 그러나 그는 하나님 자리를 엿보다가 천계에서 쫓겨났고, 그 후 타락하여 사탄이 되었다(사 14:12).

▶하나님의 나팔 소리는 하나님이 부는 나팔이 아니고, 하나님의 소유이고, 하나님의 뜻을 전달하는 나팔이다. 아마 나팔을 부는 자는 천사일 것이다. 성경에는 나팔 기사가 자주 나온다(출 19:13; 시 47:5; 사 27:13; 마 24:31 등). 하나님이 백성들을 모으시며, 전쟁에 출전시킬 때에 사용되었다. 재림 때의 나팔도 하나님의 선민을 불러 모으는 역할을 할 것이다.

이 세 가지 소리는 반드시 개별적인 것은 아닐 것이다. 혹은 뒤의 두 가지를 동일시하고, 혹은 전체를 동일시한다. 종말 그 자체가 신비한 것이다. 그러므로 이를 우리 신앙의 궁극적 영역으로 남겨 둘 것이지, 그때의 사건들을 너무 구체화하면 오히려 미궁에 빠진다.

[2] "그리스도 안에서 죽은 사람이 먼저 일어나고"는 재림 때의 순서이다. 나팔 소리가 나면 먼저 죽은 성도들의 몸이 변화하여 썩지 않을 몸으로 부활한다. 이것은 천년왕국 이전에 있을 신자의 부활이다. 이를 첫째 부활이라고 부른다(고전 15:52; 계 20:6). 그러나 불신자의 부활은 둘째 부활이라고 하지 않고, '둘째 사망'이라 한다(계 20:6).

(17) [1]그 다음에 살아남아 있는 우리가 그들과 함께 구름 속으로
[2]이끌려 올라가서 공중에서 주님을 영접한다.
[3]이리하여 우리는 항상 주님과 함께 있을 것이다.

Then we who are alive and remain will be caught up together with them in the clouds to meet the Lord in the air and so we shall always be with the Lord.

[1] 재림의 날 죽은 성도들이 먼저 부활하여 부활체가 되고, 그다음 살아 있는 성도들은 몸의 변화를 받아서 부활체가 된다. 그래서 죽은 성도들의 부활체와 살아 있는 사람의 부활체가 합하여 하나가 되어 공중으

로 끌려 올라간다. 그때 성도들의 몸이 홀연히 변하고, 그 변한 몸은 육체가 아니고 영체이다. 이 사실은 [고전 15:35-52]에 상론되고 있다.

²부활체로 변한 성도들이 공중으로 끌려 올라가는 것은, 재림하시는 주를 영접하기 위한 것이다. 구름 가운데서 재림한다는 것은 구약의 예언이다(단 7:13). 주 자신의 예언에도(마 24:30) 명백한 사실이고, 이것은 계시문학의 특징이다(행 1:9; 계 11:12 등). 이 구절은 그리스도의 공중 재림의 근거로 믿어지고 있다. 즉 주께서 먼저 공중에 나타나실 때 죽은 성도들이 부활하고, 살아 있는 성도들도 몸의 변화를 받아 부활의 몸이 되어 공중으로 끌려 올라가서 주님을 만나고, 그 후에 주님은 모든 성도와 함께 지상으로 재림하신다. 성도들이 공중으로 올라가는 것은 구약의 에녹이나(창 5:24), 엘리야(왕하 2:11)의 그림자로 보인다. 공중 재림 후에, 주님은 모든 성도와 함께 지상 재림을 하셔서 모든 성도와 함께 계신다.

(18) ¹그러므로 여러분은 이런 말로 서로 위로하라.

Therefore comfort one another with these words.

¹ 데살로니가 교인 중에는 죽은 자의 구원에 대해 확신이 없어서 슬픔에 잠겨 있는 자들도 있었다. 그래서 위와 같은 사실들은 가르쳐줌으로 서로 위로하라는 것이다. 유대인은 상문 때에 "마지막 날에는 다시 삽니다"라는 말을 하였다(요 11:23-24). 재림 때에는 산 자와 죽은 자의 차이점이 없어진다.

☞2세기 무렵, 파피루스에 기록된 고문서다.

이레네는 타온노프리스와 필로에게 편지를 써서 보냈다. 그곳에는 슬픔을 달래주는 위로가 적혀 있었다.

"나는 당신에게서 떠난 자를 위하여, 내 자신이 디디마스를 위하여 운 것처럼 나도 울면서 슬퍼했습니다…그러나 이런 일에 대해서는 우리가 어떻게 할 수 없으니 '서로 위로하라'는 말밖에는 없습니다"(by Frame).

여기서 우리는 흥미를 느낀다. 그것은 "서로 위로하라"는 말과 "마지막 날에는 살아납니다" 하는 말이다. 이 두 말은 서로 대조가 된다. 하나는 체념이고, 다른 하나는 궁극적 구원의 화려한 환상을 보여주는 것이다. 성도의 죽음에는 언제나 이런 말로 위로를 전해야 할 것이다.

» **부활론(다): 결론 부분 ⑦**
» **부활론 ⑦**
   부활한 몸은 영체이다

1. 부활체의 본바탕은?

그리스도께서 공중 재림하실 때 세 가지 소리가 들려온다고 했다. 그것은 호령과 천사장의 소리와 하나님의 나팔 소리이다. 이 마지막 나팔 소리에 죽은 성도들이 모두 일어나게 된다. '죽은 자가 어떻게 일어나는가' 하는 것에 대한 어떤 설명도 불가능하고, 또 할 수도 없다. 마지막 나팔 소리가 들리면 눈 깜박할 사이에 갑자기(忽然) 변하게 된다. 그 변화의 원인은 전적으로 하나님의 권능에 의한 것이다.

우리 몸이 부활체가 되기 위해서는 반드시 현재의 몸이 썩어진 후에만 가능하다. 이것은 역설적인 논리로 생각해야 한다. 썩어짐에서 새 생명의 원리가 시작되기 때문이다. 썩어짐이 없이 부활은 불가능하다. 블랙홀은 별들의 최후일 뿐만 아니라, 우주가 탄생하는 시작점이 되기도 한다.

그리고 앞쪽에서 언급된 바와 같이, 뿌리는 씨앗이 흙 속에서 죽어야 그 씨앗에서 새 생명이 나온다. 땅속에 떨어진 씨앗은 그 속에서 씨앗 본래의 형체가 변화를 받아 싹이 트고, 그 싹이 성장하면서 씨앗 본래의 형체는 죽게 된다. 그리고 씨앗에서 올라온 다른 형체인 싹이 자라서 식물이 된다. 이것이 부활체에 해당된다.

죽음은 오히려 새로운 삶의 탄생을 가져온다. 또 죽음은 육체로부터의 해방이고, 영혼을 육체에서 분리시키는 것이다. 부활의 원인은 전적으로 하나님께 있고, 이는 현생의 육체가 죽어야 부활체가 된다는 것이다. 이러한 신비사상을 통하여 우리는 하나님께 한 발짝 더 가까이 나아갈 수 있다. 그래서 인간의 마지막 욕망은 하나님을 만나는 것이다.

2. 부활체의 모습은?

예문1) 예수께서 부활하신 후였다.

열한 제자들은 유대인들이 두려워 모두 문을 닫아걸고 있었다. 그때 예수께서 그 방으로 들어오셔서 "너희에게 평강이 있기를 원한다"라고 하셨다. 그 방은 마가의 다락방이었고, 모인 사람은 열한 제자와 같이 있던 자들이었다. 이때 주님은 공간의 제한을 받지 않고 문이 닫힌 방안으로 들어오셨다. 부활하신 주의 몸은 특수한 것이었다. 그 몸은 볼 수도 있고, 먹을 수도 있고, 육체인 동시에 육의 제약을 받지 않는 영체였다. 이는 주께서 재림하실 때 부활 또는 변화될 성도의 몸이기도 하다(요 20:19-20).

예문2) 예수께서 헐몬산에서 변모하셨다.

예수께서 베드로와 야고보와 그의 동생 요한을 따로 데리고 헐몬산에 올라가셨다. 그런데 그들이 보는 앞에서 변모하셨다. 그의 얼굴은 해와 같이 빛나고, 옷은 빛과 같이 희게 되었다. 그리고 모세와 엘리야가 그들에게 나타나더니 예수와 더불어 말을 나누었다. 이 광경을 베드로와 야고보와 요한이 직접 목격했다.

우선 예수께서 변모(變貌)하면서 그의 얼굴은 해와 같이 빛나고, 옷은 빛과 같이 희게 보였다. 이는 그리스도의 재림 때에 나타날 신비로운 현상이라 하겠다. 모세와 엘리야는 흔히 같이 나타난다. 그 이상한 최후를 가졌다는 두 사람은 유사점이 있다. 엘리야는 죽지 않고 승천하였으며, 모세는 죽었으나 하나님의 손에 의해 장사되었다.

세 사람은 몸의 형태가 모두 다르다. 주님은 살아 있는 몸이 변하였고, 모세는 여리고 맞은쪽 모압 땅에 있는 아바림 산맥에 있는 느보산 꼭대기에서 1,400여 년 전에 죽어 그곳에 묻혔다. 그런 모세가 이곳에 나타난 것이다. 그리고 엘리야는 850여 년 전에 죽지 않고 승천하였다. 이들이 바로 그곳에 나타난 부활체의 모습들이다(마 17:1-13).

예문3) 엠마오 도상에 부활하신 예수께서 나타나셨다.

누가복음에는 예수께서 엠마오로 가는 제자들에게 나타나신 장면이 기록되어 있다. 이는 누가의 독특한 기사이며, 누가의 미려한 필치 중에서도 최대 걸작에 속한다(눅 24:13-32).

그날 그들 가운데 두 사람이 예루살렘에서 한 삼십 리 떨어져 있는 엠마오라는 마을로 가고 있었다. 그들은 요 며칠 전에 일어난 예수의 부활과 수난에 관한 이야기를 하고 있었다. 그들이 이야기를 하는 도중에 예수께서 가까이 가서, 그들과 함께 걸으셨다. 그러나 그들은 눈이 가리어져서 예수를 알아보지 못하였다. 예수께서 그들에게 물으셨다.

"당신들이 걸으면서 서로 주고받는 이 말들은 무슨 이야기입니까?"

그들이 그에게 말하였다.

"나사렛 예수에 관한 일입니다. 우리 가운데서 몇몇 여자가 새벽에 무덤에 갔다가, 그의 시신을 찾지 못하고 돌아와서 하는 말이, 천사들의 환상을 보았다는 것입니다. 천사들이 예수가 살아 계신다고 말했다는 것입니다. 그래서 우리가 무덤에 가서 보니, 무덤 입구를 막은 돌은 옮겨져 있고 그의 시신은 보지 못했습니다."

예수께서 그들에게 말씀하셨다.

"어리석은 사람들입니다. 예언자들이 말한 모든 것을 믿는 마음이 그렇게도 무디니 말입니다. 그리스도가 마땅히 이런 고난을 겪고서 자기 영광에 들어가야 하지 않겠습니까?"

그 두 길손은 자기들이 가려고 하는 마을에 가까이 이르렀다. 그런데 예수께서는 더 멀리 가는 척하였다. 그러자 그들은 예수를 만류하여 말하기를 "저녁때가 되고 날이 이미 저물었으니 우리 집에 묵으십시오"라고 했다. 예수께서 그들의 집에 묵으려고 들어가셨다.

그리고 그들과 함께 음식을 잡수실 때, 예수께서 빵을 들어서 축복하시고 떼어서 그들에게 주셨다. 그제야 그들의 눈이 밝아져 예수를 알아보았다. 그러나 한순간에 예수는 그들에게 보이지 않았다.

▶여기 '빵을 떼어서 그들에게 주다'와 '그들의 눈이 밝아졌다'라는 두 어구(語句)를 연결해보자.

전자는 미완료과거형, 후자는 부정과거형이다. 전자는 계속적인 동작이고, 후자는 순간적인 동작이다. 길에서 만난 분도 예수이고, 그 집에서 만난 분도 예수이시다. 같은 주님을 길에서는 알 수가 없었고, 집에서는 알아보았다. 곧, 주께서 떡을 떼어 주는 순간에 그들의 눈이 밝아진 것이다. '이분이 바로 예수님이었구나' 하는 것을 인식했다는 것이다.

▶그런 일이 왜 생겼을까? 눈앞에 예수께서 계신다. 그러나 육안으로 그를 보면 예수로 보이지 않는다. 영안으로 보면 예수로 보인다. 예수를 보기 위해서는 눈앞에 장애물이 없어야 한다. 눈앞에 가로막혀 있는 장애물이 없는 눈이 영안이다. 그것은 영적인 눈으로 보는 것이다. 그 눈은 성령이 내재한 자의 눈이다. 그 눈에서만 주님이 보인다.

그러나 한순간에 예수는 그들에게 보이지 않았다. 그것은 단순히 보이지 않는 것이 아니라, 그들에게서 떠나가신 것이다. 또 볼 수 있는 육체에서 갑자기 보이지 않는 육체로 변하신 것이다. 우리는 여기서도 공간을 초월하는 주의 부활의 몸을 볼 수 있다. 제자들은 꿈을 꾸는 것 같은 심정이었을 것이다. 이것은 부활한 몸의 상태를 보여주는 내용이다.

※ 이 단원의 요점이다.

죽은 자의 부활을 믿는 것은, 죽은 자 가운데서 살아나신 그리스도의 부활에 근거한다. 이는 바울의 부활에 관한 최대의 논문인 고린도전서 15장에서 더 명백하게 밝혔다. '죽은 자의 부활은 없다'라는 헬라인에 대한 바울의 답변은 '그리스도가 부활하지 않았는가' 하는 역사적 사실이었다.

그리스도의 부활이라는 과거사는, 우리의 부활이라는 미래사에 대한 유일한 신앙의 근거가 된다. 전자를 부정하면 후자도 부정하게 되는 것이다.

» **부활론(다): 결론 부분 ⑧**
» **부활론 ⑧**
  죽음에서 개가를 부르짖다

이는 고린도전서 15장 부활에 대한 결론이요, 또한 개가이다. 부활에 관한 문제들을 종횡무진으로 논하기 시작한 사도는, 이제 그 종점에 이르렀다. 그는 이 종점에서 또 하나의 큰 감동을 얻었다. 그것은 죽음에 대한 개선가였다. 개선이란, 싸움에서 이기고 돌아오는 것이고, 그때 부르는 노래가 개선가이다.

⇨ [고전 15:50-58]이다.

* 형제들아, 내가 이것을 말한다. 살과 피는 하나님의 나라를 유산으로 받을 수 없고, 썩을 것은 썩지 않을 것을 유산으로 받지 못한다.

* 보라, 내가 너희에게 비밀을 하나 말하겠다. 우리가 다 잠들 것이 아니라, 다 변화할 터인데,

* 마지막 나팔 소리가 날 때, 눈 깜박할 사이에 홀연히 그렇게 될 것이다. 나팔 소리가 나면 죽은 사람은 썩어 없어지지 않을 몸으로 살아나고, 우리는 변화할 것이다.

* 썩을 몸이 썩지 않을 것을 입고 죽을 몸이 죽지 않을 것을 입어야 한다.

* 썩을 이 몸이 썩지 않을 것을 입고, 죽을 이 몸이 죽지 않을 것을 입을 그때에, 이렇게 기록한 성경 말씀이 이루어질 것이다.

㉮ "죽음을 삼키고서, 승리를 얻었다."

Death is wallowed up in victory

㉯ "죽음아, 너의 승리가 어디에 있느냐?"

Death, Where is your victory?

㉰ "오! 죽음아, 네가 쏘는 것이 어디 있느냐?"

O! Death, where is your sting?

* 사망이 쏘는 것은 죄요, 죄의 권능은 율법이라.

* 우리 주 예수 그리스도로 말미암아 우리에게 승리를 주시는 하나님께 감사하노라.

* 내 사랑하는 형제들아 굳게 서서 흔들리지 말고 항상 주의 일에 더욱 힘쓰는 자들이 돼라. 이는 너희 수고가 주 안에서 헛되지 않을 줄 앎이라.

※ 다음은 개가에 대한 주해이다.

㉮ 죽음을 삼켰다. 이렇게 기록한 성경 말씀이 이루어질 것이다. 이는 이사야 25장 8절의 자유로운 인용이다. 또 창세기 3장의 내용에 대한 암시이다. 그때 썩을 몸이 썩지 아니할 몸을 입고, 죽을 몸이 죽지 않을 몸을 입을 때에 사망은 생의 승리에서 삼킨 바 된다. 그래서 사망은 완전히 소멸하는 것이다.

㉯ 죽음아, 너의 승리가 어디 있느냐?
㉰ 죽음아, 네가 쏘는 것이 어디 있느냐?"

이 두 어구는 호세아 13장 14절의 자유로운 인용이다. 사망에 대한 바울의 만강(滿腔)의 개가이다. 재림에서 육체의 변화를 이사야서의 한 구절을 인용한 저자는, 곧 호세아서에서 첨가하여 그 뜻을 분명하게 나타내었다. 이는 바울의 사상이 성경에 깊이 입각한 것을 보여준다.

사망은 인류가 범죄한 이후 절대적인 폭군이요, 지배자였다. 그러나 부활로 말미암아 사망을 삼키고서 승리를 얻었다. 그가 인간을 쏘아 눈물과 공포를 주는 것도 종국을 고하게 되었다. 여기 사망은 인격화되고, 어조는 강하다.

» **부활론(다): 결론 부분 ⑨**
» **부활론 ⑨**
  죽은 자의 부활 이야기 ❶

1. 해골 골짜기의 백골의 부활이다

에스겔은 유다 왕국이 절망의 늪에 빠졌을 무렵의 예언자였다. 여호야긴 왕이 모든 신하들과 함께 바벨론 군대의 포로로 잡혀갔다. 그 일행 중에는 에스겔도 있었다. 그들은 바벨론에 있는 그발 강가에 장기간 억류 생활을 하면서 운하공사를 했다. 그들이 포로로 잡혀온 지 5년째가 되는 그 달 5일이었다.

⇨ **[겔 37:1-14]이다.**

1) 하나님과 에스겔의 대화이다.

마른 뼈에 대한 하나님과 예언자 사이의 문답이다. 에스겔은 그가 일하는 곳에서 갑자기 여호와의 권능을 느끼면서 성령의 인도로 어느 골짜기에 이르렀는데, 그곳에는 뼈가 많았다. 그것은 어떤 자연적인 현상이 아니고, 하나님이 그에게 환상을 보여준 것이다. 하나님은 에스겔에게 그 뼈들 가운데로 지나가 보라고 했다. 그래서 그 뼈들의 상태를 관찰하게 하셨다. 그가 에스겔에게 물으셨다.

"인자야, 이 뼈들이 능히 살아날 수 있겠느냐?"

에스겔이 대답하였다.

"주님께서만 아십니다."

인간적인 관점에서 그런 백골이 다시 산다는 것은 있을 수 없는 일이다. 엘리야나 엘리사가 죽은 자를 살린 적은 있으나, 그것은 죽은 직후로 몸 형태가 그대로 있을 때이고, 이렇게 죽은 지가 오래되어 사람의 형체가 온데간데없이 사라지고 뼛조각만 조금 남았는데, 이런 상태에서 다시 산다는 것은 생각할 수도 없는 일이었다. 그러나 전능하시고 무소불능하신 하나님은 하실 수 있는데, 그것도 하나님의 뜻은 알 수 없는 일이니 결국 그 질문의 대답은 "주님께서만 아십니다"이다.

2) 부활이 이루어지는 과정이다.

그가 내게 말씀하셨다.

"너는 이 뼈들에게 대언하여라. '너희 마른 뼈들아, 여호와의 말씀을 들어라. 나 주 하나님이 이 뼈들에게 말한다. 내가 너희 속에 생기를 불어넣어 너희가 다시 살아나게 하겠다. 내가 너희에게 힘줄이 뻗치게 하고 또 너희에게 살을 입히고, 또 너희를 살갗으로 덮고, 너희 속에 생기를 불어넣어, 너희가 다시 살게 하겠다. 그러면 너희가 비로소 내가 여호와인 줄을 알게 될 것이다.'"

3) 에스겔이 여호와의 말씀을 대언하였다.
　▸첫 번째로 에스겔이 하나님의 말씀을 대언하였다.
　그때 백골들이 부활하기 시작했다. ① 소리가 났다. ② 움직였다. ③ 뼈들이 서로 연락하여 골격이 형성되었다. (그리고) ④ 연결된 골격 위에 육체가 형성되었다. 에스겔이 보고 있는 동안에 힘줄이 생기고, 살이 생겨나고, 그 위에 피부가 덮였다.
　▸두 번째로 에스겔이 하나님의 말씀을 대언하였다.
　4) 그때 사방에서 생기(바람)가 그 시체 속으로 들어가 부활하였다. 생기는 '바람 또는 영'이다. 바람이 땅의 사방에서 불어와 시체 속에 들어가서 그들이 생령이 된 것이다. 백골의 부활 역사는 이루어졌고, 그들은 큰 군대를 형성하였다. 이는 분명히 이스라엘 백성의 회복을 의미하는 것이다(이곳에서 죽은 자가 어떻게 부활하는가 하는 원리는 알아두어야 한다).

2. 죽은 지 나흘이 지난 나사로가 살아났다

　한 병자가 있었는데, 그는 마리아와 그의 자매 마르다의 마을 베다니에 사는 나사로였다.
　마리아는 예수께 사람을 보내어 나사로가 병들어 앓고 있다고 연락하였다. 예수께서 와서 보니, 나사로가 무덤 속에 있은 지가 벌써 나흘이나 되었다. 무덤은 동굴인데 그 어귀에 돌로 막아 놓았다. 예수께서 "돌을 옮겨 놓아라" 하시고 큰 소리로 "나사로야, 나오너라" 하고 외치니 죽었던 사람이 나왔다.

이 부름은 절대적 권위의 음성이다. 죽은 자를 마치 자는 자처럼 불러서 살아나게 하셨다. 이 음성이야말로 장차 주님께서 재림하실 때 모든 죽은 성도들이 들을 음성이다. 그때 주님은 죽은 자 하나하나씩 모든 성도의 이름을 불러서 부활시킨다.

이때 예수께서 "나사로야, 나오라!" 하시지 않고, "죽은 자여, 나오라" 하셨다면 죽은 자 모두가 일어날 뻔했다는 해프닝이 있다. 이는 그리스도의 절대적인 권능을 표현한 말이다.

※ 다음은 이 항목의 결론이다.

부활이 이루어지는 과정을 한 번 더 정리한다. 이는 부활을 이해하는 과정인데 극히 중요한 사항이다. 먼저 육체의 형상이 만들어져야 하고, 그 만들어진 육체에 영을 불어 넣는다. 그 순서는 흩어져 있는 뼈들이 제자리로 모여서 뼈대가 만들어지고, 그 뼈 위에 힘줄이 뻗치고, 그다음에 살이 오르고, 살 위로 살갗이 덮여서 육체가 형성되는 것이다. 이렇게 하여 먼저 육체가 만들어지고, 그 육체에 생기를 불어넣어서 산 사람이 되게 한다. 이것이 바로 부활하는 과정이다. 주께서 재림하실 때, 살아 있는 자는 살아 있는 상태에서 몸의 변화를 받아 부활체가 되고, 이미 죽은 자는 위와 같은 절차를 밟은 후에 부활체가 된다.

이 순서는 하나님이 아담을 창조하실 때의 순서와 같다. 여호와 하나님이 땅의 흙으로 사람의 형상을 만들고, 그다음에 생기를 그 코에 불어 넣어서 살아 있는 사람이 된 것이다. 그러나 과부의 아들이 살아난 것이나, 야이로의 딸이 살아난 것이나, 나사로가 살아나게 된 것은 육신의 형상은 그대로 남아 있었기 때문에 하나님의 생기만 들어가서 살아난 것이다.

1. 죽은 자의 부활에 대한 대화이다

죽은 자의 몸뚱이는 무덤에 묻힌다. 그 몸뚱이는 땅속에서 부패해서 시간이 지나면 육신은 썩어 없어질 것이고, 뼛조각 일부만 남을는지 모른다. 그런데 이렇게 썩어 없어진 육신이 죽기 전 모습으로 살아날 수가 있을까? 우선 끔찍한 생각이 들기도 하지만, 그런 일이 어찌 일어나겠는가?

죽은 자의 부활에 대한 두 사람의 대화가 있다. 한 사람은 과학자이고, 다른 한 사람은 그의 친구이다. 그들은 모두가 그리스도인들이다. 과학자가 말했다.

"나는 죽은 자의 부활을 과학적으로 설명할 수가 있지."

그러자 그 친구가 "그래, 설명해 보게나"라고 했다.

과학자가 말했다.

"과학에는 '질량보존법칙'이라는 것이 있지. 어떤 변화가 일어날 때, 변화가 일어나기 전 물질의 총량과 변화가 일어난 후의 물질의 총량은 서로 같다는 법칙이네. 이를테면 사람 몸의 무게가 60kg이든 80kg이든 일정한 질량이 있지 않은가?

가령 몸무게 60kg인 사람이 죽었다고 하세. 그런데 성인 남자의 몸의 구성 성분은 수분 62%, 지방 16%, 단백질 16%, 탄수화물 1% 이하, 무기질 6%이지. 그러면 이 사람 몸의 구성 성분의 비율을 계산해보면 수분 37.2kg, 지방 9.6kg, 단백질 9.6kg, 탄수화물 0.6kg 이하, 무기질 3.6kg이 되네. 그래서 몸무게가 60kg인 사람이 만약 죽어서 흙 속에 묻히면, 그 시신은 부패하고 썩어 다른 물질로 변하지만, 그 변한 물질의 무게를 합하면 '질량보존법칙'에 따라 그대로 60kg가 된다네. 그래서 예수께서 오실 때 죽은 자의 몸의 성분이 다 모아지면 부활하는 것이 아닌가" 이렇게 설명하였다.

이 말을 들은 친구가 고개를 갸웃거리면서 말했다.

"그러면 이렇게 한번 생각해 보세. A라는 사람이 살다가 죽었네. 그는 땅속에 묻혔고, 그 무덤에 풀이 났네. 그 사람 원소의 어떤 성분이 풀 속으로 들어갔고, 며칠 후 어떤 소가 와서 그 풀을 뜯어 먹었네. 그래서 그 사람의 원소가 소에게로 들어갔는데, 그 후에 그 소를 잡아서 B라는 사람이 먹었네. 그러면 그 원소는 B에게 간 것인데, 그러면 같은 원소가 한때는 A의 원소가 되고, 또 한때는 B의 원소가 되었으므로 나중에 부활할 때는 누구의 원소가 되는 건가?"

그러자 그 과학자는 답을 하지 못했다고 한다.

'죽은 자의 부활을 그렇게 설명할 수는 없다'는 것이다. 하나님의 능력으로 이루어지는 부활을 이렇게 과학적으로, 수학적으로 따질 수는 없다는 것이다. 우리가 부활한 몸을 죽기 전의 육신과 똑같이 생각하기 때문에 이런 의문이 생기는 것이다.

몸이 무덤에서 완전히 썩어진 사람의 부활한 형체나, 현재 살아 있는 사람의 몸이 변하여 부활체가 된 것이나, 이것을 과학적 이치로 따지는 것은 불가능하다. 부활의 원인은 전적으로 하나님께 있다. 몸의 변화는 마지막 나팔 소리에 눈 깜박할 사이에 홀연히 이루어진다. 그리스도인은 이런 신비 사상을 통해서만 하나님께 가까이 나아갈 수 있다.

☞ 질량보존의 법칙이란?

어떤 변화가 일어날 때, 변화가 일어나기 전 물질의 총량과 변화가 일어난 후의 생성된 물질의 총량이 서로 같다는 것이다.

예문1) 물에 흑설탕을 녹이면 연한 갈색의 설탕물이 된다. 그런데 설탕물의 질량을 측정해보면, 물에 녹이기 전의 설탕과 물의 질량을 합한 것과 같다. 이것은 설탕이 물에 녹을 때 설탕 분자가 물 분자 사이에 들어가면서 녹기 때문에, 컵 속에 들어 있는 물 분자와 설탕 분자의 수는 변하지 않은 것이다.

예문2) 마그네슘과 산소가 들어 있는 전구에 전류를 흘려보내면 전구 속에서 마그네슘이 모두 타 버리지만, 타기 전과 후의 질량은 서로 같다. 이것은 변화가 일어나도 물질 전체의 양은 변하지 않기 때문이다.

2. 그리스도인은 토장이 원칙이다

죽은 시신을 처리하는 방법에는 화장, 토장, 수장, 조장 등이 있다. 화장(火葬)은 죽은 사람의 시체를 불사르고 남은 뼈를 모아 별도로 처리한다. 토장(土葬)은 시체를 땅속에 파서 묻는다. 수장(水葬)은 시체를 물속에 넣어 처리한다. 조장(鳥葬)은 시체를 들에 내다 놓아 새가 파먹게 한다.

화장이든 토장이든 수장이든 조장이든 부활과는 관계가 없다고 믿는다. 그러나 여기서 잠깐 그리스도인들이 생각해 보아야 할 것이 있다. 만약 성경 말씀대로라면 토장하는 것이 바람직스럽다. 성경에는 하나님이 흙으로 사람을 지으시고 생기를 '그 코에 불어 넣어 살아 있는 사람이 되게 했다'고 한다.

죽음이란 육신과 영이 분리되는 것이다. 그래서 육체는 원래 있었던 흙으로 돌아가고 숨(생기)은 그것을 주신 하나님께로 돌아간다(전 12:7). 왔던 것이 모두 제자리로 되돌아간 것이다. 죽은 육신은 원래 흙이다. 흙인 육신은 그 상태가 변하지 않고 그대로 흙으로 돌아가는 것이 하나님의 뜻에 부합이 된다.

창세기는 모든 교리의 모태요, 성경의 묘판(苗板)이다. 유일신관을 가진 세계의 3대 종교인 유대교, 그리스도교, 이슬람교는 모두 여기에 근거한

다. 그래서 유대인들은 시신을 그대로 석굴(石窟)이나 석곽(石槨)에 넣어두
거나 건물의 지하에 시신을 안장한다. 또 이슬람교도들의 장례식은 "흙에
서 나온 인간은 흙으로 돌아가는 것이 바른 이론이다"라면서 흙 속에 매
장을 한다. "하나님이 흙으로 사람을 만들고"라는 이 어구를 깊이 생각
해 본다면, 우리 그리스도인들은 토장(土葬)이 원칙을 따른 것으로 믿는
것이 좋다. 즉 '흙 속에 시신을 묻는 것'이 바른 것이 아닐까 한다.

그리스도를 위해 하는 일은 헛되지 않다.
왜냐하면 부활이란 보답을 받기 때문이다.

제4부

영생론

» 영생론 ①
영생이란 무엇인가?

1. 구약에 나타난 영생이란?

다니엘서는 구약에서 대표적인 계시문학이고, 신약의 요한계시록의 배경이 된다. 그리고 다니엘서 12장은 종말에 대한 예언이다. 그것은 세계역사의 종말에 큰 환난이 닥쳐온다는 것이다.

⇨ **단 12:1-4이다.**

그때는 세상의 마지막 때이다. 그리고 나라가 생긴 뒤로 그때까지 없던 어려운 때가 온다. 이것은 최후의 대환난이다. 즉 7년 대환난이라고 부른다. 이는 그리스도의 종말적 대환난이다. 그때 그 생명책에 기록된 너의 백성은 모두 대환난에서 구원을 받는다.

종말에 있을 개인적인 부활이 명백하게 예언되고 있다. 구약에서 영생과 부활에 대한 개념을 여러 곳에서 볼 수 있다. 그러나 죽은 자의 부활을, 더구나 선한 자와 악한 자가 다 같이 부활한다는 것을 이렇게 명백하게 예언한 것은 이곳이 처음이다. 이 사상은 그대로 신약에 계승되어 그리스도교의 종말론이 되는 것이다. 여기서는 구원을 영생이라 하고, 멸망은 영원한 모욕이라 한다.

2. 신약에 나타난 영생이란?

예문1) 부자 청년 이야기(막 10:17-27)

예수께서 길을 떠나시는데, 한 사람이 달려와서 그 앞에 무릎을 꿇고 그에게 물었다.

"선생님, 제가 영생을 얻으려면 무엇을 해야 합니까?"

예수께서 그에게 말씀하셨다.

"너는 계명을 알고 있을 것이다. '살인하지 말라, 간음하지 말라, 도둑질 하지 말라…네 부모를 공경하여라' 하지 않았느냐?"

그가 예수께 말하였다.

"선생님, 저는 이 모든 것을 어려서부터 다 지켰습니다."

예수께서 그를 눈여겨보시고 사랑스럽게 여기셨다. 그리고 그에게 말씀하셨다.

"너에게는 한 가지 부족한 것이 있다. 가서, 네가 가진 것을 다 팔아서 가난한 사람들에게 주어라. 그리하면 네가 하늘에서 보화를 차지하게 될 것이다. 그리고 와서 나를 따르라."

그러나 그는 이 말씀 때문에 울상을 짓고 근심하면서 떠나갔다. 그에게는 재산이 많았기 때문이다.

(문) 부자 청년은 왜 영생을 받지 못했나?

(답) 한 가지 조건이 그에게 부족했다. 그것은 율법이 아니라 재물이었다. 부자 청년에게는 부족한 것은 많았으나 그중에서도 재물은 영생을 가로막는 치명적 장애물이었다. 그로 하여금 전적으로 하나님을 믿지 못하게 한 것도 재물이었다. 재물을 소유하고 있으면서도 온전한 자가 있

고, 모든 것을 가난한 자에게 주고도 온전하지 못한 자도 있다. 하지만 그가 '근심하면서 떠났다'라고 하는 것은 그에게 아직 회개의 여운을 남겼다.

예문2) 잃은 아들을 되찾은 이야기(눅 15:11-32)

예수께서 말씀하셨다. "어떤 사람에게 아들이 둘 있는데, 작은아들이 아버지에게 말하기를 '아버지 재산 중에서 내게 돌아올 몫을 주십시오' 하였다. 그래서 아버지는 살림을 두 아들에게 나누어 주었다. 며칠 뒤에 작은아들은 제 것을 다 챙겨서 먼 지방으로 가서, 거기서 방탕하게 살면서 그 재산을 낭비하였다. 그래서 그는 그 지방의 주민 가운데 한 사람을 찾아가서 몸을 의탁하였다. 그 사람은 그를 들로 보내서 돼지를 치게 하였다…그는 스스로 말했다. '내가 하늘과 아버지 앞에서 죄를 지었구나.' 그는 일어나서 아버지에게로 갔다. 그가 아직도 먼 거리에 있는데 그의 아버지가 그를 보고 달려가 그의 목을 껴안고 입을 맞추었다."

(문) 잃은 아들은 왜 영생을 받았는가?

(답) 아들은 자기 몫을 받아서 먼 지방으로 떠났다. 그곳은 아버지의 간섭을 받지 않고 방탕하게 살 수 있는 곳이다. 이는 하나님의 간섭이 싫어서 떠나가는 인간성을 가리킨다. 이렇게 하나님의 곁을 떠나는 것이 바로 죄의 근원이다. 그는 그곳에서 먹을 것이 없게 되자 돼지가 먹는 쥐엄 열매라도 좀 먹고 배를 채우고 싶은 심정이었으나, 그에게 먹을 것을 주는 사람이 없었다. 하나님을 떠난 인간이 추구하는 것은 끝없는 주림을 주는 쥐엄 열매와 같다는 것이다. 그래서 자신의 영의 주림을 느끼는 사람은 회개하고 하나님께 돌아온다. 그는 영생을 받았다.

» 영생론 ②
시간의 개념과 영원의 개념

1. 사람은 시간의 흐름에 따라 산다

사람의 일생은 짧고, 세월은 빠르다. 그래서 "세월은 마치 유수와 같다"라고 한다. 강물이 흘러가는 것을 보면 아주 천천히 흘러가지만 쉬지 않고 흘러간다. 낮에도 흐르고 밤에도 흐른다. 사람이 물을 바라볼 때도 흐르고 그렇지 않을 때도 흐른다. 그래서 세월의 흐름을 유수라 한다.

세월은 나이가 들수록 빨리 간다. 젊을 때는 일주일이 길게 느껴지지만, 늙어지면 금방 지나간다. 그러면 세월은 빨리 가는 것인가, 천천히 가는 것인가? 그 답은 빨리 가는 것도 아니고, 천천히 가는 것도 아니다. 자연의 섭리에 따라간다. 빠르게 느껴지는 것도, 느리게 느껴지는 것도 사람 편의 생각일 뿐이다.

세월의 흐름이란 무엇인가?

지구는 자전과 공전을 한다. 지구는 궤도면에 대하여 66.5° 기울어진 지축을 중심으로 스스로 회전한다. 이것이 지구의 자전이다. 지구가 태양에 대하여 한 바퀴 자전하는 시간은 23시 56분 4초이다. 이것을 우리는 1일, 곧 하루라 한다.

또 지구는 자전하면서 태양 둘레를 회전하는데 이것을 공전이라 한다. 지구가 태양 둘레를 한 바퀴 도는 데 걸리는 기간은 365일 6시간 9분 9초이다. 우리가 보통 1년이라고 하는 것은 바로 이것이다.

자전에 의해 밤과 낮이 생기고 공전에 의해 사계절이 생긴다. 태양은 춘분과 추분 때 적도에 빛이 수직으로 내려오고, 하지에는 북위 23.5°, 동지에는 남위 23.5°에 빛이 수직으로 내려온다. 겨울로 갈수록 햇빛은 수직에 멀어지고, 비스듬하게 지상에 내려온다. 결국 세월의 흐름이란 계절의 변화를 말하고, 계절의 변화는 지구가 태양 둘레를 회전하는 시간의 흐름이다. 그러면 지구가 태양 둘레를 돌아가는 속도는 얼마쯤 될까?

지구와 태양 사이의 거리는 약 1억 5천만km이다.

그래서 지구의 공전 궤도 반지름 R=1.5×10^8km로 나타낸다.

공전 궤도의 둘레는 $2\pi R = 2 \times 3.14 \times 1.5 \times 10^8$km=$9.42 \times 10^8$km이다.

그런데 지구는 태양 둘레를 365일에 한 바퀴 공전하므로,

하루 동안 지구가 공전하는 거리는 9.42×10^8km÷365일≒2.58×10^6km이므로

이는 2.58×10^6= 2,580,000km이다.

곧 하루에 2,580,000km를 회전한다.

한 시간에는 107,500km를 회전한다.

1초에는 29.9≒30km의 속도로 회전한다.

세월은 '흘러가는 시간'이다. 1년이란 세월은 지구가 태양 둘레를 한 바퀴 회전하는 데 걸리는 시간이다. 지구가 1초에 30km의 속도로 태양의 둘레를 한 바퀴 돌면 365일이 된다. 이 시간의 흐름에 우리는 나이가 한 살씩 많아진다. 살아온 사람들마다 '인생은 짧다'고 한다. 그 짧음은 한 편의 '짧은 이야기의 길이'라고 한다. 그나마 짧은 인생을 땅위에 산다는 것은 고된 종살이와 같고, 그의 평생이 품꾼의 나날과 같다. 종은 저물기를 기다리고, 품꾼은 그 삯을 바란다.

인생은 그날이 풀과 같이 약하고 짧으며, 그 영화는 풀의 꽃과 같이 잠시 아름답다가 곧 마른다. 그것은 바람이 지나면 없어지니 그 있던 자리마저 알 수 없다.

2. 하나님은 영원 속에 계신다

우주는 과연 얼마나 클까? 우주는 너무나 커서 감히 그 크기를 말할 수

가 없다. 사람들은 우주의 반지름이 약 150억 광년의 크기를 갖는 원형으로 생겼다고 한다. 우주의 중심에서 빛이 150년도 아니고, 150억 년이나 가야지 우주의 끝이라고 한다. 하지만 우주에 관하여 우리 인간이 아는 것은 겨우 4%이고, 아직 96%는 모른다. 이렇게 말하는 우주의 크기는 4%의 지식으로 말하는 우주의 크기다. 우주의 크기는 아직 아무도 모른다.

이 광대한 우주에 하나님이 계신다. 하늘에 계신 하나님은 어떤 모습으로 계실까. 이는 사람이 가지는 가장 큰 궁금증이다. '본래 하나님을 본 사람은 없다'고 했다. 이 말은 단호한 선언이다. 그 누구도 모세든, 누구든, 어떠한 때나 하나님을 보지 못했다. 하나님은 우리 눈으로 볼 수 없고, 보면 죽는다는 것이 히브리인의 관념이다.

인간의 어떤 환상이나 관념이나 체험도 그것은 주관적인 산물에 지나지 않는다. 구약에 나타난 하나님의 형상도 사실인즉 부분적이며, 상징적 환상에 지나지 않는다. 하나님의 본체는 그 환상들을 초월해 계신다.

옛적이나 지금이나 중생하지 못한 인간성 속에는 하나님을 보는 길이 전혀 없다. 그러나 하나님을 나타내신 분이 있다. 그는 오직 예수다. 그러므로 그를 본 사람은 하나님을 본 것이다. 그리고 그를 볼 수 있는 눈은 육안이 아니라, 믿음의 눈이다. 인간은 예수 그리스도를 통해서만이 하나님께 갈 수 있다. 그래서 예수께서 이렇게 말씀하셨다.

"나는 길이요, 진리요, 생명이다. 나를 거치지 않고서는 아무도 아버지께로 갈 사람이 없다."

하나님의 시간은 영원이다. 영원이란 지나온 시간의 출발점도 없고, 앞으로 가야 할 시간의 끝점도 없이 무한정 흘러가는 시간이다. 그것은 곧 과거·현재·미래가 무한히 연속하는 것이다. 하나님은 현재도 계시고, 과거에도 계셨고, 미래에도 계신다. 그러한 하나님의 시간이 영원이다.

3. 영생은 하나님의 본질에 참여하는 것이다

이 영원 속에 계시는 하나님께로 가서 하나님의 본질에 참여하는 것이 영생이다. 그것은 땅에서 육적으로 살아온 내 삶의 짧은 기간이 끝나고, 그리스도께서 재림하실 때 내 몸이 부활체로 변화된 후에 갈 수가 있다. 그 부활체가 영생하는 생명체이다. 그래서 하나님의 본질에 참여하는 것이다. 하나님은 영원 속에 계시니까, 우리도 그 영원 속에 흡수가 되는 것이다. 이것이 영생이다.

한 번 더 덧붙여 말한다면, 영생은 하나님의 본질 속에 내 부활체가 들어가서 하나님과 함께 존재하는 것이다. 전능하신 아버지 하나님 우편에는 그리스도께서 계시고, 그곳에 성령도 계신다. 이런 하나님과의 연결체 속으로 내 부활체가 합하여지는 것이, 곧 영생이다.

그러면 앞의 부자 청년은 왜 영생을 받지 못했나? 그가 하나님 곁을 떠났기 때문이다. 탕자는 왜 구원을 받은 것인가? 탕자는 하나님 곁을 떠났다가 죄를 뉘우치고 하나님 곁으로 되돌아왔기 때문에 구원을 받은 것이다.

» **영생론 ③**
십 고조시대가 의미하는 것

여호와 하나님이 동방의 에덴에 동산을 창설하시고 그가 지으신 사람을 거기에 두었다. 하나님은 보기에 아름답고 먹기에 좋은 열매 맺는 온갖 나무를 그곳에서 자라게 하셨다. 동산 한가운데는 '생명나무'와 '선악을 알게 하는 나무'도 있었다. 하나님이 아담에게 말했다. "동산에 있는 모든 나무의 열매는 네가 먹고 싶은 대로 먹어라. 그러나 '선악과'는 먹어서는 안 된다"라고 하였는데, 아담은 그 열매를 먹었다. 아담은 하나님 말씀에 불순종했다. 이 불순종이 바로 죄가 된다.

그 후에 아담은 가인과 아벨을 낳았다. 세월이 지난 뒤, 가인이 그의 아우 아벨을 죽였다. 가인은 저주를 받아 바벨론 동편 놋 땅으로 쫓겨나서 유랑자가 되었다. 가인이 동생 아벨을 죽인 것은 아담의 죄가 그에게 유전된 것이다. 아담이 하나님께 불순종한 죄가 그 아들에 와서는 윤리적 죄로 발전한 것이다.

1. 아담 자손들이 세상에 번성하다

가인 계통의 문화다(창 4장).

그들은 도시를 건설하고, 악기와 무기 등을 만들고 문명을 발달시켰다. 그러나 여호와의 이름은 한 번도 나타내지 않았다. 하나님 없는 문화였다. 가인은 에녹을 낳았고, 에녹은 이랏을 낳고, 이랏은 므후야엘을 낳고, 므후야엘은 므드사엘은 낳았고, 무드사엘은 라멕을 낳았다. 라멕은 두 아내를 두었다. 그들의 7대 조상 라멕은 살인자였다. 하나님 없이 발달한 문화는 으레 죄악이 관영한다.

셋 계통의 문화다.

⇨ [창 4:25-26]이다.

* 아담과 하와는 그 후에 가인에게 죽은 아벨 대신에 셋이라는 아들을 낳았다. * 셋도 아들을 낳고 아이의 이름을 에노스라고 하였다. 그때 비로소 사람들이 여호와의 이름을 불렀다.

⇨ 창세기 5장이다.

아담부터 노아까지 십 고조(高祖)의 역사가 이어진다. 그것은 천지창조와 그다음으로 큰 사건인 대홍수 사이의 과도기의 시기였다. 십 고조의 나이는 약 일천년으로 그것은 창조 이전의 영원과 홍수 이후의 연령 120년의 중간기가 되고, 또 현세의 종국의 천년왕국의 그림자가 된다.

* 아담은 130세에 셋을 낳았고, 930년을 살고 죽었다.

* 셋은 105세에 에노스를 낳았고, 912년을 살았다.

* 에노스는 90세에 게난을 낳았고, 905년을 살았다.

* 게난은 70세에 마할랄렐을 낳았고, 910년을 살았다.

* 마할랄렛은 65세에 야렛을 낳았고, 895년을 살았다.

* 야렛은 162세에 에녹을 낳았고, 962년을 살았다.

* 에녹은 65세에 므두셀라를 낳았고, 300년 후에 하나님이 그를 데려가셨다.

* 므두셀라는 187세에 라멕을 낳았고, 969년을 살았다.

* 라멕은 182세에 노아를 낳았고, 그는 777년을 살았다.

* 노아는 500세 된 후에 셈, 함, 야벳을 낳았고, 그는 950년을 살았다.

2. 하나님은 사람을 영생하도록 지으셨다

아담 이전은 영원의 세월(歲月)이었다. 아담에서 노아까지는 십 고조의 역사가 이어진다. 홍수 이후에는 사람의 나이를 120년으로 한정했다. 십 고조시대에 900세를 살던 사람들은 노아에서 끝이 나고, 그 후에는 120년으로 한정되었다. 그러면 아담 이전은 영원 세상, 노아 이후에는 120년, 그것이 오늘날에는 100년이나 80년이 된 것이다. 그래서 [영원의 세월]→[천지창조]·[십 고조 기간]→[대홍수]→[(120년 한정)→(지금의 세상)]까지 내려왔다.

아담 이전은 영원의 세월이다. (천지창조가 있고) 아담부터 십 고조의 역사가 시작된다. 십 고조의 마지막 노아 때에 홍수가 있었다. 그렇다면 [영원의 세월]과 [대홍수] 사이에 십 고조의 역사가 있게 된 것은 무엇을 의미하는가? 그것은 십 고조시대는 영원과 현 세상을 이어주는 과도기적인 역할이었다. '과도기'란 한 단계에서 다른 단계로 넘어가는 도중의 시기라는 것이다.

덧붙여서 말한다면, 영원이란 유전인자(?)는 십 고조를 통하여 노아까지 유전이 되었고, 그 노아의 아들 셈과 함과 야벳은 120년이란 연한이 정해진 것이다. 그 120년이란 유전인자가 지금의 세상 사람들까지 지배한다.

[십 고조 기간의 900년의 나이], [홍수 후에는 120년의 나이]로 줄었고, 그 120년이 지금의 세상까지 내려온 것이다. 이것이 뜻하는 바는 창조 이전의 영원이 십 고조시대의 일천 년의 나이와 현재 사람들의 연령 사이에 과도기 역할을 했다는 의미다. 다시 말하면 하나님께서 사람을 지으실 때, 지금처럼 사람이 몇십 년 살다가 죽도록 지으신 것이 아니고, 하나님은 사람을 영생하도록 지으셨는데, 인간이 어쩌다가 하나님의 뜻대로 영생하지 못하게 되었는가 하는 그 사실을 우리에게 말해 주는 것이다.

3. 그러면 왜 영생하지 못하는가?

바로 인간의 죄가 사람으로 하여금 죽게 만든다는 것이다. 그래서 인간이 지은 죄를 한 번 더 열거해보면,

* 하나님은 "선악과만은 먹지 마라"고 했다. 그러나 그는 그 열매를 먹었다(창 2:16-17).

* 가인이 그의 아우 아벨을 죽였다. 아담이 하나님께 불순종한 죄는 그 아들에 와서는 윤리적 죄로 발전하였다(창 4:8).

* 가인 계통의 7대손 라멕이 사람을 죽였다. 그는 살인자가 되었다(창 4:23).

* 사람들이 땅 위에 번성하였다. 셋 계통의 아들이 가인 계통의 딸들의 아름다움을 보고 저마다 아내를 삼았다. * 여호와께서 말씀하셨다. "생명을 주는 나의 영이 사람 속에 영원히 머물지는 않을 것이다. 이는 그들의 몸은 육체이기 때문이고, 그들의 날은 백이십 년이다(창 6:1-3).

* 여호와께서는 사람의 죄악이 세상에 가득 차고, 마음에 생각하는 모든 계획이 언제나 악한 것뿐임을 보셨다(창 6:5).

* 여호와께서 말씀하셨다. "내가 창조한 사람을 이 땅 위에서 쓸어버리겠다."* 그러나 노아는 여호와께 은혜를 입었다.

* 노아는 그 당대에 의롭고 흠이 없는 사람이었다. 노아는 하나님과 동행하는 사람이었다(창 6:7-9).

※일곱째 고조 에녹은 영생하였다.

에녹이란 뜻은 '헌신'이고, 최초로 승천한 자가 되었다. 그는 삼백 년 동안 하나님과 동행하였다고 한다. 어떻게 하나님과 동행했는지는 모르지만 '하나님의 말씀에 순종하였다'는 뜻이라고 본다. 70인역에는 "에녹은 하나님을 기쁘시게 했다"라고 한다. 후대에 이 어구는 '경건한 생활'의 표현이 되었다.

역사비평가 칼라일은 "사람은 결코 공허하고 허무한 것이 아니다. 영원의 내용을 살리고 있는 존귀한 존재이다"라고 말하였다.

» 영생론 ④
영생을 소망하는 헨리 워드 비처 목사

미국 남북전쟁 당시 헨리 워드 비처라고 부르는 유명한 목사가 있었다. 그는 링컨을 도와 노예를 해방하는 일에도 크게 이바지했다. 헨리 워드 비처의 아버지도 역시 목사였다. 그는 이름이 널리 알려진 목사였고, 또한 그 지역의 신학교 교장도 역임했다.

뉴욕 브루클린 지역에 한 교회가 있었다. 그 교회에 비처의 아버지가 목회하다가 나이가 많아 은퇴하고, 그 아들이 그 교회 목회자가 되었다. 그런데 아버지보다 아들이 더 유명한 목회자로 소문이 자자했다. 세월이 흐르면서 소문은 꼬리에 꼬리를 물고 퍼져나갔다. 먼 지방에 있는 사람도, 그 도시에 사는 사람도 이 소문을 들었다. 이제는 사람들이 떼를 지어 그 교회로 모여들기 시작했다. 처음 오는 사람들은 그 교회가 어디에 있는지를 몰라서, 길거리 교통 경찰관에게 물었다. "헨리 워드 비처 목사의 설교를 듣고 싶은데 어디로 가면 됩니까?" 교통 경찰관은 이렇게 말했다. 사람들이 떼를 지어서 가고 있는 쪽을 가리키면서 "저 사람들을 따라 가시오"라고 했다.

어느 날 많은 사람들이 교회를 꽉 채운 가운데 헨리 워드 비처가 강단에서 설교했다. 그날의 설교 제목은 영생이었다. 문득 설교를 하다가 맨 앞쪽에 앉아있는 아버지를 바라보았다. 멍하니 앉아있는 모습이 마치 마른나무토막 같고, 얼굴에는 주름살이 잡혔고, 엉성한 흰 머리카락은 헝클어진 실타래와 같이 머리를 덮고, 귀는 어두워 말을 잘 알아듣지도 못하고, 시력이 나쁜 눈은 우묵하게 들어가 있었다.

그때 아들은 설교를 중단하고 계단으로 내려가서 아버지의 손을 잡고 같이 강단으로 올라왔다. 사람들의 시선이 모두 부자 목사에게 쏠렸다. 아들이 아버지의 귀쪽에 얼굴을 들이대고 큰 소리로 말했다.

"아버지, 제가 앞쪽에 앉아 계시는 아버지를 보았습니다. 아버지의 모습이 흡사 이사를 가버린 빈집 같습니다. 그 온화한 얼굴빛은 천국으로 이사를 하였고, 그 쟁쟁한 목소리의 설교도 천국으로 이사를 하였고, 청력도 천국으로 이사를 하였고, 시력도 천국으로 이사를 하였습니다. 그래서 지금 아버지의 육체는 마치 이사 간 빈집 같습니다. 아버지! 그렇지요."

아버지가 고개를 끄덕이면서 "그렇다, 네 말이 꼭 들어맞았다"라고 대답했다. 아들은 거듭해서 "아버지, 하나님께 부탁해서 천국으로 보낸 이 삿짐을 도로 가져올 마음이 없습니까? 청력도 가져오고, 시력도 가져오고, 쟁쟁한 목소리도 가져와서, 다시 옛날처럼 외칠 생각이 없습니까"라고 물었다.

아버지는 그 말을 듣고 나서 고개를 저으면서 말했다.

"안 된다. 하나님이 나에게 맡겨주신 모든 일을 다했다. 이제 내가 바라는 것은 하나님께서 내 영혼을 불러가는 것만 남았다."

그 목소리는 조금은 떨렸지만 또렷하고 분명했다.

그리고 그때 갑자기 아버지의 얼굴에 빛이 났다. 브루클린 지역의 교인들은 아버지 목사로부터 그동안 많은 은혜를 입었지만 '그때처럼 큰 느낌을 받은 적은 없다'라고 하는 뒷이야기가 전해졌다.

나이 많은 아버지 목사의 이 마지막 교훈이 무엇일까?

위로 눈을 들어서 하나님이 자신을 부르시기를 기다리고 있다. 빛나는 얼굴로 하나님을 소망하는 이것이 바로 신앙의 종점이다. 영생은 신앙에 속하는 것이고, 신앙은 주의 뜻에 따라 사는 것이다. 진정한 믿음은 죽음을 경시할 뿐만 아니라, 오히려 이를 소원해야 한다. 그리고 우리가 세상을 살아가는 동안에 여러 가지 일들이 있지만, 우리 마음속의 확고한 신념이 언제나 영생의 도리가 되어야 한다. 이것이 낮이나 밤이나, 집에서나 길거리에서나, 바쁠 때나 조용할 때나 언제나 우리 마음을 항상 지배해야 한다. 우리의 마지막 소망은 하나님을 만나는 것이다.

» 영생론 ⑤
사죄와 부활의 관계

사죄와 부활과 영생은 사도신경의 마지막 구절의 내용이고, 교회에 주신 은사다. 이 세 가지는 모두 그리스도로 말미암아 우리가 받는 것이다. 사죄는 그리스도의 죽음에서, 부활은 그리스도의 부활에서, 영생은 그리스도의 승천에 의함이다. 그리고 사죄와 부활과 영생은 서로 논리적인 연관성이 있다. 사죄는 인류에게 주신 근본적인 은사이다. 하지만 죄를 용서받지 못하면 그다음 부활과 영생은 이루어지지 않는다.

1. 사죄와 구원의 관계

사죄란 죄를 용서받는 것이다. 시편 32편은 다윗이 범죄한 후에 회개하고 하나님으로부터 사죄받은 내용이다. 회개는 자신의 범죄를 인정하고, 그 죄를 하나님 앞에 자복하는 것이다. 다윗은 위대한 왕이었고, 여호와에 대한 신앙심이 두터웠다. 사울에게 실망한 사무엘은 그를 택하여 '여호와의 마음에 맞는 사람'이라고 하며, 그에게 왕으로 기름을 부었다.

그러나 그가 밧세바를 범하고 그 남편을 적진으로 보내어 죽인 것은 일생일대의 큰 범죄요, 악이었다. 이 범죄로 인해 그의 가정에 풍파가 일어났고, 왕에 대항하는 반란군에 의하여 쫓겨났다가, 그 반란이 진압된 후 예루살렘에 돌아오게 되었다. 그 후에 그는 왕위를 회복하였다. 다윗은 이 범죄에 대해 사죄의 축복을 받았다. 그가 왕위를 회복한 것은 하나님께서 그의 죄를 용서하였기 때문이다. 그는 왕위를 회복한 것보다 죄를 용서받은 것을 더욱 기뻐하고 감사했다.

우리는 죽은 후에 모두 하나님께로 가게 된다. 그때 죄를 가지고 하나님 앞에 갈 수는 없다. 우리가 땅 위에 살면서 지은 온갖 죄는 그날그날 모두 사죄의 용서를 받아야 한다. 우리가 주님의 구원을 받기 위해서는 반드시 사죄를 받아야 한다. 그것이 바로 사죄의 축복이다.

※ 사죄 후에 구원을 받는다.

사례1) 눈먼 바디매오가 구원을 받다(막 10:46-52).

예수께서 제자들과 함께 여리고를 떠나실 때, 디메오의 아들 바디매오라는 눈먼 거지가 길가에 앉아 있다가 나사렛 예수가 지나가신다는 말을 듣고 "다윗의 자손 예수여, 나를 불쌍히 여겨 주소서" 하고 말했다.

"다윗의 자손 예수"는 바로 메시아의 별명이다. 일반군중이 그에게 "나사렛 예수"라고 말한 것에 대하여, 그는 즉각적으로 "다윗의 자손 예수"라 불렀다. 여기에서 이 맹인에게 신앙이 있음을 볼 수 있다. 예수께서 그에게 말씀하셨다. "가거라. 네 믿음이 너를 구원하였다." 그러자 그 눈먼 사람이 곧 다시 보게 되었다.

사례2) 중풍 병자를 고치다(막 2:1-5).

예수께서 가버나움의 어느 집에 계셨다. 많은 사람이 예수를 에워싸고 앉아 있었다. 그때 사람들이 중풍 병자를 지붕에서 침상에 누인 채로 예수 앞에 달아 내렸다. 예수께서 그들의 믿음을 보시고 중풍 병자에게 "이 사람아, 네 죄가 용서받았다" 하고 말씀하셨다.

방안에 사람들이 너무 많아 예수께 접근할 길이 없어 그들은 중풍 병자를 지붕에서 달아 내린 것이다. 그렇게 기어코 예수 곁으로 나아간 것이다. 예수께서 이 행동에서 그들의 믿음을 본 것이다. 그래서 중풍 병자에게 "네 죄가 용서받았다" 하면서 그 사람의 사죄를 선언하셨다.

사례3) 죄인인 한 여인이 예수께 향유를 붓다(눅 7:36-50).

바리새인 가운데 어떤 사람이 예수께 청하여 자기와 함께 음식을 먹자고 하였다. 그래서 예수께서는 그 사람의 집에 들어가셔서 상에 앉으셨다. 그런데 그 동네에 죄인인 한 여자가 있었는데, 예수께서 바리새파 사람의 집에서 음식을 잡숫고 계신 것을 알고서, 향유가 담긴 옥합을 가지고 왔다. 그 여자가 예수의 등 뒤 발 곁에 서더니 울면서 눈물로 그 발을 적시고, 자기 머리털로 닦고, 그 발에 입을 맞추고 향유를 발랐다.

그 여인의 행동은 참으로 아름다웠다. 그래서 죄 많은 이 여인에게도 예수께서는 "네 죄 사함을 받았다" 하셨고, 대화의 끝부분에서 "네 믿음이 너를 구원하였다. 평안히 가라"(눅 7:50)고 하셨다. 그녀의 눈물에서, 발에 붓는 향유에서, 머리털로 발을 씻는 동작에서 주님은 그녀의 '믿음'을 보신 것이다. 사죄는 회개함으로 얻고, 그 회개의 근원은 믿음이다. 믿음이 없는 회개는 없다.

2. 사죄는 믿음에서 얻어진다

사죄를 받기 위해서는 먼저 회개를 하고(잘못을 뉘우치고), 그리고 자신의 죄를 고백해야 한다(사실대로 말함). 그 후에, 주님의 사죄(죄를 용서받는 것)를 믿는 것이다. 이 믿음에서 우리는 주님의 사죄에 대한 은혜를 체험한다. 이 은혜가 바로 사도신경 마지막 구절 "죄를 용서받는 것을 믿습니다"에 해당된다.

다윗은 여호와에 대한 신앙심이 두텁고, 숭고한 인격을 가졌고, 또 탁월한 정치적 재능을 가진 위대한 인물이었다. 하지만 일순간의 실수로 우리아의 아내 밧세바를 범하고, 그 죄를 남편 우리아에게 전가시켜 은폐하려 했다. 우리아가 이에 불응하자, 그를 고의로 죽게 만들었다. 그 결과 그는 중대한 죄를 범하였다.

범행 후에, 그는 밧세바를 범한 것이 그의 일생에 크나큰 오점을 남긴 것을 깨닫고 여호와께 회개를 하게 되었다. 그것이 바로 시편 32편 내용이다. 그곳에 그의 회개의 고통이 담겨 있다. "내가 입을 다물고 죄를 고백하지 않을 때에는 하루종일 신음으로 내 뼈가 녹아내리는 것 같았다" 하였고, 또 "그는 죄의식을 느껴 여름철 가뭄같이 입안이 마르는 고통을 느꼈다"라고도 했다.

사죄의 기도는 먼저 회개가 있어야 하고, 그다음 자신의 죄에 대한 고백이 있어야 하고, 그 후에 주님의 사죄를 믿어야 한다. 사죄를 받는 것은, 믿음으로 이루어진다. 그런데 우리는 가끔씩 사죄의 은혜에 대한 시험을 받는다. 내가 죄를 짓고, 그 죄를 하나님께 고백하고 난 후에 "이 죄를 용서받는 것을 믿습니다"라고 하기는 했는데, 과연 그 죄가 용서가 된 것인지, 안 된 것이지 도무지 알 수가 없다. 그것이 항상 마음에 걸려서 꺼림칙하다.

사죄를 받았는지 받지 못했는지 아는 방법이 딱 하나가 있다. 그것은 믿음이다. 믿음으로 그 사실을 받아들이는 것이다. 내일 아침 해가 동쪽에서 솟아오르는 것을 믿듯이, 하나님께서 내 죄를 용서해주는 것도 그렇게 믿는다. 그래서 "죄를 용서받는 것을 믿습니다" 이 말 외에는 죄를 용서받지 못한다.

"하나님, 내 죄를 용서하십시오" 해도 안 된다. "죄를 용서받기 위해 선한 일을 합니다" 해도 안 된다. 죄를 용서받기 위해 "이웃의 불쌍한 사람을 돕습니다" 해도 안 된다. 로마 가톨릭처럼 면죄부를 사는 것도 안 된다. 오직 죄를 용서받는 것은 하나님께 "죄를 용서받는 것을 믿습니다" 하는 이 말밖에는 없다.

그리스도교의 모든 요소는 바로 믿음이다. 하나님이 인간에게 대하는 방법은 사랑이고, 인간이 하나님께 대하는 방법은 믿음이다. 사랑은 내려오고, 믿음은 올라간다. 이 내려오는 것과 올라가는 것이 바로 하나님과 인간의 만남이다.

이 항목의 주제는 '사죄와 부활의 관계'이다. 사죄를 받지 못하면 구원도 없다. 그것은 곧 부활을 못한다는 결론이다. 그래서 사죄는 우리의 구원과 논리적인 연관성이 있다.

» 영생론 ⑥
부활과 영생의 관계

그다음 부활과 영생은 어떤 관계가 있는가? 부활 없는 영생은 참된 영생이 될 수 없다. 현세와 같은 육신의 상태로 영원히 산다는 것은 어떤 의미에서 재앙이 된다. 누가 오래 살았다고 해보자. 여기 '오래'는 시간상으로 긴 세월을 말한다. 옛말에 오래 살면 욕됨이 많다고 했다. 손자 죽는 꼴도 보게 되고, 또 이러저러한 치욕스러운 일을 당하기 마련이다.

육신은 계속 늙어가는데 온갖 질병이 생긴다. 사회가 불안정하다. 자연재해가 늘어난다. 전염병이 창궐한다. 전쟁이 일어난다. 이런 재앙 가운데 사는 것은 오히려 욕된 삶이다. 사람은 누구나 오래 사는 것을 복이라고 하지만, 현세의 삶은 고통의 연속이다. 인간의 연수가 80이고, 90을 넘기기도 하지만, 그 생명을 감당하지 못해 미리 죽는 사람도 있다. 부활체가 아닌 지금의 몸으로 오래 산다는 것은 화가 된다.

영생이 없는 부활은 참된 부활이 아니다. 예수께서 행하신 많은 표적 중에 사도 요한이 선택한 마지막 표적은 나사로의 부활이다. 나사로가 죽은 지 나흘 만에 부활했다. 다시 살아난 나사로에 대한 여러 가지 전설이 있다. 그는 다시 살아나서 30년을 더 살면서 프랑스 지방에서 복음을 전하다가 그곳에서 죽었다고 한다.

한 전설에 의하면 나사로가 살아난 후에 예수께 이런 질문을 했다고 한다.

"주님, 내가 또 죽습니까?"

"그래, 또 죽는다."

이 말을 듣고 난 후 그는 죽을 때까지 다시는 웃지 않았다고 한다. 죽음에 대한 공포를 알고 있었기 때문이다. 만약 영생이 없는 부활이라면 나사로와 같은 부활이다. 그래서 부활이 없는 영생은 참된 부활이 아니다. 그것은 고통스러운 부활이다.

그렇기에 바울 사도는 "나는 이것을 이미 얻은 것도 아니며, 이미 목표점에 다다른 것도 아니다. 그리스도께서 나를 사로잡으셨으므로, 나는 그것을 붙들려고 쫓아가고 있다"라고 하였다(빌 3:12). 또 "우리는 뒤로 물러나서 멸망할 사람들이 아니라, 믿음을 가져 영혼의 구원을 받을 사람들이다"(히 10:39)라고도 하였다.

신앙생활은 끝없는 전진이다. 그 전진의 마지막 목표가 부활이다. 바울은 "어찌하든지 죽은 자 가운데서 다시 부활에 이르려고 한다"라고 했다.

이것이 없으면 아무 소용이 없다. 믿는 사람이 달려가는 종점은 부활이다. 내가 어떻게 하든지 죽은 자 가운데서 부활해야 한다는 욕망으로 살아가야 한다. 이 항목의 주제는 '부활과 영생의 관계'이다. 부활하지 않은 육신은 영생할 수가 없다.

» 영생론 ⑦
부흥사 무디 이야기

1.

무디는 세계적인 부흥사였다. 그는 1837년 미국 매사추세츠 주 노스필드 지역의 어느 가난한 집안에서 태어나서 62년을 살고 죽었다. 아버지가 4살 무렵에 죽었기에 그는 편모 아래서 자랐다. 그의 어머니는 신앙심이 두터워, 어린 시절부터 모두가 교회에 다녔다.

그러나 집안이 어려워 남의 집의 심부름, 신문 배달 같은 일을 하다가 그가 17세 때에 보스턴에서 구두 만드는 일을 했다. 그 후에 시카고로 가서는 뛰어난 판매원으로 성공했다. 무디는 대중의 마음을 사로잡는 어떤 재능을 가지고 있었다. 사람들은 만일 무디가 전도자가 되지 않았으면 록펠러 같은 사업가가 되었을 것이라고 했다. 이렇게 대중과 호흡을 한 무디는 그리스도교의 복음을 대중 언어로 바꾸는 천재성을 가지고 있었다.

그는 중년 이후에 그리스도교의 전도와 부흥사로 크게 이름을 떨쳤다. 그는 많은 사람에게 그리스도를 전파했다. 그가 전도하는 말을 듣고, 그 말에 감동하여 수많은 군중이 예수를 믿었다고 한다. 한 기록에는 그 숫자가 일백만 명이 훨씬 넘는다고도 하였다.

세월이 흘러 그도 이제 늙수그레한 나이가 되었다. 그때 그는 군중들 앞에서 이런 말을 했다. "여러분은 얼마 후에 시카고 신문에 '무디가 죽었다' 하는 보도를 보게 될 것입니다. 그때 여러분은 그 신문을 믿지 마십시오. 나는 그 순간 죽은 것이 아니라, 하나님 나라에서 그리스도와 더불어 영원히 사는 영생의 생명 속에서 주를 찬미하고 있을 것입니다"라고 하였다. 무디가 죽음 앞에서도 이같이 의젓하고 멋들어진 모습을 보여주는 원동력은 무엇일까? 그것은 부활 신앙이었다. 이에 대해 확실한 믿음을 가진 자는, 늙고 병들고 죽는다는 생각에도 큰 위로를 받는다. 세상의 어떤 환난도 두렵지 않게 된다.

2.

성경은 그리스도를 '생명'이라 한다. 하나님은 생명이시고 생명의 근원이다. 그러므로 하나님과 합일되는 곳에서만 참된 생명이 있다. 영생은 바로 이와 같은 참 생명이 영원히 연속하는 것이다. 우리가 영생한다는 것은 하나님의 본질에 참여하는 것이다.

3.

영국의 청교도 102명이 신앙의 자유를 찾아, 1620년 9월 6일 메이플라워(May Flower)라는 범선을 타고 대서양을 2개월간 항해하여 11월 9일 미국 플리머스(Plymouth)에 도착하였다. 그해 겨울을 지나면서 추위와 병과 인디언의 습격으로 절반이 죽고, 이듬해인 1621년 가을에 자족(自足)한 추수를 하여, 총독 윌리엄 브래드퍼드(William Bradford)가 하나님께 감사예배를 드리며, 이웃의 인디언들을 초청하여 칠면조를 잡아 잔치를 베푼 것이 추수감사절의 기원이다.

4.

추수감사절은 그 후 교회의 범위를 넘어 미국 초대 대통령 워싱턴에 의해 국경일로 선포되고, 링컨을 거쳐 루스벨트 대통령이 그 시기를 11월 셋째 목요일로 확정하여 지키게 되었다. 우리 한국교회는 초창기부터 이 풍속을 따랐다. 추수감사절의 유래가 우리에게 말해 주는 것은 무엇일까? 우선 미국이 오늘날과 같이 부강할 때가 아니라, 심각한 역경 속에서 감사한 일이다. 실로 우리는 역경을 통해 비로소 하나님의 크신 은혜를 깨닫게 된다.

또 저들은 역경에서도 감사함으로 지금의 시대와 같은 부강한 국가를 건설하였다. 어려운 중에도 감사하고 단결한 민족을 하나님은 축복하신다. 성경에는 "우리 주 예수 그리스도의 은혜를 너희가 알거니와 부유하신 이로서 너희를 위하여 가난하게 되심은 그의 가난함으로 말미암아 너희를 부요하게 하려 하심이라"(고후 8:9)고 하였다.

또한 그들이 이웃의 인디언을 초대하여 같이 감사했다는 사실이다. 우리의 감사를 하나님께 바치는 동시에 이웃에게도 표시할 줄 알아야 한다.

5.

매사추세츠 주는 1620년 영국의 청교도들이 신앙의 자유를 찾아 메이플라워라는 범선을 타고 플리머스 항에 도착하면서 개척이 시작된 주이다. 이들 청교도가 1630년에 건설한 도시가 보스턴이다. 그 후 보스턴은 매사추세츠의 주도(州都)가 되었다. 그리고 1636년에는 미국 최초의 대학인 하버드대학이 설립되었고, 그 후에 웨슬리, 버클리, 보스턴, 터프츠, MIT 등의 대학이 세워졌다.

보스턴은 미국의 역사, 교육, 문화, 예술을 이끌어 나가는 도시가 되었다. 마크 트웨인의 말에 의하면, 뉴욕에선 돈 자랑을 하면 안 되고, 필라델피아에선 가문 자랑을 하면 안 되고, 보스턴에서는 학벌 자랑을 해서는 안 된다고 했다.

그 유명한 부흥사 무디도 청교도들이 정착한 매사추세츠 주에서 태어났다. 그는 청교도 신앙의 정신을 가진 것이 틀림없다. 믿음을 가진 자는 인간 능력의 한계를 뛰어넘는다. 바로 하나님이 주신 능력 때문이다.

제5부

인간의 내세관

» **내세관 ①**
   음부와 지옥

인간의 내세관이란 죽은 후의 견해나 입장을 말한다. 이는 죽은 후의 상태에 따라서 선명하다. 우선 음부와 거기에 관련된 지옥에 관한 성서적 관념이 있고, 낙원과 거기에 관련된 천국이 있다.

1. 음부란 무엇인가?

☞**음부의 일반적인 개념이다.**

▶구약에서 음부는 스올(sheol)이라 한다. 스올은 의인과 악인의 구별 없이 죽은 사람이 내려가는 처소이다. 그 뜻은 슬픔, 놀라움, 무지, 암흑, 멸망의 구덩이다. 이들은 모두 죽음에 대한 여러 가지 표현일 뿐이다. 그렇기에 스올은 단순히 '무덤'이나 '죽음'을 뜻하는 말이다.

그러나 유대인의 스올에 대한 견해는 두 가지가 있다. 하나는 율법을 준수한 유대인들이 가고, 다른 하나는 이방인들이 간다. 전자는 메시아가 오실 때 낙원으로 옮겨지나, 후자는 그대로 거기 머물게 된다.

▶신약에서 스올에 해당하는 말은 하데스(hades)이고, 음부로 번역한다. 하데스도 스올처럼 선악의 구별 없이 죽은 자의 처소이다. 그 현저한 예로서 그리스도께서 죽으신 후 음부로 내려가셨다는 것이고(행 2:27), 구약의 성도들이 그리스도의 부활을 기다리고 있다가 그가 부활한 후에 그 자신이 내려가서서 그들을 구원하신다는 것이다.

☞음부의 사상적 발전이다.

신약에서 스올에 해당하는 말은 하데스라 했고, 그 후에 하데스는 일보 전진하게 된다.

1) 한쪽은 율법을 준수한 유대인들이 가는 '조상의 변방'이라 하고, 구약의 성도들이 죽어서 가는 곳이다. 그곳에 있다가 메시아가 재림하실 때 그들은 낙원으로 옮겨진다.

2) 다른 쪽은 이방인들이 가는 '이방인의 변방'으로, 그들은 구원받지 못하고 그들이 있는 곳은 형벌의 처소가 된다.

2. 지옥이란 무엇인가?

1) 지옥의 일반적인 개념이다.

신약에서 지옥이란 낱말은 '게헨나'이다. 이 말의 근원은 "힌놈의 언덕 골짜기"란 단어에서 기원하였고, 그 의미는 지옥이다. 이 골짜기는 예루살렘 서남쪽에 있다. 솔로몬은 이곳에 몰록의 산당을 지었고, 아하스는 자기 아들을 불에 태워 희생 제물로 바쳤고, 므낫세도 그 아들을 불에 태워 희생 제물로 바쳤다.

신약의 게헨나에 대한 관념은 분명하다. 게헨나는 구원받지 못한 사람이 가는 곳이다. 그곳은 꺼지지 않는 불이 타는 곳이요, 구더기도 죽지 않는 불 못이다. 그 원칙적인 근거는 마귀들의 처소로 준비된 곳이고, 또 그를 쫓는 자들이 가는 곳이다. 그곳에서 모든 악인이 최후의 심판을 받고, 몸과 영혼이 영원히 형벌을 받는다.

지옥이란 말은 게헨나에서 시작되어, 불의한 자들이 영원한 형벌을 받는 장소이다. 이러한 배경 아래서 신약의 지옥관은 아주 명백하다.

☞지옥의 사상적 발전이다.

구약 시대 이후 "힌놈의 골짜기"는 유대의 '묵시 문학에 '지옥'으로 상징이 되었고, 신약시대에 와서는 지옥이란 의미를 가졌다.

■ 묵시(黙示)란? 은연중에 뜻을 나타내 보이거나, 하나님의 계시, 즉 그의 뜻이나 진리를 알게 해주는 것이다.

※음부와 지옥을 요약하면?

사람이 죽으면 그 영들은 의인은 낙원으로, 악인은 음부에 가서 그리스도의 재림을 기다린다. 그리스도가 재림하면 의인의 영은 영화된 육과 합하여 천국으로 옮겨지고, 음부의 영은 부활하여 지옥으로 떨어진다.

그래서 음부와 낙원은 영들만 가는 곳이라 하지만, 거기에서 고통과 즐거움은 벌써 겪게 되는 것이다. 아마 낙원은 천국의, 음부는 지옥의 일부에 지나지 않을 것이다.

» 내세관 ②
  낙원과 천국

내세란 죽은 뒤에 가서 일어나는 미래의 세상이다. 성서적 관념의 내세관은 그 상태에 따라 일어나는 일들이 분명하게 밝혀진다. 여기서는 낙원과 천국에 관련된 내용을 살펴보고자 한다.

1. 낙원이란 무엇인가?

1) 낙원의 일반적인 개념이다.

낙원의 근원은 페르시아어다. 그 의미는 공원이나 정원인데, 페르시아 왕궁의 정원을 묘사한 말이었다. 이 낙원에 대한 히브리어는 '팔데에스'이다.

▶구약에서 낙원은 세 번 나온다. 전도서 2장 5절¹에는 '과수원'으로, 아가 4장 12절²에는 '동산'으로, 느헤미야 2장 8절³에는 '삼림'으로 등이다. 그런데 70인역에는 이 뜻이 모두 '낙원'이란 단어로 바뀌었다. 또 창세기 2장 8절에 "에덴에 동산을 일구셨다"라고 했는데, '에덴'은 즐거움이고 '동산'은 낙원이란 의미다. 또 창세기 13장 10절에는 요단 계곡을 "여호와의 동산"이라고도 했다. 낙원은 파라다이스(paradise)이다. 이는 울타리로 에워싸인 정원으로 고대 동양의 왕들이 사냥하며 즐기는 정원이었다.

이곳에서 그리스도교의 낙원 사상이 기원했다(눅 23:43). 하나님께서 이 즐거운 낙원을 만들어서 그곳에 사람이 살도록 했지만, 사람은 죄를 범하고 그곳에서 쫓겨났다. 그러나 이제는 그곳이 회개한 인간들이 돌아갈 영원한 정착지이다.

▶신약에서도 세 번 나온다. ① 예수께서 회개한 강도에게 "네가 오늘 나와 함께 낙원에 있을 것이다"라고 하였다. 유대인의 관념에는 죽은 자가 가서 부활을 기다리는 곳이며, 그곳이 바로 아브라함의 품이다. ② 바울은 낙원과 셋째 하늘을 동일시한다. "이 사람이 낙원에 이끌려 올라가서 말로 표현할 수도 없고, 사람이 말해서도 안 되는 말씀을 들었다"라고 했다.

③ 예수께서 말씀하셨다. "신앙을 지키는 자에게는 내가 하나님의 낙원에 있는 생명나무 열매를 주워서 먹게 하겠다." "생명나무 열매"란 에덴동

산에 있던 나무이다(창 2:9). 아담의 범죄와 함께 잃어버린 것이었다. 그 잃어버린 열매가 '신천신지'에서 다시 나타나는 것은(계 22:2) 신비로운 연관성이다. 이는 곧 영생을 받을 사람이 범죄로 말미암아 받지 못한 것을 회개한 자가 신천신지에서 다시 얻는다는 것이다.

낙원은 의로운 자들이 가는 곳이다. 낙원은 사후의 상태에 대해서는 이분설이 있다. 그것은 단순히 선인과 악인의 처소로 구분이 된다. 예수께서는 죽은 자가 가는 두 세계가 있다는 것을 분명히 밝혔다. '부자와 나사로'의 비유에서, 한쪽은 아브라함의 품이고, 다른 쪽은 음부이다. 또 십자가에서 운명하실 때에도, 그 옆의 회개한 죄수에게 함께 낙원으로 가는 것을 밝히시기도 하셨다.

결국 낙원이란 음부와 대치가 되는, 죽은 자의 중간세계이다. 그곳은 신자들이 죽은 후에 육신은 땅에 묻히고, 영들만 가는 곳이다. 신자들의 영은 그곳에 있다가 주께서 재림하실 때 무덤에 있는 육신과 낙원에 있는 영이 합하여 부활체가 되어, 공중에서 주님을 영접한다. 그곳은 영들이 그리스도께서 재림하실 때를 기다리는 곳이다.

2. 천국이란 무엇인가?

1) 천국의 일반적인 개념이다.
'천국'이란, '하늘의 나라'란 뜻이다. 이는 '마태의 용어'이고, 마태복음에 30회 나온다. 마태 외에는 전부 '하나님의 나라'로 나타난다. 그러나 마태복음에도 후자가 4번 나오면서 두 단어가 같은 뜻으로 사용된다. 그것은 제3계명으로, '하나님'이란 단어를 함부로 쓰기를 싫어하는 유대인들을 위해 '하늘'이란 단어로 대치한 것뿐이다.
천국은 그리스도를 중심으로 하는 하나님의 왕국으로서 구약에서 메시아 왕국의 관념과 일치한다. 또 그리스도의 천국에 대한 견해는 순수한 미래사이다. 현세의 천국이란 믿음으로 구원받은 신자의 심령 상태이고, 이런 신자의 모임인 교회를 말한다.

미래의 천국은 종말에 있는 파루우시아(재림)를 통해 이루어진다. 전자는 원인이고, 시작이다. 후자는 결과이고, 완성이다. 현재 마음에 두는 천국이 없다면, 미래에 실현될 천국도 없고, 미래의 천국이 없이는 현재의 천국이란 무의미한 것이다. 천국은 신자가 영원 속에 하나님과 함께 있을 곳이다. 인생 최대의 즐거움은 하나님과 동행하는 것이다.

» 내세관 ③
천국을 본 사람이 있다

▶살아 있는 사람 가운데서 '하나님 나라'를 본 사람들이다.

⇨ [눅 9:27, 28-34]이다.

"예수께서 제자들에게 말씀하셨다. '여기에 서 있는 사람 가운데는 죽기 전에 하나님의 나라를 볼 사람도 있다.' 이 말씀 후 여드레쯤 되어, 예수께서 베드로와 요한과 야고보를 데리고 기도하러 산에 올랐다. 예수께서 기도하고 계시는데, 그 얼굴 모습이 변하고 그 옷이 눈부시게 희어지고 빛이 났다. 그런데 갑자기 두 사람이 나타나 예수와 더불어 말하고 있었다. 그들은 모세와 엘리야였다.

그들은 영광에 싸여 나타나서, 예수께서 예루살렘에서 별세하실 것에 대하여 말하고 있었다. 베드로와 그 일행은 잠을 이기지 못하여 졸다가 깨어나서 예수의 영광을 보고, 또 그 두 사람을 보았다. 그런데 갑자기 구름이 일어나 그 세 사람을 휩쌌다. 그들이 구름 속으로 들어가니 제자들은 두려움에 사로잡혔다."

예수께서 베드로와 요한과 야고보를 데리고 기도하려 산에 올라가셨다. 그 산은 북쪽에 있는 헤르몬 산이다. 그 산의 중턱쯤 되는 곳에서, 예수께서는 그들을 남겨두고, 앞쪽으로 더 나가서 혼자 기도하셨다. 세 제자는 떨어져서 기도하는 주님을 바라보았다. 그때 갑자기 주님의 얼굴 모습이 변하고, 옷이 눈부시게 희어지고 빛이 났다. 제자들은 그 광경의 신비한 현상에 놀라움을 금치 못하는 가운데, 갑자기 두 사람이 나타나 예수와 더불어 말하고 있었다. 그들은 모세와 엘리야였다.

모세는 죽은 지가 3400년이나 되고, 엘리야는 승천한 지 2800년이나 지났다. 그리고 세 사람의 몸의 상태는 모두 다르다. 주님은 현세의 몸을 가졌고, 모세는 죽어 하나님이 장사하셨고, 엘리야는 죽지 않고 승천하였다. 이런 상태의 사람들이 그곳에 나타난 것이다.

주님의 몸도, 모세의 몸도, 엘리야의 몸도 모두 영체이다. 이런 모습이 바로 예수께서 말씀하신 하나님 나라에 있을 때의 현상이다. 누가는 그때의 대화 내용도 밝혔는데, 그것은 주님의 죽음에 대한 것이다. 모세와 엘리야는 율법의 대표와 선지자의 대표이고, 결국 구약의 대표이다. 여기 구약과 신약이 산상에서 만난 셈이다. 어쨌든 모세와 엘리야의 사명은 예수의 십자가의 죽음에 이바지하는 일이다. 십자가는 구약의 전 사건과 예언의 초점이요, 중심명제였다.

» 내세관 ④
인간의 내세관

1. 낙원과 음부, 그리고 천국과 지옥

사람이 죽으면 그 영들은 의인은 낙원으로, 악인은 음부에 가서 그리스도의 재림을 기다린다. 그리스도가 재림하면 의인의 영은 영화된 육과 합하여 천국으로 옮겨지고, 음부의 영은 부활하여 지옥으로 떨어진다.

낙원은 음부와 대치가 되는, 죽은 자의 중간 세계이다. 그곳은 의인들이 죽은 후에 육신은 땅에 묻히고 영들만 가는 곳이다. 의인의 영은 그곳에 있다가 주께서 재림하실 때 무덤에 있는 육신과 낙원에 있는 영이 합하여 부활체가 되어, 공중에서 주님을 영접한다.

또한 음부는 낙원과 대치가 되는 죽은 자의 중간 세계이다. 그곳은 악인들이 죽은 후에 육신은 땅에 묻히고 영들만 가는 곳이다. 악인의 영은 그곳에 있다가 주께서 재림하실 때 무덤에 있는 육신과 음부에 있는 영이 합하여 부활체가 되어 지옥으로 간다.

2. 공중 재림과 지상 재림

재림의 날 죽은 성도들이 먼저 부활하여 부활체가 되고, 그다음 살아 있는 성도들은 몸의 변화를 받아서 부활체가 된다. 그렇게 죽은 성도들의 부활체와 살아 있는 사람의 부활체가 합하여 하나가 되어 공중으로 끌려 올라간다. 그때 성도들의 몸이 홀연히 변하는데, 그 변한 몸은 육체가 아니고 영체이다. 이 사실은 고린도전서 15장 35-52절에 상론되고 있다.

부활체로 변한 성도들이 공중으로 끌려서 올라가는 것은, 재림하시는 주를 영접하기 위한 것이다. 구름 가운데서 재림한다는 것은 구약의 예언이다(단 7:13). 그리고 주 자신의 예언에도 명백한 사실이고(마 24:30), 이것은 계시문학의 특징이다(계 11:12).

이 구절은 그리스도의 공중 재림의 근거로 믿어지고 있다. 즉 주께서 먼저 공중에 나타나실 때, 죽은 성도들이 부활하고, 살아 있는 성도들도 몸의 변화를 받아 부활의 몸이 되어, 공중으로 끌려 올라가서 주님을 만나고, 그 후에 주님은 모든 성도와 같이 지상 재림을 하신다. 성도들이 공중으로 올라가는 것은 구약의 에녹(창 5:24)이나 엘리야(왕하 2:11)의 그림자로 보인다.

공중 재림 후에, 주님은 모든 성도와 함께 지상 재림을 하셔서 모든 성도와 함께 계신다. 천국은 신자가 영원 속에 하나님과 함께 있을 곳이다. 인생 최대의 즐거움은 하나님과 동행하는 것이다. 참으로 그리스도교 교리에서 천국을 제거하면 그것은 종교에서 도덕으로, 신앙에서 수양으로 이어지는 타락임에 틀림이 없다.

낙원과 천국의 형체를 형이하학적으로 선명하게 설명하는 것은 절대 불가능하다. 죽은 후에, 영체 상태에서는 그것을 분명히 알 수가 있지만, 지금은 이 정도로 설명을 마친다.

※ 다음은 이 항목의 요약문이다.

1) 사람이 죽으면 그 영들은?

의인 → 낙원으로

악인 → 음부로 가서 부활을 기다린다.

▶음부와 낙원은 영들만 가는 곳이다. 그러나 그곳은 고통과 즐거움이 시작되는 곳이다. 결국 낙원은 음부와 대치되는 죽은 자의 중간 세계다.

2) 부활 후의 상태는?

의인의 영은 영화된 육과 합하여 천국으로

악인의 영은 육과 합하여 지옥으로 간다.

▶아마 낙원은 천국 일부이고, 음부는 지옥 일부에 지나지 않을 것이다.

선인들의 교훈 세 가지

[하나] 오래 살면 욕됨이 많다.

수즉다욕(壽則多辱)이란 말이 있다. 오래 살수록 그만큼 욕되는 일이 많다.

요(堯)임금이 화(華)라는 변경에 이르렀을 때의 일이다.

국경을 지키는 하급관리가 공손히 머리를 숙이며 말했다.

관리: 성인이시여, 장수하시기를 기원합니다.

요 임금: 사양하겠소.

관리: 그러면 부자가 되시옵소서.

요 임금: 사양하겠소.

관리: 그러면 아들을 많이 두소서.

요 임금: 사양하겠소.

관리: 장수하고 부자가 되고, 아들이 많은 것은 사람들이 바라는 것인데, 성인께서는 홀로 바라지 않으시니 어쩐 일입니까?

요 임금: 아들이 많으면 못난 아들도 있어 걱정의 씨앗이 되고, 부자가 되면 쓸데없는 일이 많아져 번거롭고, 오래 살면 그만큼 욕되는 일이 많소(壽則多辱). 이 세 가지는 나의 덕을 기르는 것들이 아니오. 그러므로 사양하는 것이오.

사도 바울의 서신에도 장수에 관한 교훈이 있다. 부모와 자녀 간의 윤리를 거론하는 가운데 나오는 내용이다.

"자녀들아 너희 부모에게 순종하라. 이것은 '네 부모를 공경하라'고

하신 약속이 딸린 으뜸 되는 계명이다. 그것은 '네가 잘되고, 땅에서 장수한다'는 약속이다."

장수의 복에는 '잘됨'이 먼저 있어야 한다. 잘된 환경 없는 장수는 수즉다욕(壽則多辱)에 지나지 않기 때문이다. 고생하고, 어렵고, 벌받고, 병들고 하는 이런 환경 속에서 오래 살게 되면 욕된 일을 당한다는 것이다(莊子 天地).

[둘] 인간이 가지는 부끄러움이란?

사람에게는 한 가지 가치 있는 요소가 있다. 그것은 '부끄러움'을 느끼게 하는 마음이다. 부끄러움을 아는 사람은 쉽사리 죄악에 빠지지 않는다. 부끄러움이란, 부끄러워하는 느낌이나 마음이다. 부끄러움을 모르는 사람은 자기의 수치심을 모른다. 부끄러워할 줄을 모르는 태도는 정말 부끄러운 일이다. 그러나 부끄러워할 것이 없는 것을 부끄러워하는 태도는 올바른 태도이다. 수치심은 인간을 바른길로 인도하는 길잡이다. 이는 인간만이 가지는 요소이고 동물에게는 없다(孟子 盡心篇).

[셋] 그림은 흰 바탕 위에 그려야 한다.

공자는 "사람이 사람답게 살려면, 그 사람의 바탕에 '예'라는 것이 깔려 있어야 한다"는 뜻으로 회사후소(繪事後素)라고 했다. 그리고 흰 바탕(素)이 바로 예(禮)라고 제자들을 깨우쳐 주었다. 그림은 흰 바탕 위에 그려야 한다. 만약 흰 바탕이 아닌 곳에 흰색을 칠하고 그림을 그린다면 얼마 동안은 그것이 흰 바탕으로 존재하지만, 언젠가는 칠한 흰색이 벗겨지고 본바탕이 드러나게 된다.

누군가의 참모습을 알기 위해서는 그가 일하는 직장이나 단체 생활 중에 살펴보아야 한다. 또 사람이 어려움에 처하거나 걱정스러운 일에 빠져 있을 때도 그의 본성이 드러난다. 반대로 사람의 본성이 전혀 드러나지 않는 경우는 처음 만날 때, 기분이 좋을 때, 육신이 편안할 때, 온천이나 피서지 등과 같은 즐거운 장소에 있을 때를 들 수 있다.

사람을 알기 위해서는 고난이라는 것이 필요하다. 인간은 괴로움과 어려움을 겪으면 반드시 본바탕이 드러나게 된다(論語 八佾).

III.

지금은 성령의 시대

Ⅲ. 지금은 성령의 시대

제1부

성령의 행적

» **성령의 행적 ①**
  예수 그리스도의 인성과 신성

1. '나사렛 예수'는 완전한 사람이다

[유아기] 예수의 태어나심은 이러하다. 그의 어머니 마리아가 요셉과 약혼하고 동거하기 전에 성령으로 잉태하여 태어났다. 여드레가 차서 아이에게 할례를 행할 때, 그 이름을 예수라고 하였다. 모세의 법대로 그들이 정결하게 되는 날이 차서, 그들은 아기를 주님께 드리려고 예루살렘으로 데리고 올라갔다. 아기의 부모는 주님의 율법에 규정된 모든 일을 마친 뒤에, 갈릴리의 자기 고향 동네 나사렛으로 돌아갔다. 아기는 자라면서 튼튼해지고, 지혜로 가득 차게 되었고, 또 하나님의 은혜가 그와 함께 하셨다.

[소년기] 예수의 부모는 해마다 유월절에 예루살렘으로 갔다. 예수가 열두 살이 되는 해에도 그들은 절기관습을 따라 유월절을 지키기 위해 예루살렘에 올라갔다. 그런데 그들이 절기를 마치고 돌아올 때 소년 예수는 예루살렘에 그대로 머물러 있었다. 그의 부모는 이것을 모르고 일행 가운데 있으려니 하고 하룻길을 갔다. 그때 그를 찾았으나 찾지 못하여

예루살렘으로 되돌아가서 찾아다녔다. 사흘 뒤에야 그들은 성전에서 예수를 찾았다.

[장년기] 예수는 부모와 함께 나사렛으로 돌아가서, 그때부터 17년간을 부모의 권위 아래에 자신을 복종시키면서 그들에게 순종하며 살았다. 비록 그는 하나님의 아들이라는 자기의식을 선포하였으나, 육신의 아버지에 대한 복종도 무시하지 않았다. 그는 빈곤한 가정에서 목수의 일을 하면서 공생애에 나가기까지 지낸 것이다. 그것은 이미 사람이 된 것에 대한, 사람의 모든 규례에 순종하신 것이다(빌 2:7).

2. '그리스도 예수'는 완전한 하나님이시다

그리스도 예수(Christ Jesus)란 명칭에서, 그리스도는 '기름 부으심을 받은 자'라는 뜻이고, 예수는 '사람을 죄에서 구원해 준다'는 의미다. 그러면 사람이신 예수가 어떻게 '그리스도가 되셨나' 하는 것이다. 그것은 예수께서 세례를 받으신 후부터이다.

* 예수께서 세례를 받으셨다. 예수께서 기도하시는데 하늘이 열리고, 성령이 비둘기 같은 형체로 예수 위에 내려오셨다. 그리고 하늘에서 소리가 나기를 "너는 내 사랑하는 아들이다. 내가 너를 기뻐하노라"(눅 3:21-22)고 하셨다.

* 예수께서 그리스도가 되시다. 하나님께서 나사렛 예수에게 '성령과 능력을 기름 붓듯 하셨다(행 10:38). '나사렛 예수'는 그리스도의 인성(人性)을 나타낸 이름이다. 그러한 사람이신 예수께 하나님께서 성령을 기름 붓듯 하셔서, 그가 그리스도가 되신 것이다. '기름 붓듯'(ἔχρισεν)이란 의미는, 성부께서 성자에게 성령을 주셨는데 그냥 얼마를 주신 것이 아니고 넘치도록 주셨다는 의미다. '넘쳤다'고 하는 것은, 물독에 물을 부어서 물이

가득 차고도 남아서 넘쳤다는 표현이다.

이 같은 성령의 충만함을 받아서 인성(人性)을 가진 나사렛 예수가 신성(神性)을 가진 그리스도가 되셨다. 그것은 하나님께서 그와 함께하셨기 때문이다.

* 성령의 놀라운 능력을 경험한다. 누구나 성령 안에 거하면, 그의 능력이 성부까지 이어진다(요 14:20). 성령은 성자와 연결이 되고, 또 성자는 성부와 연결이 되기 때문이다. 그래서 신자가 성령 안에 있다는 것은, 성삼위의 생명체에 완전하게 연결이 된다는 것을 의미한다. 이 얼마나 확고부동한 믿음인가(요 14:20).

성경을 보면 곳곳에 예수의 선재(先在)하심이 나타난다(요 1:1). 구약성경에 그는 여호와의 사자로 나타나셨다(창 18:1-19). 또 그는 성육신으로 말미암아 인성을 취하여서, 하나님을 좀 더 분명하게 우리에게 계시하였고(요 1:14), 그리고 인간을 대속(代贖)하셨다(막 10:45). 그는 지금도 신인(神人)양성으로 천국에서 하나님 앞에 나타날 성도들을 대변하신다(요일 2:1). 언젠가 그는 그의 백성들을 위하여 재림하셔서 모든 사람을 심판하시고 구원받을 자들을 그의 영원한 나라로 인도해 주실 것이다.

☞ ¹ 사도행전 10장 38절에는 문제점이 드러난다.

[행 10:38] 하나님이 예수에게 '성령과 능력'을 기름 붓듯 하셨다고 하는 이 어구에 대해 생각해 볼 것이 있다. 사도행전 1장 8절에는 "오직 성령이 너희에게 임하면 너희가 권능을 받는다"라고 했다. '권능'(權能)이란 낱말에는 '권세'와 '능력'이란 뜻이 함께 들어 있다. 그래서 '권능을 받는다'고 하면 권세와 능력을 같이 받는 것인데, 위 구절은 성령을 받고, 또 별도로 능력을 받는다는 말이 된다. 이는 분명히 잘못된 표현이다. 수정이 요구된다(본서 저자).

» 성령의 행적 ②
예수 그리스도의 지상 생활은 성령의 역사이다

그리스도의 지상 활동 기간은 2년 반이나 3년쯤이다. 공관복음서는 대개 갈릴리 지방에서 전도한 내용을 기록하였고, 요한복음은 유대 지방에서의 내용을 기록하고 있다. 그래서 요한복음은 예수의 활동 장소에 대한 보충역할을 한다. 예수가 갈릴리 지방에서 전도하실 때, 그 근거지는 가버나움이었다. 예수는 그곳에서부터 인근 지방으로 다니며 병자를 고치고, 귀신을 쫓아내며 하나님 나라의 도래를 선포하였다. 그 왕국은 현재와 미래에도 실현이 된다.

예수의 독특한 교수법은 비유법이다. 그의 원수들은 예수를 사로잡기 위하여 책잡을 만한 언행을 들으려고 했지만, 비유로써 그 진리를 감추었다. 예수의 초기 역사(work)는 주로 대중을 상대로 하였다. 그가 오천 명을 먹이신 후에 무리들이 그를 왕으로 추대하려는 것을 거절하기 전까지는 그들에게 인기가 있었다. 그러나 그는 그들이 갈구하는 정치적 구속자가 아니라 하늘에서 내려온 빵이었음을 명백히 하였다. 그러자 군중들은 그를 떠났다.

한편, 그의 주요 반대자들은 서기관과 바리새인들이었다. 그들은 자신들이 매우 조심스럽게 지켜오던 전통을 예수가 거부한 것에 대하여 분개하였다. 더욱이 그들은 그가 신성을 주장하고, 인간의 죄에 대한 용서를 선언할 때에 충격을 받았다. 그들은 예수를 멸하려고 그들의 적대자들, 즉 사두개인과 헤롯당들과 함께하였다.

그리스도는 죽었다. 그러나 그의 부활은 그리스도가 자신에 대하여 주장한 것이 진리라는 것이며 이는 하나님 아버지에 대한 확증이었다.

※ 그리스도가 행하신 일은 성령의 역사이다.

* 그는 성령으로 말미암아 잉태하여 태어나셨다.
* 그가 세례받으실 때 성령이 비둘기 형체로 예수 위에 내려오셨다.
* 그는 성령에 이끌려 광야로 가서 사십 일 동안 마귀의 시험을 받았으나 하나님의 말씀으로 모두 극복하셨다.
* 하나님은 언제나 그에게 기름을 부어주셨다(요 5:19).
* 하나님은 그에게 인(印)을 치셨다(요 6:27).
* 그래서 그는 성령의 권능으로 역사(work)하셨다(눅 4:14).
* 예수께서는 갈릴리 지방에서 활동하면서 제자들을 처음 만났고, 천국 시민의 자격을 논하고, 신자의 직분을 밝히셨다. 그리고 메시아에 대한 이적을 보이고, 천국을 비유법으로 설명하였고, 그 후에 예루살렘에 입성하여 종말에 관한 예언을 하셨다. 이 모든 것은 나사렛 예수가 성령을 받아서, 그 능력으로 역사(役事)한 것이다.
* 잡히시고, 십자가에 달리시고 운명하신 것도 성령에 의한 것이고(히 9:14), 또 성령의 능력으로 부활하신 것이다(롬 8:11).

» **성령의 행적 ③**
   성도의 생활도 성령의 역사가 되어야 한다

성령은 삼위일체 하나님의 제3위의 자격이다(마 28:19). 그리고 '성령에는 권능이 있다'는 것을 명백하게 밝히고 있다(행 1:8). 이미 말한 바와 같이 '권능'(權能)에는 두 가지 요소가 있다. 하나는 권세(power)이고, 다른 하나는 그 권세가 할 수 있는 영향력(effect)이다. 또 성령은 하나의 인격체임을 신약성경에서 상세히 증거하고 있다.

1. 우리의 생활도 성령의 역사(work)가 되어야 한다

지금은 성령의 시대이다. 그것은 우리 안에(God in us) 성령께서 계시기 때문이다. 성령은 우리와 함께 계시고(요 14:17), 우리에게 모든 것을 가르쳐 주시고, 예수께서 우리에게 말한 모든 것을 생각나게 하시고(요 14:26), 성령은 그리스도를 증언하시고(요 15:26), 죄를 깨닫게 하시고(요 16:8), 우리를 모든 진리 가운데로 인도하신다(요 16:13).

성령의 강림이란, 하나님 계시의 새로운 양상이 오순절 이후에 믿는 사람들에게 나타난 것이다(행 2장). 이것은 말씀이 육신이 되어 예수께서 탄생하신 것만큼이나 새로운 일이다. 오순절에 그들이 모두 한 곳에 모여 있을 때 갑자기 하늘에서 세찬 바람이 부는 듯한 소리가 나고, 불길이 솟아오를 때 혓바닥처럼 갈라지는 것 같은 혀들이 그들에게 보이자, 그들은 모두 성령의 충만함을 받았다(행 2:1-3).

2. 성령은 기도를 통하여 받는다

'누가복음 11장 13절'에는 하나님께서 '기도하는 자에게는 성령을 주신다'고 하였고, '마태복음 7장 11절'에는 '단순히 좋은 것'으로 되어 있다. '좋은 것' 중의 '좋은 것'은 성령이다. 오순절의 선물을 알고 있는 누가는 성령 강림이 하나님께서 인류에게 베풀어 주시는 최고의 선물이라고 했다.

기도의 사람 누가는 또한 성령의 사람이었다. 기도와 성령은 밀접한 관계가 있다. 그것은 "바늘 가는 데 실 간다"라는 속담과 같다.

예수께서는 일하시기 전후에 반드시 기도를 하셨다. 이를테면 나병환자를 고치신 후에 기도하셨다(눅 5:16). 열두 제자를 택하시기 전에도 기도하셨다(눅 6:12). 베드로가 예수를 그리스도라고 고백하기 전에도 그는 혼자서 기도하셨다(눅 9:18). 예수께서 산에서 변모하실 때에도 기도하셨다(눅 9:28). 베드로가 예수님을 부인하기 전에도 기도하셨다(눅 22:32). 겟세마네에서도 무릎을 꿇고 기도하셨다(눅 22:41). 그를 죽이는 자들을 위해서도 기도하셨다(눅 23:34). 운명하실 때에도 기도하셨다(눅 23:46).

하나님께서 나사렛 예수에게 성령을 부어주셔서, 그는 이 세상에서 성역(聖域)의 역사(役事)를 완성하셨다. 그것은 하나님께서 그와 함께하셨기 때문이다(행 10:38). 또 성령은 성자와 성부와 함께 일하신다. 그렇기에 성령 안에 거하면, 성자의 권능도 받고, 성부의 권능도 받는다.

3. 기도의 응답을 기다리다

예수께서 베드로와 야고보와 요한을 데리고 따로 높은 산으로 올라가서 영광스런 모습으로 변모하신 후에 산에서 내려오셨다. 그들이 산 아래쪽에 남아 있는 다른 제자들에게 와서 보니, 큰 무리가 그 제자들을 둘러싸고 있었다(막 9:14-19).

그때 무리 가운데 한 사람이 예수께 말하였다.

"선생님, 내 아들이 벙어리 귀신이 들렸습니다(그 병은 간질병이었다). 어디서나 귀신이 아이를 사로잡으면 아이를 거꾸러뜨립니다. 그러면 아이는 거품을 흘리며, 이를 갈며 몸이 뻣뻣해집니다(간질병 증세를 진술한 것이다). 그래서 선생님의 제자들에게 그 귀신을 쫓아내 달라고 했으나, 그들은 쫓아내지 못했습니다."

예수께서 그들에게 말씀하셨다.

"아, 믿음이 없는 세대여, 내가 언제까지 너희와 함께 있어야 하겠느냐? 그 아이를 내게 데려오너라."

아이가 예수께로 오는 도중에도 귀신이 그 아이를 거꾸러뜨리고 경련을 일으키게 하였다(의학적으로는 간질병의 발작이지만, 신령한 면에서는 귀신의 동작이다). 예수께서는 그 악한 귀신을 꾸짖으시고 아이를 낫게 하셔서 그 아버지에게 돌려주셨다. 사람들은 모두 하나님의 위대한 능력을 보고 놀랐다.

예수께서 집안으로 들어가시니 제자들이 따로 그에게 물어보았다.

"왜 우리는 귀신을 쫓아내지 못했습니까?"

예수께서 그들에게 대답하셨다.

"이런 부류는 기도로 쫓아내지 않고는 어떤 수로도 쫓아낼 수 없다."

※ 이 항목의 요점이다.

제자들은 그 귀신을 쫓아내려고 했으나 실패했다. 그래서 실패한 원인을 예수께 물었다. 예수께서 그들에게 답변하시는 내용에 대해 누가는 '부족한 믿음'(눅 9:41)라고 했고, 마태도 '부족한 믿음'(마 17:17)이라고 했다. 결국 기도와 믿음은 같은 말이다. 믿음이 깊은 자는 하나님께 간절한 기도를 올릴 것이다. 그러면 하나님은 그 기도에 상응하는 성령을 내려주실 것이고, 그 성령은 믿는 자의 기도를 응하게 하실 것이다. 성령에는 '권능'이 있다. 그 권능에는 권세와 능력이 있다. 이 권세와 능력에 의하여 귀신이 쫓겨났다. 그 성령은 오직 기도를 통하여 받는다.

» 성령의 행적 ④
기도와 성령의 논리적 연관성이다

하나님의 형상으로 창조된 인간은 불가피하게 종교적이다. 사람에게는 공기나 음식이 꼭 필요한 것처럼, 기도도 반드시 필요하다. 특히 위기를 당할 때 기도의 본능적인 성격이 드러나게 된다(시 107:23-28).

루터(M. Luther)는 기도를 이렇게 말했다.

"제화공이 신을 만들고 제단사가 옷을 만드는 것처럼, 그리스도인들도 기도를 만들어야(?) 한다. 그 기도는 그리스도인이 매일 만드는 자기의 직업이다."

그러므로 성경적 기도를 마음에 새겨두어서, 바로 지금 이 자리에서 우리의 관심의 초점이 되도록 해야 한다.

성경의 가르침에 충성되고 매우 용감한 칼뱅주의자 스펄전(C.H. Spurgeon)은 기도에 대하여 이렇게 말했다. "기도는 하늘을 설득시키며, 그 요구대로 권능의 힘을 움직일 수 있다."

그러나 성경에 의하면 특정한 조건들이 성립되지 않으면 기도는 응답되지 않는다. 기도는 분명히 경건한 체하는 것과는 거리가 멀다. 기도는 많은 의미를 가진 것이기 때문에 단순히 간구로 평가해서는 안 된다.

첫째, 기도는 본질적으로 하나님과 나와의 교통이다. 곧 우리의 생명 되신 하나님과 의식적이며 친밀한 관계로 이어지는 요구이다. 그 예(例)로서,

* 눅 6:12 예수께서 기도하려고 산으로 올라가서, 밤을 새우면서 하나님께 기도하였다.

* 시 73:25-26 내가 주님과 함께하니 하늘로 가더라도 내게 주님밖에는 누가 더 있겠습니까? 땅에서라도 내가 무엇을 더 바라겠습니까? 내 몸과 마음이 다 시들어가도, 하나님은 언제나 내 마음에 든든한 반석이시요, 내가 받을 몫의 전부이십니다.

* 요일 1:3 우리의 사귐은 아버지와 또 그의 아들 예수 그리스도와 함께 사귐입니다.

둘째, 기도는 그의 위대함과 선하심에 대해 하나님을 찬양하는 찬미이다.

셋째, 기도는 하나님의 은총과 자비와 인애로 말미암아 하나님께 충성된 마음을 쏟아내는 감사이다.

넷째, 기도는 죄에 빠진 인간이 죄 된 불순종을 인정하는 고백이다.

다섯째, 기도는 우리들의 이웃을 위한 기원과 그들의 잘됨과 축복을 비는 애원으로 정의될 수 있다.

여섯째, 기도는 하나님께 대한 복종이다. 인간은 그의 욕망을 포기함

으로써 그의 의지를 하나님의 의지에 내준다.

성경적 기도의 강렬함과 자유와 효력은 성경에서 위인들의 삶에서 가장 잘 나타난다.

▶모세의 기도(출 32:11-13). 모세는 그의 하나님 여호와께 구하였다. "여호와여, 어찌하여 그 큰 권능과 강한 손으로 이집트 땅에서 인도하여 내신 주의 백성에게 진노하십니까? 어찌하여 이집트 사람들이 말하기를 여호와가 자기의 백성들을 산에서 죽게 하고 땅에서 죽게 하여 악한 의도로 인도해 내었다고 말하게 하시려 하십니까. 주의 맹렬한 노를 거두시고 뜻을 돌이키시어 주의 백성에게 이 화를 내리지 마소서."

▶아브라함의 기도(창 18:22-23). 그 사람들이 거기서 떠나 소돔으로 향하여 가고, 아브라함은 여호와 앞에 나아가 말씀하였다. "주께서 의인을 악인과 함께 멸하려 하시니까?"

▶예수께서 하신 기도

*열두 제자를 선택할 때(눅 6:12-13).

그 무렵에 예수께서 기도하려고 산으로 떠나가서, 밤을 새우면서 하나님께 기도하셨다. 날이 밝을 때에 예수께서 자기의 제자들을 부르시고 그 가운데 열둘을 뽑았다.

*나사로를 무덤에서 불러낼 때(요 11:41-42).

사람들이 그 돌을 옮겨 놓았다. 예수께서 하늘을 우러러보시고 말씀하셨다. "아버지, 내 말을 들어주신 것을 감사합니다. 아버지께서는 언제나 내 말을 들어 주신다는 것을 압니다. 그런데도 이렇게 말씀을 드리는 것은 둘러선 무리를 위해서입니다. 그들로 하여금 아버지께서 나를 보내신 것을 믿게 하려는 것입니다."

*죽게 되었을 때(눅 23:46).

예수께서 큰 소리로 부르짖어 말씀하셨다. "아버지, 내 영혼을 아버지 손에 맡깁니다." 이 말씀을 하시고 그는 숨을 거두셨다.

※ 그래서 기도는
① 믿음으로 할 때만 유효하다.
② 예수의 이름으로 할 때만 유효하다.
③ 하나님의 뜻을 따르는 것으로 드릴 때만 유효하다.
④ 성령의 지시와 능력에서 드려질 때만 유효하다.
⑤ 죄를 고백하고 버릴 때만 유효하다.
⑥ 용서하는 마음으로 드릴 때 유효하다.
⑦ 조화를 이루는 인간관계가 이루어진 상황에서 드릴 때 유효하다.
⑧ 끈기 있게 기도할 때만 유효하다.
⑨ 집중적이며 열성적으로 드릴 때 유효하다.

» **성령의 행적 ⑤**
사도신경의 "나는 성령을 믿습니다"라는 의미는?

"나는 성령을 믿습니다"라는 이 항목은 사도신경의 내용을 세분하여 12신조로 나눌 때 여덟째 항목이다. 여기서는 ㉠ 성령의 인격을 믿는 것, ㉡ 성령의 역사를 믿는 것, ㉢ 성령의 내재를 믿는 것 등이다. 그리고 '성령을 믿으며'라는 것은 성령께서도 성부와 성자와 더불어 우리 신앙의 대상이라는 것이다.

성령의 역사에서 동서교회가 분리된 사건이 있었다. 그것은 요한복음 15장 26절에 "내가 아버지께로부터 너희에게 보낼 성령"이란 말의 해석에서, 동방교회는 성령은 성부에게서만 나온다고 하였고, 서방교회는 니케아 공의회에서 "성부에게서, 성자에게서도 나온다"라고 주장했기 때문이다. 우리 신교의 대부분은 서방교회의 입장을 따른다.

삼위일체의 교리에서 성삼위의 역사(work)를 엄격히 구분하는 것은 불가능하다. 그러나 구약 시대를 성부 시대라 하고, 성자 예수께서 세상에 계실 때는 성자 시대, 오순절 이후를 성령 시대라고 한다.

1. 성령의 인격을 믿어야 한다

우리가 성부 하나님의 인격을 믿는 것처럼, 세상에 오셔서 성육신하신 성자를 믿는 것처럼, 성령도 인격신으로 믿어야 한다. 성경에는 성령의 인격을 표시하는 구절이 많다. 이를테면 성령은 우리와 함께 계시면서 우리 안에 계신다(요 14:17).

그가 모든 것을 가르치시고(요 14:26), 성자께서 말한 모든 것을 생각나게 하시고(요 14:26), 너희가 내 이름으로 아버지께 구할 것이고(요 16:26), 그가 와서 죄에 대하여, 의에 대하여, 심판에 대하여 세상을 책망하신다(요 16:8). 또한 그가 우리를 모든 진리 가운데로 인도하신다(요 16:13).

예수께서는 지금 하나님 우편에 계시면서 우리를 위한 중보의 기도를 하고 계신다(롬 8:34). 성령은 하나님께서 성자 이름으로 보내고, 모든 것을 가르쳐 주시고, 또 예수께서 말씀하신 모든 것을 생각나게 한다(요 14:26). 이것은 모두 성령께서 인격신이신 것을 나타내는 구절들이다.

그러므로 ¹ 가르치시고, ² 생각나게 하시고, ³ 증거하시고, ⁴ 책망하시고, ⁵ 인도하신다. 이는 모두 인격에 대한 동작을 표시한다. 성령은 성자 그리스도가 승천하시고, 그 성자 대신에 오셨다. 그래서 "내가 떠나가는 것이 너희에게 유익이라, 내가 떠나가지 아니하면 보혜사가 너희에게 오시지 않을 것이다. 그러나 내가 가면 보혜사를 너희에게 보내 주겠다" 하셨기 때문이다. 그래서 지금 이 시대는 성령 시대이다.

그러면 지금은 성자 그리스도는 계시지 않는 것인가. 칼뱅은 "그리스도를 떠나서는 성령은 생각할 수도 없다"라고 하였다. 왜냐하면 '성령이 바로 그리스도의 영'이기 때문이다. 성령의 임재는 곧 그리스도의 임재를 의미한다. "보아라, 내가 세상 끝날까지 항상 너희와 함께 있을 것이다" 하신 그리스도는, 성령을 통해 항상 우리와 함께 계신다.

2. 성령의 역사를 믿어야 한다

"우리가 성령을 믿습니다" 할 때는 그의 인격(person)을 믿고 그의 역사(役事)도 믿는다는 의미다. 성령의 역사(work)에서 중요한 것은 성도의 구원과 믿음으로 의인이 되는 것이다.

성령에는 하나님의 능력이 있다. 이는 믿음을 요구하고, 그 결과가 구원이다. 로마서에서 사도 바울은 먼저 의인이 된 사람이 지켜야 할 도리는 끊임없는 성결 생활로 이어져야 한다고 말씀한다. 성도의 성결 생활은 전적으로 성령이 하신다. 그는 성도의 마음을 늘 정결하게 하고, 그를 의지하여 행할 때 새 생명의 길로 인도한다. 성도들이 성령을 떠나면 곧 육신의 소욕에 빠져 범죄의 길을 걷게 된다.

3. '성령의 내재를' 믿어야 한다

성령의 내재(內在)는 성령의 내주(來住)로 말미암아 이루어진다.

[요 14:16-17] "*내가 아버지께 구하겠다. 그러하면 아버지께서는 다른 보혜사를 너희에게 보내셔서 영원히 너희와 함께 계시게 하실 것이다. 그는 진리의 영이시다. 세상 사람들은 그를 알지 못하지만, 너희는 그를 안다. 그것은 그가 너희와 함께 계시고, 또 너희 안에 계실 것이기 때문이다."

보혜사는 성령을 가리킨다. 그리스도는 자신을 또한 우리의 보혜사라 하였다(요 14:26). 그래서 성령을 '다른 보혜사'로 표현했다. 보혜사란 사도 요한의 특수한 용어이다. 그 뜻은 '곁에'와 '부른다'라는 두 단어의 합성어이고, 그 뜻은 도움을 받기 위해 곁으로 부름을 받은 자란 뜻이다. 이 단어는 '위로자, 대언자, 중보자, 상담자' 등의 뜻을 지니고 있다.

클라크(Clarke)는 "그리스도는 우리의 영원한 대언자이시다. 그리고 성령은 또 하나의 위로자이시다"라고 하였다. 이 두 분은 다 같이 성도를 위하여 중보의 기도를 계속하신다. 한 분은 성부의 우편에서(롬 8:34), 또 한 분은 우리의 마음속에서이다(롬 8:26).

» **성령의 행적 ⑥**
성령 행적의 유무는 어떻게 아는가?

1. 성령의 행적을 느끼다

은혜란 누가 나에게 고맙게 베풀어 주는 신세나 혜택이다. 여기서는 하나님이 인간에게 베푸는 사랑이다. '은혜롭다'라는 말이 있다. '남의 은혜를 입어 매우 고맙다'는 뜻이다. 성경에 나오는 은혜는 하나님의 선물이므로 하나님과 인간의 중보자이신 그리스도로 말미암아 온다. 창세기 18장 3절에 여호와께서 상수리나무 곁에서 천사 모양으로 아브라함에게 나타났다. 그때 아브라함은 "내가 주께 은혜를 입었습니다"라고 했다. 그 은혜는 하나님의 총애를 말하는데, 하나님께서 아브라함을 남달리 사랑하셨다는 뜻이다.

신약에서는 성령을 통하여 각 사람에게 나타나는 성령의 은사를 말한다. 그 은사에는 단순히 성령을 느꼈다는 상태가 있고, 또 성령 안에서 기뻐했다는 상태가 있고, 또한 성령에 감동하여 황홀한 상태도 있다. 은혜는 하나님이 사람과 같이 즐거워하며, 또한 사람이 하나님 안에서 기뻐하는 상태이다.

[계 1:10] 사도 요한은 "주의 날에 내가 성령에 감동하여"라고 하였다. 이는 '내가 성령 안에 있게 되었다'라는 뜻으로, 이것은 단순히 '성령을 받

았다'고 하는 것이나 '성령 안에 있다'고 하는 것 이상의 상태를 나타내는 것으로, 성령으로 말미암아 황홀 속으로 빠져드는 것이다.

[행 22:17] (바울이 다메섹 도상에서 회심한 후에) 바울은 예루살렘으로 돌아와 성전에서 기도하는 중 비몽사몽간에 주님이 나타나셨다고 한다. 비몽사몽간(非夢似夢間)이란, 깊이 잠들지도 깨지도 않은 어렴풋한 동안이라는 뜻이지만, 그 해석은 황홀한 정신 상태를 뜻한다.

[고후 12:1-3] "무익하나마 내가 부득불 자랑하노니 주의 환상과 계시를 말하리라."

환상은 눈에 보이는 모양인데, 비몽사몽간에 보는 환상이다. 후자는 보다 넓은 의미에서 감추어진 것이 나타나는 것이다. 환상은 계시의 한 방법이다. 바울은 중요한 일을 당할 때마다 주의 환상을 보았다.

2. 성령의 은사를 어떻게 알 수 있나?

☞ 다음은 '성령의 은사'에 대한 유무의 구절이다.

"나는 여러분에게 알려줍니다. 하나님의 영으로 말하는 자는 누구도 '예수는 저주할 자라' 하지 아니하고, 또 성령을 받지 않고는 아무도 '예수는 주이시다'라고 할 수 없습니다"(고전 12:3).

성령의 은사는 "예수는 주이시다"라는 신앙고백에서 요약(要約)이 되고, 또 귀일(歸一)이 되어야 한다. 성령의 은사란, 그 자체가 황홀감에 잠기는 것도, 그 자신을 자랑하는 것도 아니다. 다만 이 은사를 통하여 예수가 구세주임을 전파하는 데 있다. 동시에 어떤 별스러운 은사가 없다 하더라도, '예수는 주이시다'라는 믿음은 성령을 받은 증거가 분명히 되기 때문이다.

"예수는 저주할 자라" 하는 이 어구는 그리스어로 '아나데마 예에수우스'(ΑΝΑθΕΜΑ ΙΗΣΟΥΣ)이다. 이 어구가 네슬레(Nestle)판에서 "예수는 주이시다"라는 어구와 이어져서 대문자로 표시가 된 것은 그 의미가 분명하다. 양쪽 어구가 각각 두 낱말로 구성되어 간략하고도 강력한 부르짖음을 나타내는 구호이다.

'아나데마 예에수우스'는 그 당시 실제로 발설된 구호로서, 먼저 유대인에게서 시작이 되어 이방인들까지 합세하였다. 이는 예수를 대항하는 모든 말들의 요약문이다. 대제사장과 유대인들이 예수를 반대한 것은 그의 공생애에서 현저한 사실이다.

바울의 전도 여행에서도 그를 대항한 주동적 세력은 역시 유대인이었다. 이런 반그리스도의 유대인들은 교회 집회에 뛰어들어와서 마치 신들린 듯한 모습으로 '아나데마 예에수우스(예수는 저주할 자라)라고 고래고래 고함을 질렀다. 이에 대항한 그리스도인들은 그리스어로 '퀴리오스 예에수우스(ΚΥΡΙΟΣ ΙΗΣΟΥΣ)라고 맞받아쳤다. 그 뜻은 '예수는 주이시다'라는 뜻이다.

'성령의 은사'는 능력, 예언, 방언 등 초자연적인 힘을 가리킨다. 이는 자신의 능력보다 더 높은 능력을 느낄 때, 정상적이며 자연적인 사람의 정신을 넘어서서 보다 높은 열망 쪽으로 향하게 되어 하나님께 더욱더 가까이 접근할 수가 있다.

» 성령의 행적 ⑦
필자에게 일어난 일들이다

[하나] 참으로 이상한 일이다.

이 필자(author)는 바지가 흘러내리지 않도록 어깨에 멜빵을 걸어서 입는다. 하지만 이 멜빵을 파는 곳이 쉽게 눈에 띄지 않았다. 한번은 이런 일이 있었다. 어느 가게에 그 멜빵이 걸려 있는 것을 보고 들어가서 2개를 샀다. 그런데 돈이 딱 400원이 부족했다. 주인은 그 400원도 받아야 한다고 하고, 나에게는 그 400원이 없었다. 내가 손에 쥐었던 멜빵을 내려놓고 멍하니 서 있으니까 주인은 민망한 표정을 짓더니, 그냥 가지고 가라고 했다. 나는 미안한 마음을 가지고 그곳을 나왔다. 그리고 한 달쯤 지나서였다. 갑자기 멜빵값 400원을 주어야 한다는 생각이 났다. 그 무렵에 그곳을 지나가다가 그 가게에 들여서 400원을 주었다. 주인은 깜짝 놀라면서 '괜찮다'라는 말을 거듭했다. 그러나 나는 그 돈을 주었다.

그리고 며칠이 지난 뒤였다. 그 전날 멜빵을 구입한 가게 맞은편 약국에서 약을 몇 가지 샀다. 주머니에서 돈을 내어보니, 참으로 이상하게도 또 400원이 부족했다. 그 상황을 내 옆에서 바라본 한 아주머니가 천 원을 꺼내서 약국 주인에게 주었다. 그리고 그 주인은 거스름돈 600원을 나에게 주었고, 나는 그것을 받아 그 아주머니에게 드렸다. 그리고 그 장소를 떠났다.

이 이야기를 독자들은 어떻게 생각하는가? 아무리 생각해도 이것이 우연히 일어난 일이 아니라는 것을 나는 직감했다. 멜빵 가게에 돈 400원을 주어야 한다는 것이 어느 날 갑자기 생각이 난 것이나, 모르는 사람이 부족한 돈을 선뜻 내어 준 것이 과연 우연의 일치일까? 나는 이것이 참으로 궁금하다.

[둘] 산에서 길을 잃었다.
초례산 정상에서 주능선을 따라 동쪽으로 걸어가면 환성산 산비탈 중턱에 닿는다. 그 지점에서 남쪽으로 산허리 길을 따라가면, 그 길은 환성산 주능선 길과 합쳐진다. 이 능선은 남쪽으로 길게 뻗어 내려간다. 그 길을 걸어간 적이 있다. 그날은 늦더위가 유난스레 기승을 부렸고, 내리쬐는 햇볕은 따갑고, 인적이 끊겨 산속은 쥐 죽은 듯 고요했다.
처음에는 신나게 걸어갔지만 시간이 지나도 출구가 나타나지 않았다.

그러나 그 지점에서 되돌아올 수도 없어서 무작정 가던 길을 계속 걸었다. 어느 지점에서 걸음을 멈추고 걸어온 길과 걸어갈 길을 번갈아 보며 고개를 돌려 보았지만, 이럴 수도 저럴 수도 없는 난처한 처지에 빠졌다. 어느덧 서산의 낙조가 붉게 물들었다가 그 수명을 다하고 바랜 잿빛을 띠었다. 조급한 마음으로 발걸음을 재촉하면서, 어둡기 전에 마을로 내려가야 한다는 일념에 앞만 보면서 걷기와 뛰기를 반복했다.

얼마쯤 시간이 지나서였다. 갑자기 시야가 탁 트인 황토 고갯마루가 나타났다. 일시에 급격한 피로감이 밀려왔다. 다리가 휘청거리고 쓰러질 듯했다. 땅바닥에 엉덩이를 붙이자마자 뒤로 드러누웠다. 의식이 잠깐 흐려졌다가 밝아질 무렵에 어디선가 인기척이 들렸다. 무심코 그 소리가 나는 쪽으로 고개를 돌렸다.

한 남자가 긴 나무막대기를 짚고 올라오고 있었다. 나는 누운 자리에서 벌떡 일어나 길을 물었다. 그가 올라온 반대쪽 산비탈로 내려가라고 한다. 나는 급히 산비탈을 허겁지겁 도망치듯 내려갔다. 사방에 얕은 어둠이 덮이기 시작했다. 한참 후에야, 저 멀리 어둠이 깔린 도로에 자동차 불빛이 보였다. 그 불빛이 보이는 쪽으로 둑길을 따라서 마을에 이르렀다.

그제야 비로소 마음이 놓였다. 그 순간 '하나님께서 그 사람을 나에게 보내셨을까' 하는 생각이 들었다. 나는 고개를 좌우로 흔들었다. 아니다. 우연히 만난 사람일 것이다. 그렇지만 잠시 후 내 마음은 곧 바뀌었다. 그가 하나님이 보내신 자가 아니라는 단서도 없다. 더구나 그 남자가 한 말 중에 "정자에 누워 있다가 갑자기 산에 가고 싶은 생각이 났다"라고 하는 말이 내 마음에 여운을 남겼다. 그 순간 나는 가슴이 찡하면서 성령의 역사를 느꼈다.

성령께서 베드로와 고넬료를 서로 만나게 해준 것처럼, 길을 잃은 나에게도 하나님은 구원자를 보내 주셨다. "내가 사망의 음침한 골짜기로 다

널지라도 해를 두려워하지 않을 것은 주께서 나와 함께하심이라"(시 23:4)
하는 성경 말씀이 응한 것이다.

[셋] 성령께서 잠을 주셨다.

우리 인체에는 저녁 9시부터 멜라토닌이라는 물질이 생성된다. 그것은 사람의 마음에 평안을 주고, 잠이 쏟아지게 하는 물질이다. 그래서 자정쯤에는 그 물질이 최고조에 이르러서 새벽 3시까지 지속이 된다. 이 시간 사이에 사람은 깊은 잠을 자게 된다. 새벽 3시를 지나면 멜라토닌은 서서히 감소하여 아침 6시쯤에 중단이 된다. 그때가 하루 중 체온이 가장 낮아질 때이고, 그 대신 스트레스에 대항하는 코르티솔이라는 물질이 나온다.

나는 잠을 비교적 잘 잔다. 보통 저녁 8시 30분에 침실에 들어간다. 침실에는 조명을 어둡게 해놓고 한 시간 정도 텔레비전을 보다가 9시 30분 전후에 잠자리에 든다. 누우면 전혀 잠이 오지 않을 듯한 상태가 얼마간 지속하다가, 심호흡을 몇 번 하고 나면 나 자신도 모르게 잠이 들게 된다. 그리고 자다가 2~3번은 잠에서 깨어나고, 그때마다 화장실을 다녀오고 다시 누우면 또 잠이 쉽게 든다. 그리고 아침 6시 15분에 잠에서 깨어난다. 이것은 분명코 "여호와께서 그 사랑하시는 자에게 잠을 주시는도다"(시 127:2) 하는 말씀이 응한 것이다.

» 성령의 행적 ⑧
필자에게 나타난 성령의 역사이다

1. 성령께서 내 삶을 인도하셨다

어느 날, 잠자는 시간에 나는 이상한 느낌을 받았다. 사실은 내가 잠자리에 눕기 전부터 내 육신에 그 이상이 있었다. 그것은 마음에 저절로 느껴지는 기쁨이었다. 그것을 무시하고 잠자리에 들었지만, 그 상태는 누워서도 지속되었다. 나는 직감으로 느꼈다. 성령께서 내게 임하셔서, 내가 지금 성령의 감동을 받고 있다는 것을 알게 되었다. 그리고 부득불 다음 말을 하지 않을 수가 없다.

갑자기 황홀감에 잠기면서 기쁨이 넘쳤다. 그것은 평소에 내가 전혀 느껴보지 못한 기쁨이었다. 좀 과장된 표현일지 모르겠으나, 내 육신을 휘감아 싸서 내 등허리가 방바닥에 붙어 있는지 떠오른 것인지 알 수 없었다. 그런 상태가 지속되다가 언제 잠이 들었는지 모르게 잠을 잤다.

그날 밤에 꿈을 꾸었는데, 내가 들판에 서서 오른발을 'ㄴ자'로 굽혀 왼발 무릎에 닿게 하고 한 발로 섰는데, 갑자기 그 상태에서 어떤 힘도 가하지 않고 내 몸이 앞쪽으로 미끄러지듯 나아갔다. 잠에서 깨어났을 때 그 꿈이 뚜렷하게 인식이 되었다.

나는 그 꿈이 무엇을 의미하는지 생각했지만 아무런 회답도 얻지 못했다. 그런데 어느 날 불현듯 한 생각이 내 머릿속을 채웠다. 그것은 '하나님께서 내게 형통함을 주셨다'는 것을 나로 하여금 알게 하셨다는 것이다.

마지못해 하는 수 없이(不得已) 내가 주님으로부터 받은 은혜를 여기서 말하지 않을 수가 없다. 사람은 누구나 인생의 흐름을 따라가다 보면, 어떤 지점에서 변개가 생겨 이것이냐 저것이냐 선택을 하게 된다. 언제나 나는 내 의지대로 선택하는 것이 아니라 내 등 뒤에서 무엇이 떠미는 뜻한 느낌을 받고, 그 느낌대로 하다 보면 온갖 일이 바르게 되는 것을 확실히 느꼈다.

나는 지금까지 살아오면서 내가 계획한 일, 하고 싶은 일, 이 모든 것이 내 생각대로 다 이루어졌다. 내 나이 지금 팔순을 넘겼지만 아직도 정신이 맑고 육신도 건강하다. 말하기가 좀 거북하지만, 이 글을 쓰는 지금 이 시간까지도 어디 특별하게 아픈 곳이 없다. 이같이 정신적인 것이나 육신적인 것에 하나님의 축복을 받아 다 이루어지게 하시는 하나님의 은혜는 한없이 넓고 크다.

아브라함이 하나님을 믿었기 때문에, 은혜를 입어 헤브론에 있는 마므레의 상수리나무 곁에서 하나님이 천사의 모양으로 그에게 나타나신 것처럼, 나도 우리 주님을 믿어 그가 나에게 은혜의 선물로 성령을 보내주셔서, 그 '성령에 감동이 된 것'이 틀림이 없었다.

또한 나는 일상생활 속에서 무엇이 나를 뒤에서 미는 것 같은 느낌을 항상 받는다. 마치 물 위에 가만히 떠 있는 배가 바람에 밀려서 가는 것처럼, 나도 그런 힘을 받아 밀려가는 방향이 분명히 있다. 그런 힘에 밀려가다 보면 하나님과 더 가까워지는 듯했고, 그런 일이 하나님께서 내게 형통함을 주신다고 믿는다.

2. 성령께서 나에게 이적을 보이셨다

대구에 팔공산이 있다. 이 산의 산형은 골산과 토산이 절반씩이다. 그래서 산용(山容)이 수려하다. 팔공산 정상을 오르는 길은 대개 낙타봉 능선길을 따라 오르는 것이 일반적이다. 그 능선길의 시작점은 '낙타봉 정상'이고, 그 능선이 끝나는 지점은 낙탁봉 능선길과 수태골에서 올라오는 길이 마주치는 '사거리 지점'이다.

그 능선의 거리는 어림잡아 5~6백 미터이지만, 길은 골산 부분이고 바위너설이라 오르고 내려가기를 반복하고, 바위를 돌아서 가기도 하고, 바위를 건너뛰기도 한다. 계단을 오르고, 내려가기도 하고, 그 구간을 지나가는 데 30분 정도 시간이 소요된다. 필자도 이 길로 정상에 오른다. 그때마다 걷기가 힘들고, 따분하고, 고통을 주는 길로 인식이 되어 있다. 그런데 한번은 이 구간에서 참으로 신비한 일이 일어났다. 그것을 이제 말하려고 한다.

팔공산 관리사무소를 지나서 몇 굽이의 산모롱이를 돌아가면, 낙타봉 올라가는 길목이 나오고, 그곳에서 산비탈 오르막을 오른다. 주능선에서 흘러내린 서너 개의 지맥 능선을 가로질러 올라간다. 좀 이른 시간이라서 그런지 인적이 드물었는데, 산비탈 오르막을 올랐다. 그때는 6월 초순인데 바람이 심하게 불어서 그런지, 지면에는 솔방울과 푸른 나뭇잎이 많이 떨어져 있었다. 한참을 올라가도 산속은 적막감이 감돌았다. 흔히 보이던 염소도 그날은 나타나지 않았다. 그러다 산비탈 중간지점을 지났을 때였다.

무심결에 뒤쪽에서 들리는 인기척에 놀라 뒤돌아보니 늙수그레한 한 쌍의 남녀가 올라온다. 사람이 나타나자 반가워 걸음을 멈추고 그들이 가까이 오기를 기다렸다. 남자가 내게로 다가오면서 말했다. "올라가는 저 사람을 보니 내 나이쯤으로 보인다"라는 말을 자기네들끼리 했다고 한다.

내가 올라올 때에는 사람이 전혀 보이지 않았는데, 그들은 길가에서 쉬고 있었다고 한다. 그 사람이 나에게 나이를 물었다. 나는 팔십이라고 했고, 그는 일흔넷이라고 했다. 또 그는 'ㄷ'교회의 신도라 하였고, 나도 'ㅈ' 교회에 나갔다고 말했다. 그는 같은 종교를 가진 사람을 만나서 반갑다고 하면서, 교회에 갈 때는 항상 깨끗한 옷을 입고 경건한 마음으로 간다는 말을 강조했다. 나는 '성령의 은혜'를 느끼면서 산다고 했다. 잠시 후에 나는 그곳을 먼저 떠나 산비탈 오르막을 올라갔는데, 그들은 내 뒤를 따라오다가 어느 시점에서 사라졌다.

나는 산비탈 오르막을 올라가서 지맥 능선에 이르렀고, 그 지점에서 가파른 낙타봉 남쪽 산비탈을 올라가서 낙타봉 정상에 올랐다. 그곳에는 중년의 남녀가 있었다. 그들은 부산에 왔는데, 이 산은 처음이라고 했다. 나는 곧 그들을 떠나서, 낙타봉 능선길이 시작되는 낙타봉 정상을 출발했다.

[그러고는 낙타봉 능선길을 걸었을 것이다.] 그런데 그 능선길의 끝 지점에 있는 흙더미 둔덕이 어느 순간에 보였다. 그 둔덕을 지나면 능선길

의 끝 지점인 '사거리 고갯길'이다. 그곳을 지나면 곧 넓적한 큰 바위가 있어 산행객들의 쉼터인데, 먼저 온 몇 사람이 그 위에 쉬고 있었다. 나도 그 바위에 올랐다. 그런데 느낌이 이상했다. 산길을 걷다 보면 지나온 길의 기억이 생생한데 전혀 아무런 생각이 나지 않고, 마치 날아서(?) 온 것 같았다. 생각이 나는 것은 오직 ㉠ 낙타봉에서 부산에서 온 산객을 만난 것 ㉡ 사거리 직전에 흙 둔덕을 본 것 ㉢ 지금 이곳 바위에 내가 앉아 있다는 것, 이 세 가지뿐이었다.

그곳에서 정상을 향하여 올라가서, 비로봉과 동봉으로 갈라지는 삼거리 지점에서 비로봉 방향으로 올라갔다. 그때 숨이 몹시 차고 다리가 후들거리고 쓰러질 듯했다. 간신히 비로봉 정상에 올랐다. 정상에서 내려와 나무 그늘에서 점심을 먹고, 너럭바위에 등허리를 붙여서 누웠다.

그때 갑자기 낙타봉 능선길을 지나온 것에 대해 이상한 느낌이 들었다. 비로봉 올라갈 때의 심한 고통과 낙타봉 능선길을 걸어간 의식이 없는 놀라운 사실이 서로 조건반사로 나타나서, 나에게 성령의 은사가 초자연적인 능력으로 나타난 것임을 직감했다. 이는 성령의 역사가 분명한 것을 나에게 인식시켰다.

» **성령의 행적 ⑨**
경건한 자에게 성령이 강림하신다

1. 사람의 죄악이다(창 6:1-8)
사람들이 땅 위에 많이 늘어날 즈음에 그들에게서 딸들이 태어났다. 하나님의 아들들이 사람의 딸들의 아름다움을 보고, 저마다 자기들의 마음에 드는 여자를 아내로 삼았다. 여호와께서 말씀하셨다. "나의 영이 사람 속에 영원히 머물지 않을 것이다. 이는 그들이 육신을 가졌기 때문이다." 여호와께서는 사람의 죄악이 세상에 가득함과 그들의 마음에 생각하는 모든 계획이 언제나 악한 것임을 보시고서 땅 위에 그들을 지으신 것을 후회하셨다. 여호와께서 한탄하시면서 "내가 창조한 사람을 내가 지면에서 쓸어버리겠다"라고 하셨다. 그러나 노아는 여호와께 은혜를 입었다. 이것이 대홍수의 원인이었다.

2. 영과 육은 서로 상관관계이다

'육체'란 신약의 '영'과 상대가 되는 것으로 육적 욕망을 나타낸다. 육적 욕망으로 사는 사람에게서는 하나님의 영이 떠나신다. 이것이 영육의 상관관계이다. 영과 육은 서로 관련을 가진다. 한쪽이 변하면, 다른 쪽도 따라서 변한다. 즉 영이 증가하면 육은 감소하고, 영이 감소하면 육은 증가한다. 그렇게 영과 육은 서로 상관성을 가진다.

※ 경건한 삶은 육신과 성령에 대한 싸움이다(롬 8:5-9).
(5) 육신을 따르는 자는 육신의 일을, 영을 따르는 자는 영의 일을 생각한다.

영이란 하나님이 사람을 위하고, 사람이 하나님을 위하는 매개 역할을 한다. 영이란 성령을 가리킨다. 그리스도인은 십자가에서 그 육신이 못 박혀 멸하였지만(롬 6:6), 사실인즉 유혹의 육체는 그가 살아 있는 한 범죄의 그릇이 되고, 여기에서 영육의 싸움이 시작되어 죽을 때까지 계속되는 것이다.

그러나 육 본위의 생활원리에서 영 본위의 생활원리로 결단의 단계를 넘어선 자에게는 문제가 달라진다. 이 단계 이전에는 육의 일을 생각하고, 이후에는 영의 일을 생각한다. 여기에 육을 쫓는 자와 영을 쫓는 자의 차이가 있다.

(6) 육신의 생각은 사망이요, 영의 생각은 생명과 평안이다.

육의 마음은 사망이요, 영의 마음은 생명과 평안이다. 사망이란 하나님과의 분리를 뜻하고, 거기서 오는 혼란, 무능, 절망을 나타내며, 생명은 그 반대를 나타낸다. 육신의 마음은 사망을 가져올 뿐만 아니라 그 자체가 사망이다.

☞ 다음 두 구절은 육신의 길을 설명한다.

(7-8) 육신의 생각은 하나님과 원수가 되고, 하나님의 법에 굴복하지도 아니하고, 할 수도 없다. 결국 육신에 있는 자들은 하나님을 기쁘시게 할 수가 없다.

그것은 한마디로 하나님과 원수가 되기 때문이다. 이것이 육신의 본질이다. 육신은 죄의 지배를 받는 것이요(롬 7:23), 나아가서는 마귀의 지배를 받는 것이다(요 8:44). 그러므로 육체는 하나님께로 오는 법에 복종하지도 않을뿐더러(의지) 복종할 수도 없다(능력).

이는 앞 절의 '육신을 따르는 자'보다 더 강한 뜻을 가진다. 육신은 그대로 육욕(肉慾)을 말하므로 전자는 육욕을 따라 범죄하는 자요, 이 구절은 육욕 속에서 안연히 거하는 자다. 이는 범죄하는 생활에도 가책, 심하게 꾸짖음이 없으며, 오히려 만족하는 자다. 그래서 육신의 생각은 하나님과 원수가 되고 그 법에 굴복하지 않으므로 그 당연한 결과로서 하나님을 기쁘시게 할 수 없다는 뜻이다.

(9) ¹만일 너희 안에 하나님의 영이 거하시면, 너희가 육신에 있지 않고 영에 있다.

"너희 안에 하나님의 영이 거하신다"는 것은 '집안에 언제나 계신다'라는 뜻으로, 일시적인 거주가 아니고 영원한 거주다. 오순절 이후 성령은 각 신자 안에 머물러 계시는데, 영원히 계신다(요 14:16 등). 구약 시대에는 기름 부음을 받은 자에게 성령이 임하셨지만 일시적으로 계셨다.

(9) ²누구든지 그리스도의 영이 없으면 그리스도의 사람이 아니다.

오순절 이후는 성령 시대이다. 그래서 성령이 보편화하였다. 성령의 역사 없이는 그리스도를 주라 할 수 없다고 하였고(고전 12:3), 교회는 성령으로 세례를 받은 자들이 모이는 그리스도의 몸이라 하였다. 그러므로 그리스도의 영이 없이는 그리스인이 될 수 없다.

"그리스도의 영"은 '하나님의 영'과 같은 말로 성령의 또 다른 이름이다. 실로 성령에는 많은 명칭이 있으며, 그 대표적인 것이 ㉠ 하나님의 영(롬 8:11), ㉡ 그리스도의 영(고후 3:17 등), ㉢ 성령(롬 5:5 등), ㉣ 영(롬 8:16 등) 등이 있다.

그리고 "그리스도의 영"이란 이 이름에서 그리스도의 신성뿐 아니라 성령이 성부와 성자에게서 유출한 교리를 볼 수 있다.

※ 이 항목의 요점이다.

▶ "성령의 충만함을 받아라"(엡 5:18)고 한다. 이 어구에서 '받으라'(πληρούσθε)는 ¹ 현재 수동적(受動的) 명령으로 '늘 받으라'는 뜻이다. 그릇의 뚜껑을 열어놓고 빗물을 받는 것처럼, 성령도 지속적으로 받아서 물이 고이듯 성령도 모여 그 양이 넘치도록 하라는 것이다. 독자들은 이 말에 특별한 관심을 가져야 한다.

☞ ¹ 수동적이란 말은 '스스로 움직이지 않고, 다른 것의 작용을 받아 움직이는 것이다. 성령은 신자가 가만히 있어도 스스로 내려오시는 것이 아니라, 외부의 자극을(성경·믿음·감동 등) 받아야 내려오신다는 것이다.

이 충만은 성령의 인 치심(엡 1:13)과는 다르다. 인 치심은 믿을 때 성령의 세례로 내재하는 것이고, 충만은 믿은 후에 매일(그날그날) 끊임없이 성령을 받아야 한다. 그리고 성령 충만함을 받으면 시와 찬미와 신령한 노래가 나오게 되고 기쁨을 느끼는데, 그 기쁨은 말로 표현이 불가능하다.

그리고 좀 더 부연한다면 이적이 일어나기도 한다.

▶ 성령 안에서 살아가게 된다면, 그것이 바로 성결 생활이 된다(갈 5:16).
만약 우리가 성령께서 인도하여 주시는 대로 살아가게 된다면, 우리는
육체의 욕망에서 벗어날 수 있다. 성경에서 '몸'은 늘 문자적 의미로 사용
이 되지만, '육체'는 '죄의 그릇'이라는 뜻으로 사용된다. 그래서 육체란 '욕
심의 그릇'(죄)으로 나타낸다. '욕심'은 바울 서신에서 자주 나오고, '정욕'(롬
1:24)으로 번역하기도 한다. 이는 육체의 '본능적 욕구'를 나타내는 단어로,
특히 금단된 일에 대한 욕구를 가리킨다.

육체의 소욕은 성령을 거역하고, 성령은 육체를 거스른다. 이 둘이 서
로 적대관계에 있으므로 자기가 원하는 일을 하지 못하게 한다(갈 5:17). 그
래서 '육체의 욕심'과 '성령'은 전적으로 서로 대립 관계를 보인다. 거기에
는 타협이 있을 수 없다. 사람은 그 중간에서 이것이냐 저것이냐를 택하
는 수밖에 없다. 믿음으로 구원받은 성도들은 성령을 좇아 행함으로 육
체의 욕심을 극복하는 것이다.

» 성령의 행적 ⑩
성령에 대한 전체의 요약문이다

구약 시대를 성부 시대라 하고, 예수께서 땅위에 계실 때를 성자 시대,
오순절 이후를 성령 시대라 한다. 구약 시대에는 주로 하나님께서 역사하
셨고, 성자 시대에는 예수께서 역사하셨고, 성령 시대에는 성령께서 역사
(work)하셨다.

1. 예수께서 승천하시다(행 1:6-11)

1) 예수께서 십자가에 못 박히셨다. 그때는 유월절 기간이었고, 금요일 오전으로, 우리 시간으로 오전 9시쯤에 못 박히셨고, 낮 12시에 운명하셨다. 오후 3시쯤에 십자가에 내려오셨고, 그리고 무덤에 묻혔다. 다음 날은 안식일(토)이고, 그다음 날은 안식 후 첫날로 지금의 일요일이다. 그날 새벽에 주님은 부활하셨다. 이날 이후, 이날은 '主日'이 되고, 그리스도인의 성일이 된 것이다. 결국 주께서 무덤에 계신 시간은 금요일 오후 3시쯤에서 주일 새벽까지다. 그 시간은 48시간이다.

2) 그리고 그리스도께서 부활 후 '40일간 제자들에게 나타나셨다'(행 1:3) 고 한다.

3) 또 그리스도께서 승천하신 장소는 '베다니 앞까지'(눅 24:50)라고 한다.

그 40일째 되는 날에 예수께서는 제자들과 함께 예루살렘에서 감람산으로 갔다(예루살렘과 감람산은 서로 붙어 있다). 그들은 예루살렘의 동쪽 성문으로 나와서, 산비탈을 내려가서 기드론 시내를 건너 감람산으로 올라갔다. 그런데 감람산 정상에 오르기 직전에, 감람산 산비탈에 베다니라는 지명이 있다.

예수께서는 그 베다니에 제자들을 남겨놓고(더 이상 따라오지 마라) 홀로 감람산 산정으로 올라가셨다. 베다니에 남아 있는 제자들은, 산정에 계시는 주님의 모습을 환하게 볼 수 있었다(그 상거는 50m쯤). 예수께서는 손을 들어 제자들을 축복하시면서, 그들에게서 떠나 하늘로 올라가셨다.

예수께서는 제자들과 함께 육신을 덧입고 베다니까지 가셨고, 감람산의 정상에(큰 바위의 위쪽) 올라서 손을 들어 그들에게 축복하시고(그때까지 육신을 입고), 그들을 떠나 하늘로 올라가셨다(이때는 영체로 가셨다). 육신으로 떠나가신 주님은 현재 영체로 모든 성도와 항상 같이 계신다(마 28:20).

2. 성자께서 떠나가야지 성령이 오신다(요 16:7)

"내가 떠나가는 것이 너희에게는 유익하다. 내가 떠나가지 않으면 보혜사가 너희에게 오지 않는다. 내가 가면 보혜사를 너희에게 보내주겠다."

그리스도의 죽음은 큰 진리이며, 그것은 하늘과 땅에 다 같이 유익하다. 하늘에서는 성자가 성부와 함께하심으로 영광의 교제가 있고, 땅에서는 그동안 그리스도의 육적인 제한된 활동이 성령으로 영적이며 우주적인 활동이 되었다.

3. 성령은 성자와 성부와 함께 일하신다

1) 성령은 성자와 일체이다(요 16:13).

성자는 길이요, 진리이다(요 14:6). 그래서 그 성자와 일체이신 성령은 사람을 그 길로, 그 진리로 인도하신다.

2) 성자는 성부와 일체이다(요 5:19).

성자나 성령은 다 자의로 말하지 않고, 반드시 성부에게서 들은 대로 말씀하신다.

☞한 번 더 되풀이하면,

성령이 오시면, 그는(성령) 모든 진리 가운데로 우리를(성도들) 인도한다. 성령이 우리에게 말할 때는 성령님 자의로 말하는 것이 아니고, 반드시 성자로부터 들은 말을 하고, 성자는 또한 성부로부터 들은 말을 전한다(요 5:19 등).

그래서 "성령이 너희를 모든 진리 가운데로 인도하신다"라는 말씀에는 적어도 세 가지 뜻이 포함되어 있다.

1) 성령이 인도하는 길을 따라가면 자연히 그곳에는 진리가 있다.

2) 성령은 사람을 인도하지만, 결코 강압적으로 하지는 않는다.

3) 사람은 성령의 인도 없이는 진리를 깨닫지 못한다.

필로는 출애굽기 16장 23절을 이렇게 주해하였다. "모세의 마음에 성령의 인도하심이 없었다면, 목표를 향하여 쉬지 않고 가지는 않았다."

4. 나사렛 예수는 완전한 사람이다

예수의 태어나심은 마리아가 요셉과 약혼하고 동거하기 전에 성령으로 잉태하여 태어났다. 모세의 법대로 그들은 아기를 예루살렘으로 데리고 가서 율법에 규정된 모든 일을 마치고 나사렛에 돌아갔다. 아기는 자라면서 튼튼해지고, 지혜로 가득 차게 되었고, 또 하나님의 은혜가 그와 함께 하였다.

예수의 부모는 해마다 유월절에 예루살렘으로 갔다. 예수가 열두 살이 되는 해에도 그들은 절기의 관습을 따라 예루살렘으로 갔다. 그들은 절기를 마치고 돌아올 때 소년 예수를 군중들 속에서 잃어버리고, 사흘 뒤에야 성전에 가서 찾았다. 예수는 부모와 함께 나사렛으로 돌아가서, 그때부터 17년간을 부모의 권위 아래에 자신을 복종시키며 그들에게 순종하면서 살았다. 이때 나사렛 예수는 완전한 사람으로 사셨다.

그러면 완전한 사람이신 예수가 어떻게 하여 완전하신 하나님이 되셨는가?

5. 그리스도 예수는 완전한 하나님이시다

그리스도 예수란 명칭에서 그리스도는 기름 부으심을 받은 자라는 뜻이고, 예수는 사람을 죄에서 구원해 준다는 의미다. 그러면 사람이신 예수가 어떻게 '그리스도가 되셨나' 하는 것이다. 그것은 예수께서 세례를 받으신 후부터이다.

* 예수께서 세례를 받으셨다. 예수께서 기도하시는데, 하늘이 열리고

성령이 비둘기 같은 형체로 예수 위에 내려오셨다. 그리고 하늘에서 소리가 나기를 "너는 내 사랑하는 아들이다. 내가 너를 기뻐하노라"(눅 3:21-22)고 하셨다.

　* 예수께서 그리스도가 되시다. 하나님께서 나사렛 예수에게 ' 성령과 능력을 기름 붓듯 하셨다(행 10:38). '나사렛 예수'는 그리스도의 인성을 나타내는 어구이고, 사람이었던 예수께 성령을 기름 붓듯 하셔서 그리스도가 되셨다는 것이다. '기름 붓듯'(ἔχρισευ)이란 의미는, 성부는 성자에게 성령을 주셨는데 그냥 얼마를 주신 것이 아니고 넘치도록 주신 것이다. '넘쳤다'고 하는 것은 물독에 물을 부어서 물이 가득 차고도 남아서 넘쳤다는 표현이다.

　이같이 성령의 충만함을 받아서 인성(人性)을 가진 나사렛 예수가 신성(神性)을 가진 그리스도가 되셨다. 그것은 하나님께서 그와 함께하셨기 때문이다.

6. 성령에 감동하면 누구나 놀라운 체험을 한다

　누구나 성령 안에 거한다면, 그의 능력이 성부까지 이어진다(요 14:20). 그것은 성령은 성자와 연결이 되고, 또 성자는 성부와 연결이 되기 때문이다. 그래서 신자가 성령 안에 있으면 성삼위의 생명체에 완전하게 연결이 된다. 이 얼마나 확고부동하고 놀라운 믿음인가(요 14:20).

7. 우리는 주님의 재림을 학수고대한다

　성경은 예수의 선재(先在)하심을 나타낸다(요 1:1). 구약성경에 그는 여호와의 사자로 나타나셨다(창 18:1-19). 또 그는 성육신으로 말미암아 인성을 취하여서 하나님을 좀 더 분명하게 우리에게 계시하였고(요 1:14), 그리고 인간을 대속(代贖)하셨다(막 10:45).

　그는 지금도 신인(神人) 양성으로 천국에서 하나님 앞에 나타날 성도들을 대변하신다(요일 2:1). 언젠가 그는 그의 백성들을 위하여 재림하셔서 모든 사람을 심판하시고 구원받을 자들을 그의 영원한 나라로 인도해 주실 것이다.

제2부

세로토닌

» 삽화(a)

세로토닌은 사람의 마음을 지배한다

1. 대뇌의 전두엽에서 일어나는 일들이다

뇌는 구조와 기능에 따라 대뇌, 간뇌, 중뇌, 소뇌, 연수로 구분한다. 그리고 대뇌는 고차원적인 정신작용을 담당한다. 생각하고, 배우고, 상상하고, 기억하는 모든 일들이 대뇌와 관련이 되어 있으며, 인간이 인간다울 수 있는 것도 바로 대뇌가 발달해 있기 때문이다.

또한 대뇌의 앞쪽 부분을 '전두엽'이라 하는데, 이는 뇌의 최고 사령부이다. 온몸의 모든 반응이 전두엽의 지휘명령을 받는다. 이곳이 바로 고차원적인 정신작용을 담당하는 곳이다. 그렇기에 인간 정신세계의 중추는 바로 전두엽이다. 특히 전두엽은 인간의 지극히 높은 것에 해당하는 양심, 윤리, 규범, 희생 등에 있어서도 중추적 역할을 한다. 따라서 전두엽은 다른 뇌 부위보다 구조가 훨씬 복잡하고 자극에 대하여 민감한 부분이다.

그리고 전두엽에는 긍정적 기능과 부정적 기능이 함께 존재한다. 즉 어떤 사실이나 생각 등을 좋게 보거나 옳다고 인정하기도 하고, 또 그 반대로 부정적으로 판단하기도 한다. 이처럼 전두엽에는 선한 일도 하게 하고, 악한 일도 하게 하는 양면성이 있다.

늙어지면 누구나 자연히 뇌도 쪼그라져서 젊을 때보다 뇌 부피가 6% 정도 줄어든다. 이것은 어쩔 수 없는 일이지만, 사람에 따라서는 30%까지 쪼그라진다. 이렇게 되면 정상 생활이 불가능하다.

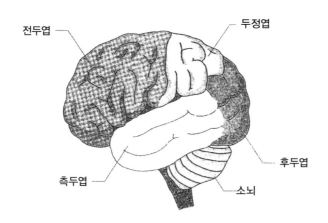

뇌는 부위에 따라 그 기능이 다르다. 뇌의 앞부분에 있는 전두엽은 고도의 사고와 감정 기능을 담당하고 있으며 인간이 인간일 수 있게 하는 최고 사령부다. 문제 해결력, 판단력, 미래 예측력 등 고차원의 사고도 여기서 한다. 인기, 명예, 자부심, 긍지, 감동, 의욕 등의 긍정적 감정도 여기서 일어나며, 낙관적인 성격도 이런 긍정적 감정에서 비롯된다. 특히 인간지고의 감정, 행복은 전두엽의 좌측에 있는 걸로 밝혀지고 있는데 이곳을 '행복 중추'라 부른다.

뇌의 앞쪽 부분에 있는 전두엽

전두엽에는 세로토닌이란 물질이 있다. 이는 뇌의 신경전달물질이다. 뇌 과학자들은 전두엽 관리가 중요하다고 한다. 전두엽을 잘 관리하면 세로토닌이 활성화된다. 전두엽이 긍정적인 방향으로 향하면 세로토닌이 활성화가 되지만, 전두엽이 부정적인 방향으로 향하면 세로토닌은 활성화되지 않는다. 그래서 세로토닌 활성화의 가부(可否)는 전두엽 기능에 엄청난 차이를 나타낸다.

만약, 전두엽의 세로토닌이란 신경전달물질이 긍정적인 상태로 활동한다면, 그는 사람들로부터 "인간답다, 인간미가 넘친다, 바람직한 인간상이다" 등의 말을 듣게 된다. 곧 그 사람은 인간으로서의 올바른 품성을 가졌고, 사람다운 성질을 가진 자라고 평을 받을 수 있다. 한마디로 말해서 인격과 인품을 갖춘 사람이라는 것이다.

그러나 전두엽의 세로토닌이 부정적인 상태로 활동한다면, 그는 사람들로부터 "인간이 왜 저 모양이냐, 그 인간하고는 말도 하기 싫다, 다시는 그런 사람과 상종하지 않겠다" 등의 말이 쏟아지게 되고, 이 상태가 지속되면, 그는 지능범으로 사기, 횡령, 위조 따위의 교활한 지능을 이용하는 범죄자가 될 수도 있다.

전두엽의 제어기능이 통제 불능 상태가 되면, 완전히 이성을 잃게 되어 끔찍한 일이 벌어진다. 그것은 충동이나 공격성을 불러일으키는 노르아드레날린과 쾌감을 동반하는 도파민이 전두엽을 지배하기 때문이다. 이런 상태로 되었을 때 세로토닌은 이성적 판단을 할 수 있도록 한다. 그래서 전두엽은 선과 악이 함께 존재하는 곳이다.

그러면 어떻게 하면 선(善)한 것이 되고, 어떻게 하면 악(惡)한 것이 되는가? 그것은 지극히 간단하다. 내가 선한 마음으로 일을 하면 선을 얻고, 악한 마음으로 일을 하면 악을 얻는다. 내가 선한 일을 하려고 할 때, 그 하려는 에너지는 전두엽에 있는 세로토닌에서 나온다.

2. 세로토닌을 활성화하는 방법이다

전두엽 관리가 중요하다. 전두엽에 있는 신경전달물질인 세로토닌을 자극해야 한다. 세로토닌은 외부자극이 없으면 활동하지 않는다. 그래서 세로토닌에 자극을 주어서 일을 하도록 시켜야 한다.

☞ **세로토닌에 자극을 주는 방법이다.**
① 감동을 받을 때
② 마음이 즐거울 때

③ 이웃을 사랑할 때

④ 햇빛을 받으면서 즐겁게 걸어갈 때

⑤ 성취감을 느낄 때

⑥ 자연의 아름다움에 감탄하고 놀랄 때

⑦ 하는 일에 즐거움을 느낄 때

⑧ 근지구력과 심폐지구력을 기른 후에

⑨ 그리스도인들은 성령을 받을 때

※세로토닌이 자극을 받아 하는 일이다.

전두엽에는 신경전달물질인 세로토닌이 있다. 이 세로토닌은 일종의 호르몬이다. 호르몬은 내분비선에서 혈액으로 분비되어 혈류를 따라 짧고 때로는 긴 여정을 거쳐 표적세포에 정보 및 명령을 전달하는 화학적 전령자이다. 그리스어로 '깨워서 일하게 한다'라는 뜻의 호르몬은 반드시 자신의 표적세포에만 작용한다. 이 표적세포에 호르몬과 결합할 수 있는 수용체가 있기 때문이다. 그것은 마치 자물쇠의 구멍에 맞는 열쇠만 가지고 문을 열 수 있는 것과 같은 원리다.

호르몬과 결합한 표적세포는 호르몬이 전달하는 신호에 따라 세포의 활동을 변화시키는데, 이러한 반응은 빠르면 몇 분 안에 일어날 수도 있지만, 비교적 긴 기간 동안 효과가 나타날 수가 있다. 세로토닌도 호르몬이라고 했다. 그래서 호르몬이 하는 일을 그대로 하는 것이다.

호르몬은 종류에 따라 작용하는 기관이 정해져 있어 신체의 특정 부위에만 작용한다. 이때 효과가 나타나는 기관을 그 호르몬의 표적기관이라고 한다. 예를 들면, 생장호르몬은 뇌하수체에서 분비되는데, 생장과 관련된 부분에 작용해서 세포의 생장을 조절한다. 성호르몬 역시 정소(精巢)나 난소(卵巢)에서 분비되지만, 생식과 관련된 부분에만 영향을 미친다. 호르몬이 특정 표적기관만을 인식하는 이유는 표적기관의 세포막 표면이나 안쪽에 특정 호르몬을 알아내어 결합할 수 있는 물질, 즉 수용체가 있기 때문이다. 호르몬과 수용체는 열쇠와 자물쇠의 관계처럼 제대로 짝을 이루었을 때만 제 역할을 하게 된다.

» **삽화(b)**
세로토닌이 만들어지는 과정이다

앞에 나오는 여러 조건 가운데 '감동을 느낄 때'란 항목을 선택하여 만들어지는 과정을 설명한다. 신경정신과 의사들은 이것이 전두엽 관리수칙 제1조라고 한다. 저자도 그 말에 백 퍼센트 수용한다. 인생살이에서 얻어지는 감동이야말로 참으로 값진 것이기 때문이다.

예문1) 감동을 받을 때. 여기 '한 사람'이 있다. 그는 가게에서 물건을 사고, 주인에게 돈을 주고 나오면서 "감사합니다" 하고 인사를 한다. 물건 산 사람이 물건을 판 사람에게 인사를 한 것이다. 인사는 오히려 물건을 판 사람이 물건 산 사람에게 해야 하는 것이 아닌가. 그래서 주인은 뜻밖에 손님의 언행에 감동을 받았을 것이고, 그 감동으로 그는 손님에게 다정한 인사를 할 것이다. 주인의 인사말을 듣고 나오는 사람은 기분이 썩 좋아진다. 그것은 기쁨이 얼굴에 나타나기 때문이다. 감사는 기쁨과 아주 가까운 감정이다.

'그 사람'은 그로 말미암아 기쁨을 얻었을 것이고, 그 기쁨의 감동은 전두엽에 있는 신경전달물질인 세로토닌을 자극한다. 그 자극은 세로토닌 신경선을 따라 뇌간의 중간에 있는 봉선핵을 지나서 척수로 이어진다. 그리고 척수에서 혈관으로 들어간다. 세로토닌은 혈관 속에서 호르몬으로 그 역할을 한다. 그래서 세로토닌은 혈관 속의 혈류를 따라 장(腸)으로 가게 된다. 장에 도착한 세로토닌은 소장이나 대장의 안쪽 벽에 있는 표적세포를 찾는다. 표적세포는 수용체를 말한다.

세로토닌은 그 수용체가 그가 찾는 것이 맞는지 틀리는지 알기 위해, 정보전달 화학물질을 그 수용체에 보낸다. 그 수용체가 자기가 찾는 것이 맞으면 세로토닌이 그 수용체로 들어가고, 틀리면 들어가지 않고 다른 수용체를 찾는다. 이것은 호르몬(or 세로토닌)마다 그와 맞는 짝꿍이 별도로 있기 때문이다. 마치 자물쇠의 구멍에 맞는 열쇠로만 문을 열 수 있는 것과 같다.

짝꿍이 맞아서 세로토닌이 들어간 수용체에서는, 이제 새로운 세로토닌이 만들어진다. 세로토닌과 결합한 표적세포는 세로토닌이 전달하는 신호에 따라 세포의 활동을 변화시키는데, 이러한 반응은 빠르게 일어나기도 하지만 때로는 느리게도 일어난다. 세로토닌을 만들어 내는 곳은 장(腸)이다. 생성된 세로토닌은 장의 안쪽 벽에 저장된다.

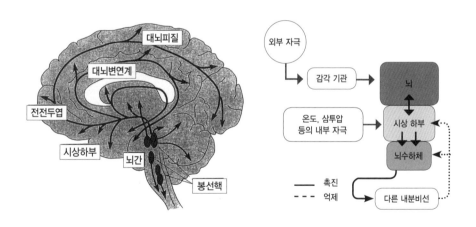

전두엽에 있는 세로토닌이 자극을 받아 이동하는 경로

예문2) <u>자연의 아름다움에 감탄하고 놀랄 때.</u> 자연은 생각에 따라 달라 보인다. 길을 가다가 소나무 한 그루를 보고도 아름다움에 소리치면서 좋아하는 사람이 있는가 하면, 그냥 지나가는 사람도 있다. 아름다움에 놀라서 고함을 질러보라. 그리고 즐거운 표정을 지어보라, 참으로 기분이 좋아진다. 그것은 내 마음이 만들어 주는, 저절로 유쾌해지는 상태이다.

그 유쾌한 상태는 곧바로 전두엽에 있는 세로토닌을 자극한다. 그 자극은 세로토닌 신경선을 따라 뇌간의 중간에 있는 봉선핵을 지나서 척수로 이어지고, 그곳에서 혈관으로 들어간다. 그리고 장에서 세로토닌을 만든다.

예문3) <u>햇빛을 받으면서 걷는다.</u> 뇌로 전달하는 정보의 80%가 눈을 통한 것이다. 사람의 눈은 공막에 의해 둘러싸인 액체로 가득 찬 공 모양이다. 공막은 빛을 굴절시키는 수정체 앞에서 각막이라는 투명한 창이 되어 햇빛을 통과시켜 망막에 이르게 한다. 눈의 망막을 통해 빛이 들어오면 그 신호가 뇌에 있는 세로토닌 신경에 직접 작용하여 반응시킨다. 그것은 빛이 각성효과를 일으키기 때문이다. 그래서 전두엽에 있는 세로토닌은 눈을 통하여 들어온 햇빛에 의해서도 자극을 받는다.

그러나 그냥 햇빛을 받는 것보다, 팔다리 근육에 자극을 주면서 햇빛을 받아야 효과가 있다. 빛이라고 해서 형광등이나 전구의 밝기로는 안 된다. 자극받은 세로토닌은 어떤 경로를 거쳐서 장으로 들어가고, 장에서 어떻게 수용체와 결합하는지 독자께서 그 끝을 맺기를 바란다.

※ 세로토닌의 유무에 따른 현상이다.
■ **세로토닌이 충분한 사람이다.** 몸의 기능이 활발하다. 자세가 반듯하다. 표정이 밝고 생기가 돈다. 장(腸)의 기능을 원활하게 한다. 쉽게 잠들고 깊은 잠을 잔다. 마음이 평안하다. 행복이 느껴진다. 사람을 만나고 싶

어한다. 의욕이 넘친다. 매사에 자신감이 생긴다. 집중력이 생긴다. 목표가 분명하다. 남에게 베풀고 싶은 생각이 든다. 작은 것으로 만족한다. 얼굴이 동안이다.

☞ 독자들께서는 세로토닌이 우리에게 행복을 가져다주는 물질이라는 것을 이제 이해했는가? 그런데 필자는 여기서 깜짝 놀란 사실을 독자들에게 알리고 싶다. 필자가 세로토닌을 이렇게 알기 전에 이미 이 사항들은 전부 경험했다. 그것은 세로토닌이 아니었고, 우리 주께서 보내주신 성령으로 이 모든 것을 느끼고 즐거워했다. 성령의 역사(work)가 얼마나 고마운 일인가. 그리고 또한 얼마나 행복한 일인가.

■ **세로토닌이 부족한 사람이다.** 세로토닌은 우리 몸에서 기본이 되는 활력의 원천이다. 그 기능은 특히 정신과 임상(臨床)에서 중요한 치료제로 쓰인다. 세로토닌의 3대 기능은 ① 수면 조정 ② 식욕 조정 ③ 기분 조정 등이다. 그래서 우울증 치료제로 사용된다. 이는 세로토닌을 뇌 속의 시냅스에서 선택적으로 올려 줌으로써 항우울 기능에 사용하게 된다. 그래서 강박감, 충동 폭력성, 섭식장애, 불면증, 중독, 공황장애, 만성피로 등에 사용한다. 이런 증상은 모두가 세로토닌이 부족한 사람들에게 나타나는 현상이다.

» **삽화(c)**
세로토닌과 멜라토닌의 논리적 연관성이다

1. 세로토닌은 낮을 지배한다

세로토닌은 해가 떠 있는 동안, 곧 낮의 활동 중에 생기는 물질이다. 전두엽에 잠자고 있는 세로토닌에 자극을 주어 생긴다. 앞에서 이미 언급된 바와 같이, 세로토닌을 자극하는 요인들, 즉 감동을 느낄 때, 작은 것에 만족할 때, 햇볕을 쬐면서 걸을 때, 자연의 아름다움에 감탄할 때, 하는 일에 즐거움을 느낄 때, 근지구력과 심폐지구력을 기를 때 등이었다. 이런 요소들은 대개 낮 동안에 일어난다. 세로토닌 신경의 활성화는 우리 눈으로 빛이 들어오는 낮에 일어난다는 의미다.

이 같은 여러 가지 행동으로 전두엽에 있는 신경전달물질인 세로토닌에 자극을 주어 그것이 만들어지는 장소로 가서, 그곳의 수용체와 결합하여 세로토닌이 만들어진다. 그 장소는 장(腸)이다.

2. 멜라토닌은 밤을 지배한다

해가 서산으로 넘어가고 붉은 노을이 사라지면서, 흰 종이에 먹물이 퍼지듯이 땅거미가 퍼지고 점차 어두움이 깔린다. 그러면 세로토닌은 더 이상 만들어지지 않고 장에서 머물러 있다가 저녁 10시쯤에는 장에 저장되어 있는 세로토닌이 혈액을 따라 대뇌의 송과체(松果体, 좌우 대뇌 반구 사이에 있음)를 통과하면서 멜라토닌이란 물질로 변하여 혈관으로 들어간다. 그 혈액이 뇌속으로 흘러 들어가면 뇌 온도가 낮 동안의 온도보다 낮아져서 뇌의 활동을 중지시키고 잠이 오게 한다.

세로토닌이 멜라토닌으로 변화되기 위해서는 우리 눈의 망막을 통해 들어오는 빛의 신호가 없어야 한다. 그러면 세로토닌에서 멜라토닌으로 변화하라는 명령이 내려진다. 세로토닌이 만들어지는 조건은 태양광선이 비치는 낮이고, 멜라토닌이 만들어지는 조건은 어둠이 깔리는 밤이다. 그 어둠을 틈타서 인간은 잠을 자게 된다. 잠을 자게 해주는 그 물질이 곧 멜라토닌이다. 그래서 멜라토닌은 밤을 다스리는 물질이다.

덧붙여서 설명한다면, 멜라토닌은 잠들게 하는 물질이다. 우리 인체는 저녁 9시부터 멜라토닌이라는 물질이 만들어지기 시작한다. 그것은 이제 활동은 중단하고 잠잘 준비를 하라는 신호다. 그래서 시간이 좀 더 지나면 피로감이 밀려오면서 잠이 쏟아지는 상태가 된다.

멜라토닌과 세로토닌은 어떤 연관성이 있을까? 세로토닌은 낮 동안의 눈부신 햇살을 받으면서, 우리가 살기 위해 일을 해야 할 시간에 생기는 물질이다. 그러나 멜라토닌은 낮에 우리가 일한 대가로 밤에는 쉬도록 하는 물질이다. 그 쉬는 것을 잠으로 주신 것이다. 우리가 육신이 심히 피곤하여 눈꺼풀이 저절로 감기고 만사가 귀찮다고 느껴질 때, 그때 필요한 것은 잠뿐이다. 잠깐 눈을 붙이고 나면, 그 피로감이 사라지고 기분이 상쾌하게 된다. 마치 거짓말 같은 상쾌함이다.

이같이 만들어진 세로토닌은 밤이 되어 눈의 망막에 빛이 사라지면, 그때부터 멜라토닌이라는 물질로 변화가 된다. 완전히 어두워진 상태가 지속이 되어 망막에 빛이 차단되어야 한다. 그래서 밤 9시부터 멜라토닌이 생성되어 자정쯤에 그 물질이 최고조로 나와서 새벽 3시까지 지속되어 깊은 잠을 자게 된다.

(참고 문헌)

- 이시형, 《세로토닌하라》 (중앙books, 2010)
- 아리타 히데호, 《생활 속에서 실천하는 세로토닌 뇌 활성화》 (전나무숲, 2016)
- 하루야마 시게오, 《뇌내혁명》 (중앙생활사, 2020)

» **삽화(d)**
장은 인간의 마음을 지배한다

1. 장이란 소장과 대장을 통틀어 하는 말이다

소장에는 십이지장이 붙어 있고, 이것은 간, 쓸개, 이자 등에서 나오는 소화액을 소장으로 보내주어 소화를 돕는다. 십이지장에서 분비되는 이 자액에는 탄산수소나트륨, 아밀라아제, 리파아제와 같은 소화효소가 나온다. 그중에서 탄산수소나트륨은 위에서 넘어온 산성음식물을 중화시키고, 아밀라아제는 녹말을 엿당으로, 리파아제는 지방을 지방산과 글리세롤로 소화시킨다.

대장에서는 소화 작용이 일어나지 않는다. 대장의 주요기능은 소화되지 않은 음식물에서 물을 흡수하고, 그 찌꺼기는 대변이 되어 대장의 운동으로 항문을 통해 몸 밖으로 배출하는 것이다. 정상적인 용변이 아닌 것에는 변비와 설사가 있다. 변비는 변을 보는 횟수가 적은 것이 아니고, 대변에 수분이 적은 상태이다. 변비는 대장이 활발하게 움직이지 않아 내용물이 대장 안에 오래 머물면서 필요 이상의 수분이 흡수되어 생긴다. 설사는 변비와 반대로 대변에 수분이 많은 상태이다. 주로 내용물이 장을 지나치게 빨리 통과해서 수분이 충분히 흡수되지 못하여 일어난다.

2. 면역체의 70%가 장에서 만들어진다

소장과 대장에서 면역체의 70%가 생긴다. 그러면 나머지 30%는 어디에서 생길까? 소화기관은 입에서 시작하여 항문에서 끝이 난다. 소화관 내부는 입구와 출구가 모두 바깥과 연결되어 있으므로 우리 몸속이 아니라고 해도 틀린 말이 아니다. 소화관은 우리 몸의 바깥 피부와 같다. 그럼 왜 장에서 면역체의 70%가 만들어질까? 그곳에 병원체가 생겨서 발병할 우려가 크기 때문이다. 전쟁터에서 적군이 있는 곳에 아군을 배치하는 것과 같은 이치다. 장의 안쪽은 우리 몸의 바깥 피부와 같다.

그리고 나머지 30%는 몸 밖의 감각기관이 담당한다. 즉 눈, 귀, 냄새, 피부 등이 담당을 한다. 눈으로는 위험한 곳을 볼 수 있다. 귀는 소리를 듣고 주변에 어떤 일이 일어나는지를 알 수 있다. 후각과 미각은 실제 생명 유지에 매우 중요한 감각으로 인체에 해로운 것을 구분한다. 피부는 사람 몸무게의 15%를 차지하는 매우 중요한 부분으로 촉점, 냉점, 온점, 통점, 압점 등의 신경 말단들이 분포되어 몸의 내부를 보호하는 역할을 한다.

그래서 장의 면역체는 화학적 공격으로 우리 몸을 방어하고, 몸 밖의 감각기관은 물리적 행동으로 위험에서 벗어나게 한다.

3. 세로토닌과 멜라토닌의 90%가 만들어지는 곳이다

소화관 속의 음식물이 몸 안의 세포 속으로 전달되기 위해서는 소화와 흡수 과정을 거치고 남는 것은 항문 쪽으로 내어 보내게 된다. 이 과정이 순조롭게 이루어져야 육신이 건강하게 되고, 마음에 평안을 얻는다. 이 일은 장의 기능에 따라 좌우가 된다. 볼일을 보려고 뒷간에 가서 쉽게 보면 기분이 좋고, 깔끔한 느낌을 받는다. 용변을 보기는 보았는데 무엇과 찜찜하고 기분이 불쾌하면 정상적인 배변이 아니다. 우리가 쾌변 상태로 용변을 보면 기분이 그냥 좋은 것이 아니다. 아주 날아갈 듯한 시원함을 느낀다. 그 이유가 무엇이겠나? 어떻게 하든지, 가능한 대장에 변을 오래 두지 말고 내어보내라는 신호다.

우리는 생명을 유지하기 위해 음식을 먹는다. 그것이 분해되어 몸에 필요한 성분이 흡수된다. 그러면 그 나머지 물질은 몸에 더는 필요한 것이 아니다. 필요 없는 것은 빨리 버려야 한다. 빨리 버려야 우리 몸에서 시원한 쾌감을 느끼는 것이다. 이런 상태에서 세로토닌이 만들어진다고 생각이 된다. 그래서 장의 건강이 인간 마음을 지배한다고 하는 것이다.

한국 최초의 성경은?

우리나라 최초의 성경은 로스 성경(Ross Version)이다. 토마스 목사가 1866년에 대동강에서 순교한 후, 그의 한국선교를 계승하기 위해 1873년 로스 목사와 그의 매부인 메킨타이 목사가 '만주 우장'에서 복음을 전했다. 우장에는 한국 사람들이 특히 많이 모여서 상거래를 하는 고려 문(Korea Gate)이란 장소가 있었다. 로스 목사 일행은 그곳에서 만난 한국 사람들에게 복음을 전파했다. 많은 사람들이 그 전하는 복음을 들었지만, 결실을 맺은 사람은 1874년 의주 청년 백홍준, 이응찬, 이성하, 김진기 등 네 사람이었다. 2년 후인 1876년 그들은 세례를 받아 한국인 최초의 교인이 되었다.

그리고 1878년에 역시 의주 청년 서상륜이 로스 목사에게 세례를 받았고, 그의 도움으로 로스 목사는 성경 번역에 착수하였다. 1879년에 누가복음과 요한복음이 번역되었고, 그것이 1882년에 출판되었으며, 번역을 계속하여 1887년에 신약성서가 완간되어 《예수성교 전서》라 불렀다.

IV.

마귀의 활동

Ⅳ. 마귀의 활동

사탄의 본성

» 사탄의 본성 ①
사탄이 인류의 시조를 유혹하다

1. 사탄이 인류의 시조를 유혹하다

뱀은 여호와 하나님이 만드신 모든 들짐승 중에서 가장 간교했다. 뱀이 여자에게 물었다.

"하나님이 정말로 너희에게 동산 안에 있는 모든 나무의 열매를 먹지 말라고 말씀하셨느냐?"

여자가 뱀에게 대답하였다.

"우리는 동산 안에 있는 나무의 열매를 먹을 수 있다. 그러나 하나님은 동산 중앙에 있는 나무의 열매는 먹지도 말고 만지지도 말라고 하셨다. 어기면 너희가 죽을까 하노라 하셨다."

뱀이 여자에게 말했다.

"너희는 절대로 죽지 않는다. 하나님은 너희가 그 나무 열매를 먹으면 너희 눈이 밝아지고 하나님처럼 되어서 선과 악을 알게 된다는 것을 아시고 그렇게 말씀하신 것이다."

여자가 그 나무의 열매를 보니 먹음직도 하고, 보암직도 하였다. 그뿐만 아니라, 사람을 슬기롭게 할 만큼 탐스럽기도 한 나무였다. 여자가 그 열매를 따서 먹고, 함께 있는 남편에게도 주니 그도 그것을 먹었다. 그러자 두 사람의 눈이 밝아져서, 자기들이 벗은 몸인 것을 알고, 무화과나무 잎으로 치마를 엮어서 몸을 가렸다.

2. 예수께서 시험을 받으시다

첫 시험은 육신에 관한 것이다. 둘째 시험은 정신에 관한 것이다. 셋째 시험은 영적이며 종교에 관한 것이다.

메시아의 시험의 결과이다. 공생애로 들어가는 메시아의 마지막은 시험이었다. 메시아는 그의 일생에 마귀의 시험을 세 번이나 받았다. 처음은 헤롯을 통한 박해였고, 그다음은 공생애 직전의 광야에서의 시험이었고, 마지막은 겟세마네 동산에서의 고민이었다. 그때마다 주님은 마귀를 극복하시고 구속의 대업을 성취하셨다.

예수께서는 세 가지 시험을 극복하고, 마귀는 패배한 후에 떠났다. 그것은 인류의 시조가 뱀의 유혹을 받아 금단의 열매를 따 먹고 에덴에서 추방된 이후로부터 전 인류를 지배하던 마귀가 패하기 시작하는 시작점이다. 첫 아담으로부터 마귀에게 정복된 인류는 둘째 아담을 통해 그 승리를 되찾은 것이다. 마귀가 떠나가니 천사가 나왔다. 마귀와 천사는 서로 교대한다. 그들은 아마 주리신 주님을 위해 식물로 수종을 들었을 것이다.

» 사탄의 본성 ②
사탄이 예수를 시험하다

마귀에 관한 생각은 옛날이나 지금이나 변화가 현저하다. 인지가 우매한 옛날에는 마귀를 의인화하여 뿔을 가진 사나운 사람의 모습으로 나타내면서, 사람이 살아가면서 겪게 되는 온갖 일들에 간섭하는 것으로 생각했다. 그러나 현대인은 이와 반대로 마귀란 인간의 마음에 있는 악념으로 단정을 내리고 마귀의 인격적 존재를 부인한다. 그러나 성경에 나타난 마귀에 대한 논술은 이상과 같은 양극의 사상을 모두 배격한다.

성경에서 마귀는 창세기에서부터 나타나 하나님의 역사 이면에서 그 파괴자로 나타난다. 신약에서는 마귀가 더욱 많이 등장하고, 그에 대한 경계도 현저하다. 다른 모든 교리에서와 같이 마귀에 대한 이론도, 신약의 관념은 구약에서 계승된 것이 명백한 사실이다.

히브리인의 마귀에 대한 이론은 타락한 천사로 규정한다. 하나님께 지음받은 천사장 중 하나인 루시퍼가 하나님과 동등하게 되려고 그 보좌를 엿보다가 천계에서 추방되어 사탄이 되었고, 그때 그와 함께 타락한 집단의 천사들이 마귀가 되었다는 것이다(눅 10:18). 그리하여 이들은 하나님과 인간의 중간 지대인 공중에서 권세를 누리고, 그곳에서 활동하면서 끊임없이 위로는 하나님께 반항하며, 아래로는 인간들을 유혹한다.

히브리 사상의 마귀는 하나님의 피조물인 천사에서 출발했고, 그들의 타락 이후의 활동도 엄격히 하나님의 통제 아래에 놓여 있다(마 8:31). 동시에 마귀는 부단히 인간을 유혹하는 인격적 존재로 시종(始終)되어, 현대인의 마귀 배격에도 그 근거를 두지 않는다. 참으로 마귀의 존재를 부정한다면, 그것은 인격신의 존재도 부정하는 전제가 된다.

» 마귀의 활동 ①
  아합을 속이는 마귀

아합은 이스라엘의 일곱 번째 왕이었고, 최악의 왕이었다. 그는 시돈의 왕녀 이세벨을 왕비로 맞고, 바알 신을 숭배하며 나봇을 죽이는 등 악행을 자행하였다. 이때 하나님은 엘리야를 이스라엘에 보내어 아합의 일생에 대적할 상대가 되게 하셨다.

⇨ [왕상 22:1-34]의 내용이다.

시리아와 이스라엘 사이에 전쟁이 있었다. 그때 이스라엘은 길르앗에 있는 라못 땅을 빼앗겼다. 전쟁이 시작된 삼 년째 되는 해에, 유다의 여호사밧 왕이 이스라엘의 아합 왕을 찾아왔다. 두 왕은 사돈 관계였다(왕하 8:26). 아합은 이 기회에 여호사밧의 도움을 받아 시리아에 빼앗긴 길르앗 라못을 되찾아 올 계획을 세웠다.

이스라엘 왕 아합과 유다의 여호사밧 왕은 시리아와 싸우려고 길르앗의 라못으로 올라갔다. 이스라엘 왕 아합은 여호사밧에게 이렇게 말했다. "나는 변장을 하고 싸움터로 들어갈 터이니, 왕께서는 왕복을 그대로 입고 나가십시오." 그래서 이스라엘 왕은 변장하고 싸움터로 들어갔다.

시리아 왕은 그와 함께 있는 서른두 사람의 병거부대와 지휘관들에게 말했다. "너희는 작은 자나 큰 자를 상대하여 싸우지 말고, 오직 이스라엘 왕만 공격하여라." 병거대 지휘관들이 여호사밧을 보더니 "저자가 이스라엘의 왕이다" 하며 그와 싸우려고 달려들었다. 여호사밧이 기겁을 하고 놀라서 소리치니, 병거부대 지휘관들은 그가 이스라엘 왕이 아님을 알고서 그를 추적하기를 그만두고 돌아섰다.

그런데 군인 한 사람이 우연히 활을 당긴 것이 이스라엘 왕에게 명중하였다. 우연히 목표 없이, 생각도 없이 활을 쏜 것이다. 그 화살이 공교롭게도 아합 왕에게 명중되었는데, 하필 갑옷 솔기의 틈새를 뚫고 들어간 것이다. 갑옷 솔기는 가슴 갑옷과 복부 갑옷의 연결 부분이다. 왕은 자기의 병거를 모는 부하에게 말하였다. "병거를 돌려서 이 싸움터에서 빠져나가자. 내가 부상을 입었다."

아합은 인간적 수단과 방법을 다하였지만, 우연한 화살에 맞아 전열에서 이탈하여 죽고 만 것이다. 그러나 그 '우연'(偶然)이란 인간의 말이고, 하나님 편에서는 '필연'(必然)이었던 것이다. 그것은 엘리야와 미가야를 통해 두 번이나 예언하신 말씀의 성취였다.

그러나 그날 싸움은 격렬하였다. 왕은 병거 가운데 붙들려 서서 시리아 군대를 막다가 저녁때가 되어서 죽었는데, 그의 병거 바닥에는 왕의 상처에서 흘러나온 피가 흥건히 고여 있었다.

» **마귀의 활동 ②**
  사울을 괴롭힌 마귀

⇨ [삼상 16:14-22]이다.
사무엘이 나이가 들어서 늙었을 때, 이스라엘은 모든 환난 속에서 그들을 건져 낸 하나님을 버리고, 왕을 세워 달라고 사무엘에게 요구했다. 그는 그 제도의 위험성을 지적하면서 만류하였다. 그러나 백성들의 강요에 그만 이를 허락한다. 그래서 백성의 요구를 따라 사무엘은 사울을 이스라엘의 초대 왕으로 세운다.

사무엘이 기름병을 가져다가 사울의 머리에 붓고 그를 초대 왕으로 세웠다. 그 후 사울은 그가 사는 마을로 들어가는데, 한 무리의 예언자들이 악기를 연주하면서 내려오고 있었다. 사울이 그들을 만났을 때 사울에게 '여호와의 영'이 크게 임하여 새사람이 되고, 그리고 예언도 하였다.

그러나 성령이 그 후에 사울에게서 떠나가고, 그 대신 여호와께서 보내신 마귀가 사울을 괴롭혔다. 사울이 기름 부음을 받았을 때는 성령께서 그에게 임하셨으나, 그가 여호와의 말씀에 순종하지 아니함으로 성령은 떠나가고 그 대신 마귀가 그에게 들어와서 그를 괴롭힌 것이다.

신하들이 사울에게 아뢰었다.

"임금님, 하나님이 보내신 악한 신이 지금 임금님을 괴롭히고 있습니다. 임금님은 신하들에게 수금을 잘 타는 사람을 하나 구하라고 분부를 내려주시기를 바랍니다. 하나님이 보내신 악한 영이 임금님에게 덮칠 때마다 그가 손으로 수금을 타면 임금님이 나으실 것입니다."

사울이 신하들에게 명령을 내렸다. "그러면 수금을 잘 타는 사람을 찾아보고, 있으면 나에게로 데려오너라." 젊은 신하 가운데 한 사람이 대답하였다. "제가 베들레헴 사람 이새에게 그런 아들이 있는 것을 보았습니다. 그는 수금을 잘 탈 뿐만 아니라 용기와 무용과 말도 잘하고, 외모도 좋은 사람인데다가 여호와께서 그와 함께 계십니다."

그러자 사울이 이새에게 심부름꾼들을 보내어 양 떼를 치고 있는 그의 아들 다윗을 자기에게 보내라고 명령하였다. 이새는 곧 나귀 한 마리에, 빵과 가죽 부대에 포도주 한 자루와 염소 새끼 한 마리를 실어서, 자기 아들 다윗을 시켜 사울에게 보냈다.

그리하여 다윗은 사울에게 가서 그를 섬기게 되었다. 사울은 다윗을 매우 사랑하였으며, 마침내 그를 자기의 무기를 들고 다니는 사람으로 삼았다.

　　사울은 이새에게 사람을 보내어 일렀다. "다윗이 나의 마음에 꼭 드니 나의 시중을 들게 하겠다." 하나님이 보내신 악한 영이 사울에게 내리면 다윗이 수금을 들고 와서 손으로 탔고, 그때마다 사울에게 내린 악한 영이 떠났고, 사울은 제정신이 들었다.

　　그 후 악신의 발작으로 왕이 번뇌에 빠질 때마다 다윗은 수금을 탔고, 사울은 맑은 정신으로 돌아왔고, 악신은 그를 떠나간다. 이 과정이 반복되면서 사울은 다윗을 사랑하고 신임하는 것이 깊어졌다.

제3부

성령과 마귀의 싸움

» 성령과 마귀의 싸움 ①
베드로에게 사탄이 들어가다

'성령에 이끌렸다'와 '마귀에게 시험을 받는다'라는 양쪽은 이 사건의 두 관계자이다. 한쪽은 구하기 위함이고, 다른 쪽은 구하지 못하도록 하는 것이다. 이런 일은 오늘날 모든 신자에게 해당되는 일이다. 성령은 안에서 구하도록 하고, 마귀는 밖에서 구하지 못하도록 한다.

⇨ [마 16:21-23]이다.

그때부터 예수께서는, 자기가 반드시 예루살렘에 올라가야 하며, 장로들과 대제사장과 율법학자들에게 많은 고난을 받고 죽임을 당해야 하며, 사흘째 되는 날에 살아나야 한다는 것을 제자들에게 밝히기 시작하셨다.

이에 베드로가 예수를 따로 붙들고 "주님, 안 됩니다. 절대로 이런 일이 주님께 일어나서는 안 됩니다" 하고 말하면서 예수께 대들었다. 예수께서는 돌아서서 베드로에게 말씀하셨다. "사탄아, 내 뒤로 물러가라. 너는 나에게 걸림돌이다. 너는 하나님의 일을 생각하지 않고, 사람의 일만 생각하는구나!"

베드로는 스승이 '고난을 받고 죽임을 당한다는 말'에 인간적인 감정이 한 곳에 쏠려서 '절대로 이런 일이 주님께 일어나서는 안 된다'라고 한 것이다. 그러나 주님은 죽임을 당하고, 사흘째 되는 날에는 살아나야 하는 길로 가야만 그의 구속사업이 이루어진다. 그렇기에 그 길을 방해한다고 하는 것은 사탄이 하는 일이 되는 것이다.

☞ 문제 제기
베드로는 예수를 따로 붙들고 "주님, 안 됩니다"라고 하였고,
예수께서는 베드로에게 "사탄아, 내 뒤로 물러가라"라고 하셨다.
한쪽은 사탄이고, 한쪽은 성령이다.
한쪽은 구하지 못하도록 막고, 한쪽은 구하기 위함이다.
베드로의 생각과 주님의 생각을 각각 비교하여 보자.

» 성령과 마귀의 싸움 ②
   사탄의 깊은 것과 하나님의 깊은 것

다음은 요한이 일곱 교회에 보내는 편지 중 두아디라 교회에 보내는 편지의 일부이다.
   ⇨ **두아디라 교회에는 세 종류의 신자들이 있었다**(계 2:19, 20, 24)
   ① 네 나중 행위가 처음 행위보다 많도다(19절).
   ② 너는 이세벨이라는 여자를 용납하고 있다. 그는 스스로 예언자로 자처하면서 내 종들을 가르치고, 그들을 미혹시켜서 간음하게 하고, 우상의 제물을 먹게 하는 자다(20절).
   ③ 사탄의 깊은 것을 알지 못하는 사람들인 너희 남아 있는 사람들에게 내가 말한다. 나는 너희에게 다른 짐을 지우지 않겠다(24절).

세 종류의 신자 중 ①과 ③의 신자들은 좋은 쪽에 속한다.

☞①항의 신자들: "네 나중 행위가 처음 행위보다 많도다"라고 하는 것은, 그들의 신앙이 발전했다는 것이다.

☞③항의 신자들: 두아디라 교회에서 이세벨이라는 여자를 용납하지 않은 자들이다. 곧 그들은 사탄의 깊은 것에 빠지지 않은 사람들이다.

저들은 "하나님의 깊은 것"이라고 하였지만, 사실은 '사탄의 깊은 것'에 빠진 것이다. 이 말에는 함축성이 있다. 이세벨을 믿는 그들 자신은(②항의 신자들) '하나님에 대한 깊은 것'이라고 하였지만, 사실은 '사탄에 대한 깊은 것'에 빠져 있던 것이다.

그 당시 그노시스파에서는 신비한 지식을 통해 하나님의 깊은 것을 그들 자신만이 터득했다고 주장했다. 이 사상의 영향 아래에 있던 이세벨주의자들은, 그들은 '하나님의 깊은 것'을 알고 있지만 그들을 따르지 않는 사람들은 '하나님의 깊은 것'을 알지 못한다고 하였다.

☞②항에 속하는 신자들: '이세벨이라는 여자'를 용납하는 신자들이다. '이세벨'은 아합의 아내였고, 그녀는 악녀 중의 악녀였다. 그러나 두아디라 교회에 나오는 이세벨은 상징적 이름이다. 그는 선지자로 자칭하던 두아디라의 유력한 사도였을 것이다. 그는 "우상은 세상에 아무것도 아니다"라고 하는 고린도전서 8장 4절의 말을 악용하여, 우상의 재물을 먹기를 권하고, 또 성적 부도덕한 생활을 부추기는 자였다. 이런 형식을 중시하는 경향을 가진 어떤 단체가 그 당시 두아디라에 있었다는 것이다.

이 단체의 모임에서는 우상에 바친 제물을 먹는 것이 관례였다. 그리고 그 후에는 성적 부정행위를 동반하게 되었다. 두아디라 교회의 잘못은 이런 신자들을 용납하고 징계하지 않은 점이다.

이세벨이 가지고 들어온 바알 종교가 그 당시 이스라엘 나라를 패망하게 했다. 그리고 현재 두아디라 교회에 이세벨이 살아 있다는 것이 아니고, 이세벨 같은 거짓 신앙이 그곳에 뿌리가 내려 자랐다는 것이다. 이 거짓 신앙에 물들지 말고 이겨나가는 것이 '사탄의 깊은 것'을 벗어나는 길이라는 것이다.

"사탄의 깊은 것을 알지 못하는 사람들"이란 곧 사탄의 깊은 흉계에 빠지지 않은 사람들이다. "사탄의 깊은 것"을 능가하는 방법은 '하나님의 깊은 것'을 간직하는 것이다. 로마서 11장 33절을 보면 "깊도다. 하나님의 지혜와 지식의 풍성함이여! 그의 판단은 헤아리지 못할 것이다"라고 하였다. 바울은 로마서에서 '하나님의 깊은 것을 알고 있다'고 하였다.

이세벨의 거짓 신앙은 두아디라 교회에만 있는 것이 아니라, 지금 우리 사회에, 우리 이웃에 허다하게 퍼져 있다.

☞ 문제 제기

한쪽은 '사탄의 깊은 것'이고, 다른 쪽은 '하나님의 깊은 것'이다. 한쪽은 마귀에게 끌려가는 것이고, 다른 쪽은 성령에 끌려가는 것이다. 한쪽은 구하지 못하게 하고, 다른 쪽은 구하게 한다. 사탄의 깊은 곳에 빠지지 않기 위해서는 무엇이 필요한가?

★마지막 고갯마루 쉼터

그리스도인의 죽음

인간은 죽기를 싫어하지만, 그 누구도 예외 없이 모두가 죽는다. 그리고 그 죽음이란 무서운 것이다. 오늘날에도 마찬가지이지만, 그 옛날 유대인들은 죽음은 인생 최대의 불행이며, 죽은 자들은 음부에 간다고 여겼다. 그곳은 어둡고 침침한 망각지대이기 때문에, 구약에서 죽음이란 언제나 위로받을 수 없는 슬픔으로 표현되었다.

그러나 바울이 생각한 죽음은 이러하다.
① 그리스도와 같이 있는 것이다.
② 주의 집에 거하는 것이다.
③ 신자에게 있어 죽음은 벌써 지배력이 없으며, 죽음은 이김에 삼킨 바 되었다.
④ 그리고 무엇보다 죽음은 그리스와 함께 잠들어 있다가, 그 잠에서 깨어 일어나는 부활의 아침을 대망하는 것이다.

'늙어질수록 그리워지는 예수'에 대한 글쓰기를 마친다.

2023. 9. 9.

늙어질수록 그리워지는 예수

1판 1쇄 인쇄 _ 2023년 11월 15일
1판 1쇄 발행 _ 2023년 11월 22일

지은이 _ 최영일
펴낸이 _ 이형규
펴낸곳 _ 쿰란출판사

주소 _ 서울특별시 종로구 이화장길 6
편집부 _ 745-1007, 745-1301~2, 743-1300
영업부 _ 747-1004, FAX 745-8490
본사평생전화번호 _ 0502-756-1004
홈페이지 _ http://www.qumran.co.kr
E-mail _ qrbooks@daum.net / qrbooks@gmail.com
한글인터넷주소 _ 쿰란, 쿰란출판사
페이스북 _ www.facebook.com/qumranpeople
인스타그램 _ www.instagram.com/qrbooks
등록 _ 제1-670호(1988.2.27)
책임교열 _ 신영미·최찬미

© 최영일 2023 ISBN 979-11-6143-903-7 93230